古代歷史文化 研究輯刊

二二編

王明蓀 主編

第 **21** 冊

李景星《史記評議》研究

黃羽誐 著

國家圖書館出版品預行編目資料

李景星《史記評議》研究／黃羽訑 著 — 初版 — 新北市：花木
蘭文化事業有限公司，2019〔民 108〕
目 2+194 面；19×26 公分
（古代歷史文化研究輯刊 二二編：第 21 冊）
ISBN 978-986-485-915-3（精裝）
1. 史記評議 2. 研究考訂
618   108011826

ISBN-978-986-485-915-3

9 789864 859153

古代歷史文化研究輯刊
二二編　第二一冊　　　　　　ISBN：978-986-485-915-3

李景星《史記評議》研究

作　　者　黃羽訑
主　　編　王明蓀
總 編 輯　杜潔祥
副總編輯　楊嘉樂
編　　輯　許郁翎、王筑、張雅淋　美術編輯　陳逸婷
出　　版　花木蘭文化事業有限公司
發 行 人　高小娟
聯絡地址　235 新北市中和區中安街七二號十三樓
　　　　　電話：02-2923-1455 ／傳真：02-2923-1452
網　　址　http://www.huamulan.tw 信箱 hml 810518@gmail.com
印　　刷　普羅文化出版廣告事業
初　　版　2019 年 9 月
全書字數　162471 字
定　　價　二二編 25 冊（精裝）台幣 63,000 元　　　版權所有 • 請勿翻印

李景星《史記評議》研究

黃羽詵　著

作者簡介

黃羽詵，2012 年畢業於臺灣大學文學院中國文學研究所，著有《李景星《史記評議》研究》。

提　　要

　　《史記評議》匯集了李景星《史記》研究的成果，內容包含分析《史記》文章的主旨與組織布局、司馬遷對歷史人物與事件的評論、《史記》闕漏增補的問題、論贊的內容與作用、對《史記》記載的考據與修訂。

　　李景星不僅是一位學識豐富的學者，更是熱心辦學的教育家。出於傳道、授業、解惑的教育熱誠，李景星《史記評議》除了處理歷來《史記》研究學者關注的議題，也指出《史記》中值得學者學習的作文述史的方法與價值判斷。

　　本文歸納李景星《史記評議》對《史記》的分析與評論，探討李景星如何理解司馬遷著作的用心與立意，指導讀者學習司馬遷作文述史的方法。期望能透過這篇論文，更深刻地瞭解《史記》之內容與旨趣，以及尋繹李景星《史記評議》的真知灼見與錯誤疏漏。

目
次

第一章 緒 論

第一節 研究動機

　　追溯歷史發展的軌跡，從而「究天人之際，通古今之變，成一家之言」，形成個人對天道循環、人事興衰的理解，建構一套具有價值判斷的學說，是司馬遷撰述《史記》的目的。由於司馬遷參照、融會了自有歷史記載以來的各種可見文獻，如百川歸海，因此《史記》在總結歷史經驗之外，更是文學、史學、思想、文化的結晶，展現出司馬遷調度文字、運用材料、表達觀點的功力，是司馬遷學術思想的載體。

　　自《史記》成書與流傳以來，其豐富多元的內涵又成為文學、史學、思想、文化的光源，如月映萬川，影響了往後每一個時代，甚至每一個人，研究者的腳步更是不絕如縷。從漢代開始，揚雄在《法言·君子篇》中主張「子長多愛，愛奇也」，〔註1〕認為《史記》彰顯了人物事件不同於流俗之處，所收錄的文章以及司馬遷的敘事同樣奇特不凡；班固《漢書·司馬遷傳贊》踵繼劉向、揚雄，給予《史記》「其文直，其事核，不虛美，不隱惡，故謂之實錄」的評價；〔註2〕王充是第一位並論《史記》、《漢書》者，他在《論衡·超奇篇》說：「班叔皮續《太史公書》百篇以上，記事詳悉，義淺理備，

〔註1〕揚雄著，李軌注：《法言》卷十二（臺北：臺灣中華書局，1983年12月臺三版，據江都秦氏本校刊），頁2。

〔註2〕班固著，王先謙補注：《漢書補注》（上海：上海古籍出版社，2008年12月第一版第一刷），頁4371。

觀讀之者以爲甲，而太史公乙。」〔註3〕認爲《漢書》記事更全面、談論義理深入淺出，優於《史記》。魏晉南北朝時期，學者更看重司馬遷的「良史之才」，並集中討論《史記》體例是否前有所承或爲司馬遷所創立。唐代《史記》研究的成果首推司馬貞《史記索隱》與張守節《史記正義》，前者探究司馬遷撰述的根據，比對諸書記載出入之處，後者在訓釋文義之外，更加注字音、字形的通同近誤，共同保留了唐代與前此的文獻資料及《史記》版本。韓愈、柳宗元推崇讚賞司馬遷駢散疏密交錯的行文手法，其所帶領的古文運動奠定了《史記》的文學地位。而在印刷術改良進步的輔翼下，宋代廣爲刊刻《史記》，流布普及，帶動了《史記》研究。蘇洵分析司馬遷褒貶人物功過的手法：

> 遷之傳廉頗也，議救閼與之失不載焉，見之〈趙奢傳〉；傳酈食其也，謀撓楚權之繆不載焉，見之〈留侯傳〉。固之傳周勃也，汗出洽背之恥不載焉，見之〈王陵傳〉；傳董仲舒也，議和親之疎不載焉，見之〈匈奴傳〉。夫頗、食其、勃、仲舒，皆功十而過一者也。苟列一以疵十，後之庸人必曰：「智如廉頗，辯如酈食其，忠如周勃，賢如董仲舒，而十功不能贖一過。」則將苦其難而怠矣。是故**本傳晦之，而他傳發之**。則其與善也，不亦隱而章乎？〔註4〕

此論即「互見法」之發軔，指出司馬遷爲突出傳主形象，使瑕不掩瑜，輒以「本傳晦之，而他傳發之」的筆法寫人敘事，也避免了重出複見的問題。唐代以來的古文風潮到了宋代，爲適應科舉作文的需要，古文選本應運而生，並逐漸發展出「評點」一體。評，有品評之意；點，是圈點符號。閱讀時，將個人的感想與評論寫在文本行間或空白處，並以圈點符號標示文章好處，就是評點。呂祖謙《古文關鍵》可說是現存可見最早的古文評點選本，以韓、柳、歐、蘇文之文章佳處與義法爲講解重點，而韓、柳、歐、蘇皆服膺司馬遷《史記》文法。元人的主要貢獻則是轉化《史記》故事爲戲曲，以新的表現形式延伸《史記》的生命，擴大《史記》的影響力。挾印刷術之發達與評點風氣的興盛，有明一代學者對《史記》逐篇評點批注，產生了大量的《史記》評點之作，如歸有光《評點史記》、凌稚隆《史記評林》、茅坤《史記鈔》

〔註3〕王充著，程榮校：《論衡》卷十三（臺北：臺灣中華書局，1981 年 9 月臺四版，據明刻本校刊），頁 16。

〔註4〕蘇洵著，曾棗莊、金成禮箋註：《嘉祐集箋註》（上海：上海古籍出版社，1993 年 3 月第一版，2001 年 4 月第二次印刷），頁 232～233。

都是代表。到了清代，學者更全面地研究《史記》，在文史之評論、思想之
分析、考據、版本研究、編纂體例方面都有豐碩成果。

李景星於清末民初時代動盪之際，集結三十餘年研讀《史記》的心得筆
記而成《史記評議》，有別於吳見思《史記論文》著重闡揚司馬遷寫人敘事
之藝術，也和姚祖恩《史記菁華錄》取《史記》中五十一篇「撷其菁華而略
其敷衍」爲「研山几案間臥遊之逸品」不同，〔註5〕除了剖析《史記》中的
文學審美趣味，李景星在〈凡例〉中說明他同樣重視發揚《史記》紀傳體例、
諸贊用意，界清《史記》原書與流傳中產生的缺漏增補之處，駁斥「十篇有
錄無書說」，此外，亦不廢考據。可以說，李景星繼承了清人全面研究《史
記》的精神，企圖在《史記評議》中涵融其個人《史記》研究的多種面向，
展現完整的學思成果。書中有蹈襲前人說法之處，也有其創見發明。例如他
評論〈平原君虞卿列傳〉說：

> 至平原君之信馮亭、虞卿之困大梁，皆屬重要事，傳中略之，爲賢
> 者諱也；贊中出之，不沒其實也。〔註6〕

此說早已於吳見思《史記論文》中發之：

> 傳中不載馮亭事，却于贊中補出，爲平原諱也。〔註7〕

是李景星採取前人說法而未註明出處的例子。而他評論〈太史公自序〉說：

> 蓋〈自序〉非他，即史遷自作之列傳也。無論一部《史記》總括于
> 此，即史遷一人本末，亦備見于此。其體例，則仿《易》之〈序卦
> 傳〉也，《詩》之〈小序〉也，孔安國之《尚書》百篇序也，《逸周
> 書》之七十篇序也。其文勢，猶之海也，百川之滙，萬派之歸，胥
> 于是乎在也。又史遷以此篇爲教人讀《史記》之法也，凡全部《史
> 記》之大綱細目，莫不于是粲然明白。未讀《史記》以前，須先將
> 此篇熟讀之；既讀《史記》以後，尤須以此篇精參之。文辭高古莊
> 重，精理微旨更奧衍宏深，是史遷一生出格大文字。〔註8〕

韓兆琦認爲李景星此段看法「可謂要言不煩」，「遠遠高出于讀者的意料之

〔註5〕姚祖恩：《史記菁華錄·題辭》（臺北：聯經出版事業股份有限公司，1977 年
　　　 12 月初版，2007 年 10 月初版第十八刷），頁 1、2。

〔註6〕李景星著，韓兆琦、俞樟華校點：《四史評議》（長沙：岳麓書社，1986 年 11
　　　 月第一版第一次印刷），頁 71。

〔註7〕吳見思：《史記論文》（臺北：臺灣中華書局，1970 年 11 月臺二版），頁 417。

〔註8〕《四史評議》，頁 123。

外」。〔註9〕則李景星對司馬遷的運筆、《史記》的微言大義，也多有精闢的理解與認識。發掘李景星獨到的發見，並指出較明顯援用前人說法處，是爲研究動機之一。

　　《史記》成書與流傳以來，數千年來受到學者的推崇與追隨，然而隨著時間推進，各種著作層出不窮，學者逐漸無暇鑽研《史記》深意，甚至到今日知識爆炸的年代，世人雖知《史記》在中國文學、史學、思想與文化方面的重要程度，即使欲一窺其學術之美，也往往力不從心。李景星在《史記評議・自序》說：

> 雖然，《史記》之讀，正未易言也。其文繁，其旨遠，其語奧而深，
> 其筆奇而肆。鄉曲之間，苦無其書；有其書者，往往視爲案頭供品
> 而不欲觀；即欲觀矣，又多以小說等之，以類書例之，僅作涉獵之
> 資，或備檢查之用。不然，則覓一坊間節本，以爲祕冊；不然，則
> 取文選數篇，以作要典；再不然，則取其書而審閱一過，稍記篇次，
> 即自以爲卒業。至問其所得安在，全書中大義若何，則恍焉忽焉，
> 強辭而支吾焉，以是爲讀，與不讀何異！然最可恨者，彼其人不以
> 爲不讀，猶自以爲已讀也。〔註10〕

道出當時學者學習《史記》的困境，這種情形在現代更是普遍。小學、中學、大學國文課以及中文系專書課程中，皆不乏教授與賞析《史記》的機會，礙於時間有限，知識無窮，學生大多只能閱讀、涉獵數篇，也就無法瞭解《史記》之所以是中華文化的寶庫，如何在無形中影響我們的精神、價值觀與面對生命的態度，甚是可惜。李景星在《漢書評議・自序》中有一段生動而饒富趣味的敘述：

> 余自少時即獲讀是書，然不過涉獵而已。時從諸老先生後詢是書之
> 佳處，諸老先生皆讚不容口，以爲「甚佳」、「甚佳」。至其所以佳處，
> 余終不知也，諸老先生亦未詳言也。〔註11〕

不獨李景星在幼時讀《漢書》有此「不得其門而入，不見宗廟之美、百官之富」的遺憾與焦慮，筆者在大學修習《史記》課程時，每遇文義不明瞭卻苦無解惑法門的困塞亦所在多有。李景星是熱心辦學、致力於教育的學者，撰

〔註 9〕韓兆琦：《四史評議・前言》，頁 2、1。
〔註10〕《四史評議》，頁 1。
〔註11〕《四史評議》，頁 127～128。

作並出版《史記評議》的本意正是站在教育家的角度為後學者指路，提醒讀者何為佳處、何為學習為文途徑，都在諄諄教誨中透出教育家的熱情與細心。探究李景星重視的學習《史記》的要點，是為研究動機之二。

當然，囿於個人學養與識見、時代與思想的局限，李景星評議《史記》也有誤解與不足之處，隨文指出李說值得再議的部分，則為研究動機之三。

總而言之，本論文擬依循李景星《史記評議》的指點，思索體會《史記》的文學、史學、思想、文化的價值，追步《史記》行文佳妙之處，再比對先輩學者的《史記》研究與李景星《史記評議》中的闡釋，察知李景星《史記評議》的得失。本文探究所得，如果還有些許可供有志研究《史記》奧義的學者參考，將是筆者莫大的安慰。

第二節　研究範圍

1932 年，匯集李景星三十年來研讀《史記》之心得的《四史評議》由濟南精藝印刷公司出版，當時印了三千冊，但是隨著中日戰爭逐漸擴大，國事飄零，李景星與《四史評議》並未受到學界太大的關注。王有瑞〈李景星小傳〉說：

> 《四史評議》當時只印了三千冊，刊行後還未引起國內史學界普遍重視，就爆發了抗日戰爭，此後歷經浩劫，存本已寥若晨星，作者也鮮為人知。〔註12〕

雖然如此，李景星《四史評議》的價值並未完全埋沒在歷史的塵埃之中。韓兆琦《史記選注集說》即收錄《四史評議》諸說，也由於《史記選注集說》的出版，引起更多學者對《四史評議》的注意與重視。韓兆琦在《四史評議‧前言》說：

> 此書當時只印了三千冊，這以後又經過了五十多年的滄桑變化，估計今天社會上保存的已經不會很多了。我從二十年前讀前四史時開始接觸此書，一九七八年作《史記選注集說》時，對此書頗多引用。此後在培養文學史先秦兩漢段的研究生時，也一直規定此書作為他們讀前四史的重要參考。《史記選注集說》出版後，引起了更多的人們對《四史評議》的重視。〔註13〕

〔註12〕 王有瑞：《四史評議‧李景星小傳》，頁9。
〔註13〕 韓兆琦：《四史評議‧前言》，頁1。《史記選注集說》於1989年調整再版，改

在 1932 年濟南精藝印刷公司排印本的基礎上，韓兆琦、俞樟華重新校點與整理的《四史評議》在 1986 年由長沙嶽麓書社出版。關於重新校點與整理的情況，韓兆琦說：

> 《四史評議》在一九三二年由濟南精藝印刷公司刊印時，曾由李景星的兒子李象鼎、李象晉二人爲之作過校錄，但今天看起來還有不少文字上的錯誤。而且原排印本的每篇正文，都是從頭貫到尾，沒有個分段，也沒有新式標點。在每句話應該停頓的那個字旁有一個小圈，但這個小圈又往往和那些重點句、重點詞旁邊所夾的小圈雜在一起，讀起來頗不明晰。今天我們重新整理《四史評議》的工作，就是在一九三二年濟南精藝公司排印本的基礎上進行的。由俞樟華同志負責《史記評議》和《後漢書評議》，韓兆琦同志負責《漢書評議》和《三國志評議》。我們核對了其中所引的前四史的原文和前代學者的有關評述，并反覆參詳著前後文，對其中一些明顯的衍文、脫漏和字句上的訛誤等，一一作了補正，并給原文進行了分段，全部加上了新式標點。原書每篇標題下均記有卷數，爲簡明起見，作了刪除處理。〔註14〕

現行通用的「新式標點符號」是在 1919 年由馬裕藻、朱希祖、錢玄同、劉復、周作人、胡適等人聯名提出，其普及與統一並非一蹴可幾。1932 年出版的《四史評議》是依照傳統文書格式撰作與印行，在當時並不罕見。當然，重新排版後確實更易於閱讀、理解，也更利於學者參考及研究。

　　《四史評議》重新整理出版後，學者或引用其說，或略述其研究成果，或列於參考書目，但以其內容爲主要研究對象者並不多見。以《史記評議》來說，單篇論文有 2004 年黃世錦撰〈李景星《史記評議》評介〉一篇，〔註15〕指出李景星闡發太史公書各篇的言外之意，分析紀傳的篇章結構使學者領略司馬遷的文學美感及史識，考訂《史記》原文中人名（含官名）、事件、時間、地名、文字的錯誤；黃文概述《史記評議》之旨趣，惟「論述《史記》的紀傳篇章，必及贊語」一節似可獨立成章，並以更多篇幅深入探討李景星

名爲《史記選注匯評》；臺灣在 1993 年 4 月出版《史記選注匯評》，由文津出版社出版。

〔註14〕 韓兆琦：《四史評議·前言》，頁 5。

〔註15〕 黃世錦：〈李景星《史記評議》評介〉，《第四屆先秦兩漢學術全國研究生論文集》（2004 年 5 月），頁 65～84。

如何理解《史記》中贊語和本文的關係。學位論文有 2007 年陳麗珍《清代山東史學初探》，其第二章第四節〈李景星和《四史評議》史學研究〉分析李景星《四史評議》所呈現的當代史觀，〔註16〕2009 年王敏《李景星《史記評議》研究》，〔註17〕以及 2009 年韓鎖明《《史記評議》論》。〔註18〕陳氏論文從清代山東史學的脈絡出發，指出李景星繼承了傳統的史學研究與考據方法，同時又受到以梁啓超爲代表的知識分子所引進的西方史學觀念、史學方法衝擊，因此更注重挖掘司馬遷《史記》每篇傳記的寫作意圖與篇章主旨，推崇司馬遷對歷史有正確的認識、在史著中提出正義的批判；與乾嘉時期的學術著作相比，李景星對史籍的考據雖然較少，但仍透過推理以及與相關諸書比較異同，指出錯誤；極力讚揚司馬遷的文章結構、文采、塑造人物的文學成就。陳氏認爲，李景星合璧中西、多元化的史學思想和歷史觀念，是清末民初新史學興起的反照。王氏論文以評點學與文章學爲基礎，探討李景星《史記評議》中所呈現的史學、文學評議之內容和方法：史學方面，包括闡釋李景星對《史記》的作品命意和作者意旨的揭示、對《史記》內容的考據、對《史記》中增補闕亡問題的評論、對《史記》人物的品評和對《史記》體例的揭示；文學方面，認爲李景星主要是從傳統文章學的角度，分析《史記》謀篇義例、安章心法、敘事藝術，推崇《史記》辭章繽麗。王氏還指出，李景星《史記評議》中有引用前人評論而未標明出處的問題，以及因爲對司馬遷與《史記》評價過高，即使是前人認爲有爭議的部分，李景星仍大加肯定，有主觀情感影響客觀判斷的傾向。王氏論述甚詳，但使用評點學的專業術語時若能再稍加解釋，並深入分析引文，將能更明確指出李景星的評議方法承襲自傳統評點學。韓氏論文則從文學批評的角度探討李景星《史記評議》的內容，首先，根據張伯偉《中國古代文學批評方法研究》的歸納，使用以意逆志法、推源溯流法、意象批評法三種最能體現傳統文學批評精神的方法來檢視《史記評議》，其次，將《史記評議》的文學批評內容分爲校勘與考證及補缺、解說《史記》篇章結構與文章筆法、評價編纂體例、推崇《史記》

〔註16〕陳麗珍：《清代山東史學初探》（濟南：山東大學史學理論及史學史碩士學位論文，周曉瑜教授指導，2007 年 4 月）。

〔註17〕王敏：《李景星《史記評議》研究》（西安：陝西師範大學中國古代文學碩士學位論文，劉生良教授指導，2009 年 5 月）。

〔註18〕韓鎖明：《《史記評議》論》（西安：陝西師範大學中國古代文學碩士學位論文，魏耕原教授指導，2009 年 5 月）。

簡潔而善於記事寫情與刻畫人物形象之美感。惟引文偶有不稱於評點術語者，若能加強理論與引文之間的關係，會更清楚指明李景星的評議重在考察《史記》史意。

　　由於目前《史記》學界對李景星與《史記評議》的研究尚少，此議題還有很大的探討空間。雖然本論文與上述諸作或有資料重疊的情形，然而筆者試圖從不同角度與問題意識研究李景星與《史記評議》，與上述研究者偏重各有所別，研究成果也不盡相同。希望拙作能延伸對李景星與《史記評議》的研究觸角，提供《史記》學界更多可用的素材。

第三節　研究方法

　　本論文第二章概述李景星之生平與著作，兼敘李氏撰作《史記評議》的動機與體例。生平與著作方面，除了韓兆琦〈前言〉與王有瑞〈李景星小傳〉以外，也參考《史記研究集成》第十三卷《史記研究史及史記研究家》中對李景星的介紹，〔註19〕以及《費縣志‧人物志》中約350字的小傳，〔註20〕《屺瞻草堂經說三種七卷》前附之王景禧〈總序〉、李氏《易經箚記‧自序》、《書經管窺‧弁言》、《詩經條貫‧自序》，以及附於全書之後的莊復恩《屺瞻草堂經說三種‧後序》，都提供了關於李景星之軼事、為學態度、著作年代的線索。〔註21〕其著作緣由與全書體例，則參酌〈自序〉、〈凡例〉，亦從《書經管窺‧凡例》、《詩經條貫‧凡例》中獲得佐證。〔註22〕

　　第三、四、五章論述李景星《史記評議》所闡發之《史記》文法、史法、論贊的內容與作用。經由精讀李氏每條評論，歸納他所強調的《史記》篇章

〔註19〕見俞樟華：《歷代史記研究家》，收錄於張大可、安平秋、俞樟華主編：《史記研究集成》第十三卷《史記研究史及史記研究家》（北京：華文出版社，2005年1月第一版第一次印刷），頁527。

〔註20〕山東省費縣志編纂委員會編：《費縣志》（北京：中國廣播電視出版社，1992年12月第一版第一次印刷），頁486。亦參考此書之〈大事紀〉、〈建置〉、〈教育〉章，及附錄之〈關於編纂《費縣志》的決議〉、〈費國考證〉、〈本志編修始末〉等篇與地圖數幅。詳見第二章第一節。

〔註21〕李景星：《屺瞻草堂經說三種七卷》（據山東省圖書館藏民國十六年山東官印刷局排印本影印，收錄於山東文獻集成第三輯第九冊，濟南：山東大學出版社，2009年9月1日），頁570～571、572、586、603、646。經山東文獻集成之收錄、印行，李景星的著作除了《四史評議》之外，又多一部通行流布於世，大大嘉惠學界。

〔註22〕《屺瞻草堂經說三種七卷》，頁587、604。

結構、主旨、文采的特色，對司馬遷褒貶人物、運用五體與互見法的推崇，關於論贊或摘要傳文、或說明處理史料的原則、或補紀傳所未及、或寄寓司馬遷之感慨的功能，系統而全面地整合散見於一百三十篇中的意見，以清楚展現李景星的觀點。並參閱《補標史記評林》、《史記論文》、《史記菁華錄》、《史記集說》、《歷代名家評史記》等與《史記》評點、集評類相關之文獻，隨文略述李景星所言與前說暗合處、承襲前說處、與前說持不同意見處。

第六章詳述李景星對「《史記》十篇有錄無書說」的看法。自《漢書・藝文志》稱《史記》「十篇有錄無書」開始，經歷衛宏、王肅主張「武帝刪〈孝景〉與〈今上〉二本紀」，到張晏明確指出十篇亡書之篇名，歷來學者大多接受《史記》「十篇有錄無書」的說法。然而呂祖謙認為唯有〈今上本紀〉一篇亡佚，其餘「或其篇俱在，或草具而未成」，或亡而復出。〔註23〕呂說一出，《史記》是否亡書與所亡何書乃成《史記》學史之一大公案，千載之下聚訟不休，莫衷一是；而李景星以己意強為辯駁，其論點約可分為三類。余嘉錫辨別考證學界諸說，作〈太史公書亡篇考〉證明「十篇有錄無書說」確有其事，大致總結歷代對此議題的研究成果，是以本章採取余說，在李景星強詞之後，以確證掃除李說之迷障。

第七章綜述李景星承清季考據學風氣之餘緒，於《史記評議》一百三十篇之各篇後半匯集的考據、修訂《史記》之方法和成果，考察其判斷《史記》何處缺漏、是否為他人增補的理由；並比對梁玉繩《史記志疑》，證明李景星大量蹈襲梁氏的研究所得；最後，與《史記會注考證》、《史記志疑》對校，抽絲剝繭，探究李景星考據、訂正《史記》時可能使用的底本。細繹之，李景星《史記評議》考據、修訂《史記》記載敘述時雖有抄錄他說而不注明出處的缺失，但能廣泛地利用經、傳、各種史料、《漢書》等早期文獻校勘《史記》，亦可看出其蒐羅研究材料鉅細靡遺的用心。

第八章為結論，總結前文，檢討李景星《史記評議》對《史記》研究之貢獻。

王景禧《屺瞻草堂經說三種・總序》指出，李氏《經說》是以簡明的文字疏通精鍊的義理，不僅能指導初學，亦裨益宿儒：

〔註23〕 呂祖謙：《大事記解題》（景印文淵閣四庫全書第 324 冊，臺北：臺灣商務印書館，1983 年，據國立故宮博物院藏本影印），卷 10，頁 112 上～112 下。呂氏另有專篇〈辨《史記》十篇有錄無書〉，其文較詳，而大義無殊，收錄於《東萊別集》（版本同上），卷 14，頁 5 上～8 下。

其文簡而明，其義約而精，初學得此，可免誤入迷途；即老師宿儒
獲此一編，亦可以有所印證，不至散漫無歸。則是書也，信乎爲能
深通經義者矣。〔註24〕

此論也可用於評價《史記評議》的風格與價值。《史記評議》用字簡鍊，李景
星試圖濃縮其三十年之心血結晶於一編之中，旨在記錄其所思所得以曉悟學
者，並非以成就曠世巨作爲目標。也由於敘述簡明扼要，略讀一過，往往仍
有迷茫不知所以之感，須得反覆細讀對看，方可窺知李氏思路與焦點；本文
論述時，爲求文意明朗，也常常佐以個人的解讀，以凸顯李氏的旨趣。然而
由於筆者學識尙淺，加之蒐集資料的能力不足，論文中必然有諸多誤解與分
析不夠透徹深刻之處；僅以此篇論文爲連通窗口，試從李景星《史記評議》
探索司馬遷《史記》文章佳處，再回頭由司馬遷《史記》檢視李景星《史記
評議》的成就與不足。

　　本論文首先概述李景星之生平與著作，再根據《史記評議‧凡例》中所
揭示的李氏關注之焦點，分章論述李景星對《史記》文章淵藪、紀傳史法、
論贊之內容與作用的闡釋，對「《史記》十篇有錄無書說」的看法，以及對《史
記》內容之考據與修訂。以李景星《史記評議》爲中心，亦即將整部司馬遷
《史記》納入研究範圍中，時時互相參看。期望能在研讀文本與撰述論文的
過程中，系統地瞭解李景星《史記評議》所讚賞推崇的《史記》文學與史學
典範，更準確地認識與評價李氏之研究成果，同時也不諱言其疏漏之處。

〔註24〕王景禧：《屺瞻草堂經說三種‧總序》，《屺瞻草堂經說三種七卷》，頁570。

第二章　李景星與《史記評議》概述

第一節　李景星生平

　　李景星（1876～1934），字紫垣，又字曉篁，山東費縣城關民主街人。〔註1〕家中兄弟四人，李景星排行第二，「自幼聰穎，記性絕佳，人稱有過目不忘之才。」〔註2〕其父常訓育後輩：

> 有大志者，可爲國之棟臣而利庶民；無大志者，一可啓蒙後生，爲
> 國建材，二可爲良醫治病救人。〔註3〕

兄弟四人謹遵父訓，好學苦讀，先後成爲秀才。李景星八歲從其父讀朱熹《詩集傳》，十歲就外傅，十五歲讀《孟子》。〔註4〕隨兄長李宗瀚侍讀於費城聖廟，初學爲文便驚動滿城宿儒。後來參加沂州府試，名列第一；當時山東學政曾說：「是眞發品，所不可知者命耳！」〔註5〕李景星於書無所不讀，不僅熟諳經、史，於詩詞、歌賦、戲曲、小說也有造詣，亦潛心天文、地理、掌故、軼聞，而有「有典不知問曉篁」的美譽。〔註6〕弱冠爲廩生，補博士弟子員；然先後四次受保薦赴濟南鄉試，都未上榜，「士林聞者，無識不識，

〔註1〕城關，即城關區，或稱城關公社，1981年改爲城關鎮，1985年撤區并鄉時改爲費城鎮。《費縣志》，頁91。
〔註2〕王有瑞：《四史評議・李景星小傳》，頁7。
〔註3〕王有瑞：《四史評議・李景星小傳》，頁7。
〔註4〕李景星：《詩經條貫・自序》，《屺瞻草堂經說三種七卷》，頁603。
〔註5〕王有瑞：《四史評議・李景星小傳》，頁7。
〔註6〕王有瑞：《四史評議・李景星小傳》，頁7。

皆爲惋惜。」〔註7〕光緒二十六年（1905年）清廷廢除科舉制度後，李氏遂絕意仕進，而以教學爲志業。

宣統元年（1909年），李景星與舉人王景禕在崇文書院舊址創辦費縣師範優級班，意在改良私塾，爲鄉村培育師資。宣統二年（1910年），費縣師範優級班停辦，在其原址創辦高等小學堂，李景星被推爲第一任堂長。〔註8〕然而此事受到仕紳左國楫反對，〔註9〕聯合其他仕紳反對李氏爲堂長，而由左國楫出任堂長。「時值李妻新亡」，〔註10〕在內憂外患、天災人禍的夾擊下，李景星憤而出走，先後到肥城、嶧縣教書。在嶧縣講席期間，李景星又逢母喪；據莊復恩《屺瞻草堂經說三種・後序》說：

> 館嶧縣時，太夫人去世，未之能見，先生引爲大恨，故取《毛詩》
> 「陟屺望母」之義，名其堂曰「屺瞻」云。〔註11〕

李氏在堂名「屺瞻」中寄託其失恃之痛。辛亥革命後，費縣成立了共和黨、國民黨的聯合縣議會，左國楫因積極爭取成爲縣議員，無暇顧及學校事務，學生家長與公眾又聯合簽名請李景星回籍主持教務。〔註12〕

其後，政局與教育環境暫時安定，李景星的家庭經濟與生活也逐漸好轉。

〔註7〕莊復恩：《屺瞻草堂經說三種・後序》，《屺瞻草堂經說三種七卷》，頁646。
〔註8〕費縣師範優級班與高等小學堂成立、李景星被推爲第一任堂長的確切時間仍有可疑處。《費縣志・教育》記載，「1909年（清宣統元年），舉人王景禕在崇文書院舊址創辦費縣師範優級班。」見《費縣志》，頁401。但王有瑞〈李景星小傳〉與《費縣志・人物志》之〈李景星小傳〉主張費縣師範訓練班成立於宣統二年（1910年），宣統三年（1911年）改爲高等小學堂，李景星被推爲堂長。見《四史評議》，頁7；《費縣志》，頁486。《費縣志・大事紀》則記載宣統三年（1911年）10月底，「舉人王景禕將其創辦的改良私塾由泮宮遷至城內崇文書院，改爲費縣師範優級班；1913年，費縣師範優級班停辦，在其原址創辦高等小學堂。這是費縣第一所二、四制新式完全小學校。1918年改稱高等小學校。」見《費縣志》，頁6。然根據李景星《書經管窺・弁言》與《詩經條貫・自序》，宣統二年（庚戌，1910年）至三年，李氏在肥城縣官立高等小學校教書。見《屺瞻草堂經說三種七卷》，頁586、603。故此處採《費縣志・教育》說法，認爲費縣師範優級班成立於宣統元年（1909年），而高等小學堂成立、李景星被推爲第一任堂長的時間爲宣統二年（1910年）。
〔註9〕左國楫，又名楫宸，是清末殉國名將左寶貴的長子。左寶貴曾在駐軍地「設立義學數處，空閒時，親臨學校，對學生考課，以促勤學」。或許是受父親熱心助學影響，左國楫也相當關注教育事業。見《費縣志・大事紀》，頁52。
〔註10〕王有瑞：《四史評議・李景星小傳》，頁8。
〔註11〕莊復恩：《屺瞻草堂經說三種・後序》，《屺瞻草堂經說三種七卷》，頁646。
〔註12〕見王有瑞：《四史評議・李景星小傳》，頁8；《費縣志・人物志》，頁486。

王有瑞說：

> 一九一八年，山東陸軍第五混成旅某團駐防費縣城，團長張永勝聞
> 李名，親聘為家庭教師兼代秘書，以書記官名義供餉。李身兼二職，
> 待遇優厚，家庭經濟狀況好轉。張團調走後，李又任小學校長，兩
> 個大孩子高師畢業後分任費縣教育局長和費縣建設局長，這時家庭
> 已較寬裕，買地置宅，并雇工租種學田。李續娶張氏，操持家務。
> 這時他才總算可以喘一口氣，可以「鍵戶溫書」了。當時他曾撰寫
> 了一副「壯志未酬三尺劍，餘年且讀十年書」的對聯來表達他憤懣
> 而又自恬自安的複雜感情。〔註13〕

也是在這段時間裡，李景星方有餘暇整理三十多年來的讀書札記，寫成專著，
預備刊行。王有瑞說：

> 李景星平生最崇拜陶淵明，最愛藏書，最愛種菊花。幾間草堂，自
> 名「屺瞻草堂」，滿院菊花，全縣第一。他為此也曾寫過一副對聯說：
> 「詩禮門庭文章苑囿，義皇歲月城市山林。」他在這裡將三十年來
> 所作的讀書札記一一整理成篇，寫成專著。……為了刊行《四史評
> 議》等書，他不惜典地借貸，而三個兒子又相繼病亡，使他精神上
> 受到沈重打擊，家境、心境急轉直下，全家再次陷入拮据，那些未
> 能刊行的書稿後來幾經戰亂，大多亡軼于兵燹之中。〔註14〕

李氏平靜寬裕的生活並未維持太久。由於印行著作所費不貲，三子相繼病
亡，李景星家中經濟又轉為拮据，且國勢日下，可以想見李氏當時心境之悲
苦。

　　1932 年，費縣設立縣志局，由李景星與地方仕紳柴炳榮、姚先鋒、武清
橋、孫鶴齡、王延齡任委員。〔註15〕1933 年，縣長任日瀛聘李氏為縣志局局
長，負責總纂《費縣志》。〔註16〕李景星不辭辛勞，跋山涉水，親至各村鎮
採訪資料、組織編纂《費縣志》。1933 年，《費縣志》將近完稿，李氏不幸因
腦溢血猝死家中，得年五十九歲。〔註17〕1937 年，中日戰爭爆發，費縣縣志
局停止活動，志稿亦下落不明。〔註18〕

〔註13〕王有瑞：《四史評議·李景星小傳》，頁 8。
〔註14〕王有瑞：《四史評議·李景星小傳》，頁 8～9。
〔註15〕《費縣志·大事紀》，頁 11。
〔註16〕《費縣志·人物志》，頁 486。
〔註17〕王有瑞：《四史評議·李景星小傳》，頁 9。
〔註18〕王有瑞〈歷代修志紀略〉說：「1934 年，任日瀛任費縣縣長，設縣志局，聘李

李景星在其《詩經條貫・自序》中說：

> 三十以後，奔走衣食，日不暇給，然故習所在，未之敢棄。〔註19〕

所謂「故習」，是李氏讀書、寫心得筆記、匯集成帙的方法。以讀《易》爲例，是在「朝夕觀玩」間有所會心時寫下所得，日積月累，乃擇要集成一篇，隨身攜帶「以備觀覽」。李景星《易經箚記・自序》說：

> 余少時喜讀十三經，正文每半月輒背誦一過，如是者蓋數十年不倦，而於《易》之一書尤有偏嗜。朝夕觀玩，不肯釋手，**偶有會心，輒喜不自勝，雖中夜，必起索紙筆而書之。**積之既久，鈔錄遂多，凡所讀本，皆有粘塗，驟而檢閱，幾不可識。乃擇其要者都爲一篇，以備觀覽。〔註20〕

即使在三十歲以後、以教學爲志業時，李景星仍持續「故習」，讀、寫不輟。他在《書經管窺・弁言》自敘：

> 余以庚戌之秋，承乏肥校講席，分門教授，擔任四科，而經學一科即以《書經》爲正課，遵功令也。每講一課，輒反覆開導，不厭詳盡。一篇講畢，又書其大義以示之，至字句之間，偶有會心，亦並及焉。**積久成帙，釐爲二卷。**〔註21〕

以此方法讀書著作，自少時持續至中年，成果相當豐碩。根據莊復恩《屺瞻草堂經說三種・後序》、王有瑞〈李景星小傳〉、《費縣志・人物志》之〈李景星小傳〉裡的記載，李景星一生著作二十餘部，已刊行於世者有四種：

1. 《屺瞻草堂經說三種七卷》：包含《易經箚記》一卷、《書經管窺》二卷、《詩經條貫》四卷，1927 年山東官印刷局排印出版。此排印本藏於今山東省圖書館、中國國家圖書館，2009 年山東大學出版社影印出版，收錄於山東文獻集成第三輯第九冊。

2. 《四史評議》：包含《史記評議》四卷、《漢書評議》四卷、《後漢書評議》四卷、《三國志評議》四卷，1932 年由濟南精藝印刷公司承印出版，

景星等主撰縣志。因抗日戰爭爆發，志稿下落不明。」收錄於《費縣志・附錄》，頁 575。年代記錄與《費縣志・大事紀》、《人物志》、《四史評議・李景星小傳》有出入。唯須注意一點：在費縣縣志局成立前，李景星已編有《費縣鄉土志》兩卷，未刊印，手抄本今存於山東省博物館。亦見王有瑞〈歷代修志紀略〉，《費縣志・附錄》，頁 575。

〔註19〕 李景星：《詩經條貫・自序》，《屺瞻草堂經說三種七卷》，頁 603。
〔註20〕 李景星：《易經箚記・自序》，《屺瞻草堂經說三種七卷》，頁 572。
〔註21〕 李景星：《書經管窺・弁言》，《屺瞻草堂經說三種七卷》，頁 586。

中國國家圖書館有藏本，內蒙古線裝古籍聯合目錄亦有著錄。在 1932 年濟南精藝印刷公司鉛印本的基礎上，由韓兆琦、俞樟華校點的《四史評議》，由湖南省嶽麓書社於 1986 年出版；同一年，東北師範大學出版社亦出版了由陸永品點校整理的《史記評議》（與《史記論文》合訂），2008 年上海古籍出版社再版。

3.《屺瞻草堂楹聯話》。〔註22〕

4.《致張忠武公（張勛）書》。〔註23〕

已寫成定本但未及刊印者二十二種：

1.《春秋淺說》十二卷。

2.《通鑒揭要》十卷。

3.《歷代甲子紀年統編》四卷。

4.《輿地圖說》三十卷。

5.《屺瞻草堂金石例》六卷。

6.《屺瞻草堂文集》四卷。

7.《屺瞻草堂詩集》四卷。

8.《屺瞻草堂詩餘》一卷。

9.《屺瞻草堂樂府》一卷。

10.《費縣鄉土志》二卷。

11.《嶧縣鄉土志》二卷。

12.《屺瞻草堂古文辭選》五十卷。

13.《屺瞻草堂古近體詩選》五十卷。

14.《屺瞻草堂駢體文選》二十卷。

15.《屺瞻草堂詩話前編》二卷。

16.《屺瞻草堂詩話後編》八卷。

17.《屺瞻草堂隨筆》十二卷。

18.《屺瞻草堂誌異》十卷。

19.《丙辰消夏錄》一卷。

20.《清定曲譜韻目》二卷。

21.《費城李氏宗譜》二卷。

〔註22〕見王有瑞：《四史評議・李景星小傳》，頁 8。

〔註23〕見《費縣志・人物志》，頁 486。

22.《自著年譜》一卷。〔註24〕

這些未經刊行的書稿多藏於李景星家中，在戰火摧殘下，除了《費縣鄉土志》兩卷手抄本仍存於山東省博物館，其餘恐怕已散佚無存。〔註25〕

第二節　《史記評議》的寫作動機

李景星在《史記評議・自序》中指出，《史記》彙整了此前經、傳、諸子百家的精華，並樹立了往後史書的體例與文法，具有承先啓後的地位：

> 《史記》一書，後代史書之標準，而古來載籍之總滙也。由《史記》以上，爲經、爲傳、爲諸子百家，流傳雖多，要皆于《史記》括之；由《史記》以下，無論官私記載，其體例之常變，文法之正奇，千變萬化，難以悉述，要皆于《史記》啓之。故爲學而不熟讀《史記》，譬如泛舟川河，上下洄游，未嘗不沾沾自喜；至與之語大海之廣，萬派會歸，則有心駭目驚，莫名其妙者矣。〔註26〕

正因爲《史記》汲取前賢著作之精粹，並開日後官私史書之先河，爲學者須熟讀《史記》，才能見識到學問的浩瀚廣博，而不囿於管窺蠡見之中。

然而《史記》一書並不好讀：

> 雖然，《史記》之讀，正未易言也。其文繁，其旨遠，其語奧而深，其筆奇而肆。鄉曲之間，苦無其書；有其書者，往往視爲案頭供品而不欲觀；即欲觀矣，又多以小說等之，以類書例之，僅作涉獵之資，或備檢查之用。不然，則覓一坊間節本，以爲祕冊；不然，則取文選數篇，以作要典；再不然，則取其書而審閱一過，稍記篇次，即自以爲卒業。至問其所得安在，全書中大義若何，則恍焉忽焉，強辭而支吾焉，以是爲讀，與不讀何異！然最可恨者，彼其人不以爲不讀，猶自以爲已讀也。〔註27〕

〔註24〕自「《春秋淺說》十二卷」至「《嶧縣鄉土志》二卷」等十一部作品，王有瑞〈李景星小傳〉及《費縣志・人物志》之〈李景星小傳〉皆有著錄，見《四史評議》，頁8；《費縣志・人物志》，頁486。自「《屺瞻草堂古文辭選》五十卷」至「《自著年譜》一卷」等十一部作品，僅見著錄於莊復恩《屺瞻草堂經說三種・後序》，《屺瞻草堂經說三種七卷》，頁646。

〔註25〕見王有瑞〈歷代修志紀略〉，《費縣志・附錄》，頁575。

〔註26〕《四史評議》，頁1。

〔註27〕《四史評議》，頁1。

不好讀的原因首先在於篇幅過大，而且語意深奧，筆法奇肆。五十二萬餘字中，囊括了自黃帝至漢武帝時代的史事與人物，敘述之間有諷諫、有慨嘆、有正言若反之意，若不能深思默得，將使《史記》無異於消遣時間的小說。再者，偏僻鄉野之處也不容易得到《史記》其書，即使得到了，也多作爲案頭檢閱的類書，偶爾涉獵而未讀遍全書。次之，有些人於坊間購得節選本，或是只取幾篇作爲文章範本，甚至在略讀過後「稍記篇次」，就以爲已經通讀全書。略讀的結果是無法明確說出心得，也不明白《史記》的微言大義。最糟糕的情形是沒有讀懂卻以爲自己已經讀懂，對《史記》內涵缺乏正確的理解。

　　正因爲《史記》具備了文學與史學上的重要性，而且難以抓住每篇以至於全書的旨意，李景星就有意對《史記》做一番評價與導讀的工作，尤其是在與趙家琛討論閱讀《史記》的心得以後：

> 往年余在嶧縣時，與蒙陰趙君家琛共事，一方得暇，即商訂文字。一日訪趙君於城北學舍，見趙君方執卷吟哦，取而視之，乃《史記‧秦始皇本紀》也。余曰：「君喜讀此乎？」趙君曰：「吾不能讀，不過以人言可讀而讀之。每讀一篇，佳處皆不能知。此雖讀也，直等于不讀，且反不如不讀。是以不敢自命爲讀也。」趙君在蒙陰頗著文名，而所言如此，此眞所謂不自欺者矣。余深佩其言，三十年來未之或忘。今歲陰陽告愆，風雲多變，鍵戶溫書，勉自消遣。思史書之中，惟《史記》爲最難讀，乃先從事于此。每一篇畢，輒書所見，并將平日讀是書時之所條記皆滙歸一處，而按《史記》原目以排列之，定其名曰《史記評議》云。〔註28〕

趙家琛身爲一位「頗著文名」的學者而能坦承自己「不能讀」《史記》，使李景星大爲感佩，因而懸念了三十年。爾後，在他有餘閒能夠以讀書「勉自消遣」時，思及《史記》在史書中最爲難讀，便整理自己的所思所得，依據篇目排列，聚合成一部《史記評議》。這麼一來，不僅完成了一份自己完整的讀書札記，還成爲後學閱讀《史記》時的助力，可以更直接地掌握每篇的神髓與要點，不至於因爲篇幅過長而卻步，或是走入似懂非懂的窘境。

　　從上段引言亦可得知，李景星寫作《史記評議》的動機不僅是匯歸歷年條記而已，也帶有滿腔爲後學者掃除障礙、指點讀書法門的熱誠。他在《詩

〔註28〕《四史評議》，頁 1～2。

經條貫・自序》中說明自己整理讀書筆記的原因，一方面是不忍多年心血棄置，一方面也是希望後學者能掌握讀書方法，更有效率地吸收典籍的大義：

> 非敢云有得也，亦以爲心血所在，不忍棄置。且留示家塾，俾後之讀《詩》者知所從事，無似余幼時之拋荒歲月而已。〔註29〕

李氏門生與往來知識分子也瞭解其著作之價值，認爲對後學者有所裨益，李景星在《易經箚記・自序》中說：

> 嗚呼！是篇之於《易》也，猶山河之微影，滄海之一粟也，其著錄與否何關輕重，而識者猶或取之，以爲對於學《易》之人不無裨益。因篇內闡發皆主人事故也，余不敢以爲然，亦不敢以爲不然，姑錄而存之。〔註30〕

由此「識者」至其他「學《易》之人」，都能從《易經箚記》中瞭解李景星對《易》學的發明，延伸閱讀視野，擴大對《易》的研究。《史記評議》對《史記》的意義與貢獻也是如此。李景星著作的優點，在於深入淺出，引起興趣，王景禧《屺瞻草堂經說三種・總序》說：

> 先生當此學術絕續之交，思爲引人入勝之舉，慮人之惡其繁重也，則出之以簡括；慮人之畏其深奧也，則導之以顯明；慮人之苦其平淡枯寂也，則引之以機趣橫生，示之以興味無窮。本經訓以闡發經義，使人知經義之非難，勢必因經訓而進求之，且將因此三經以遞及於羣經，不唯數千年之國粹賴以不墜，即於將來之人心風俗，亦不無裨補焉。其用心也苦，故其致力也勤，雖未知於古作者何如，而在晚近中亦可謂鸝羊碩果矣，敢以質諸當世治經好學之君子。〔註31〕

以簡括的文字、顯明的敘述，帶領讀者由淺入深地瞭解典籍的內在涵意，並以機趣、興味引導學習，王氏此言說明了李景星的技巧與用心。

　　值得一提的是，除了以教學者的態度謹慎著述，李景星在選擇刊印作品時，也秉持以教學爲重的精神。在經費有限的情況下，李景星與往來知識分子、門生在規劃出版印行其著作時，也都有意識地以「便於初學」爲首要標準。莊復恩《屺瞻草堂經說三種・後序》說：

〔註29〕李景星：《詩經條貫・自序》，《屺瞻草堂經說三種七卷》，頁603。
〔註30〕李景星：《易經箚記・自序》，《屺瞻草堂經說三種七卷》，頁572。
〔註31〕王景禧：《屺瞻草堂經說三種・總序》，《屺瞻草堂經說三種七卷》，頁571。

（李景星）生平著錄最夥，……同人等屢議為之印行，以卷帙繁重，舉辦實難，惟此《經說三種》較為簡易，且辭意明顯，**便於初學**，遂先付諸印局，以為異日推印各種之嚆矢。〔註32〕

因為「辭意明顯，便於初學」，所以李景星最先刊行的學術著作是《屺瞻草堂經說三種七卷》。中國學術以經、史為宗，而後李景星「典地借貸」印行《四史評議》，其中首重《史記評議》，原因除了《史記》在史書中最為難讀，學者最需要指引，更重要的是《史記》具有匯集古來載籍、開後代史書標準的重大意義，欲學中國學術，不能不通曉《史記》。筆者認為，出於浸淫學術與數十年教學生涯的體悟，李氏深知引發學習興趣與明師指點迷津對於學者（讀者）的重要性，因此，究觀《四史評議》與《屺瞻草堂經說三種七卷》，更能體察李氏的學術著作中那份教育家諄諄教誨的熱誠與對學者的殷切期待。

簡而言之，李景星是在有鑑於研讀、理解《史記》不易的情形下，將自己歷年來閱讀與批評的心得條列出來，並揭示各篇之中的精彩奧妙處與微言大義。因此，《史記評議》不僅可作為《史記》一百三十篇的導讀，對於閱讀《史記》後的進一步研究也提供了思考的方向與空間。

第三節　《史記評議》的體例

在《史記評議·自序》之後，還有一篇《史記評議·凡例》，標舉出本書的寫作體例、格式，以及李景星在寫作時特別強調的幾個重點。一共列有八條，以下一一說明。

第一，說明以「評議」二字為書名的原因：

一、評議二字，始見于《晉書·武帝紀》，再見于《魏書·程駿傳》。評者，謂持理之平；議者，謂定事之宜也。本書以評議為名，蓋取諸此。〔註33〕

《晉書·武帝紀》記載：

初，帝雖從漢魏之制，既葬除服，而深衣素冠，降席撤膳，哀敬如喪者。戊辰，有司奏改服進膳，不許，遂禮終而後復吉。及太后之喪，亦如之。（二年）九月乙未，散騎常侍皇甫陶、傅玄領諫官，上書諫諍，有司奏請寢之。詔曰：「凡關言人主，人臣所至難，而苦不

〔註32〕 莊復恩：《屺瞻草堂經說三種·後序》，《屺瞻草堂經說三種七卷》，頁646。
〔註33〕 《四史評議》，頁3。

能聽納，自古忠臣直士之所慷慨也。每陳事出付主者，多從深刻，乃云恩貸當由主上，是何言乎？其詳評議。」戊戌，有司奏：「大晉繼三皇之蹤，蹈舜禹之跡，應天順時，受禪有魏，宜一用前代正朔服色，皆如虞遵唐故事。」奏可。〔註34〕

《魏書·程駿傳》記載：

初，遷神主于太廟，有司奏：「舊事廟中執事之官，例皆賜爵，今宜依舊。」詔百寮評議，羣臣咸以爲宜依舊事，駿獨以爲不可。〔註35〕

根據《晉書·武帝紀》與《魏書·程駿傳》中的上下文，所謂「評議」是皇帝將議題交付臣僚，經過廣泛的討論與磋商，達成共識後上奏皇帝，請求決定。而李景星的「評議」，是以《史記》篇章內容爲討論中心，臧否人物與事件，並對司馬遷的筆法提出其個人意見。

第二，則是標明每篇卷數，以便讀者查驗、對證：

一、本書每篇標題下必記明《史記》卷數，以便檢查，而資對證。
〔註36〕

根據此條說法，則在每篇篇目之後，還標明其卷數。現今可見最普遍的《史記評議》版本是韓兆琦、俞樟華校點，於 1986 年由長沙嶽麓書社出版的標點本，雖然其書是在 1932 年濟南精藝印刷公司出版《史記評議》排印本的基礎上進行整理，卻刪去了卷數。韓兆琦在〈前言〉中說：

原書每篇標題下均記有卷數，爲簡明起見，作了刪除處理。〔註37〕

另外由陸永品點校整理、上海古籍出版社 2008 年出版的《史記評議》（與《史記論文》合訂）中，在每篇篇目之後，以較小的字體標明《史記》卷數，如：

太史公自序第七十　《史記》一百三十〔註38〕

平心而論，刪除原書每篇標題下的卷數標記雖然使排版顯得簡明，若予以保留，在查閱《史記》原書內容時的確能提供不少方便。

第三，李景星將《史記》中的文法列爲首要的討論重點：

〔註34〕 房玄齡等著，何超音義，孫人龍等考證：《晉書》一三〇卷附考證，音義三卷（景印文淵閣四庫全書第 255 冊，臺北：臺灣商務印書館，1983 年），頁 55。

〔註35〕 魏收著，孫人龍等考證：《魏書》一三〇卷附考證（景印文淵閣四庫全書第 261 冊，臺北：臺灣商務印書館，1983 年），頁 824。

〔註36〕 《四史評議》，頁 3。

〔註37〕 韓兆琦：《四史評議·前言》，頁 5。

〔註38〕 吳見思：《史記論文》，李景星：《史記評議》，陸永品點校，（上海：上海古籍出版社，2008 年 12 月第一版第一次印刷），頁 225。

一、吾國文章淵藪，《左傳》而外，首推《史記》，故本書于《史記》
　　文法論之特詳。〔註39〕

他認為《左傳》及《史記》最能展現中國文學的組織布局與文學美感，因此
先從文法的角度著手，展開其《史記》研究。

第四，李景星也特別關注《史記》中的史法：

一、吾國紀傳為史，始于《史記》，故本書于《史記》史法亦論之特
　　詳。〔註40〕

《史記》確立了中國正史以紀傳體為宗的書寫傳統，因此詳細討論《史記》
中的史法有其必要。

前已言之，《史記》匯聚了經、傳、諸子百家的思想與文學，並開啟往後
的官私史學之體例與文法，具有承先啟後的地位，所以《史記評議》的主要
內容就在於探討《史記》的文學美感與史學方法。

第五，是對於《史記》中褚先生與後人增補部分的意見：

一、《史記》一書，有褚先生補者，有後人增者，亦有非補而世乃強
　　名為補，非增而世乃強名為增者，此最足以亂真。本書遇此等
　　處，必嚴為辨駁。〔註41〕

《史記》一書流傳久遠，學者與讀者或有為其增補者。據《後漢書・班彪傳》
注及《史通・古今正史》所載，在班彪之前，續補《史記》的有褚少孫、劉
向、劉歆、馮商、衛衡、揚雄、史岑、梁審、肆仁、晉馮、段肅、金丹、馮
衍、韋融、蕭奮、劉恂等十六人，〔註42〕其中又以褚少孫的增補最為明顯。
李景星認為，有些部分確實為後人所補，有些則是史公原文而非增補，必須
加以廓清，方可見出《史記》的原來面目。

第六，關於兩千多年來聚訟不已的「《史記》十篇有錄無書」之說，李景
星認為司馬遷原作並無缺漏，所謂無書、亡佚的議論皆出於班彪、王肅等人
的妄意攻擊：

一、《史記》一書，據史遷自稱，原無不足之處。緣班彪、王肅之徒
　　妄肆攻擊，或以為十篇獨闕；或以為兩紀無書。考其所言，都

〔註39〕《四史評議》，頁3。
〔註40〕《四史評議》，頁3。
〔註41〕《四史評議》，頁3。
〔註42〕劉知幾著，浦起龍釋：《史通通釋》（臺北：世界書局，2010年3月六版五刷），
　　　　頁161。

> 無確證。然疑竇既開，愈演愈甚，貽誤後人，正自不少。本書
> 遇此等處，必極為剖析。〔註43〕

自東漢班彪、魏王肅開始，論及《史記》亡書者不可勝記，然由於缺乏相關的考古資料，至今尚無定論。而李景星以其詳細推論主張《史記》一百三十篇具存，並無脫漏，所以在眾人所討論、質疑的十篇之中，除了嚴加駁斥亡書之說，必以己意推論其書之不亡。筆者將在第六章詳細條列、分析與說明。

第七，注意到歷來《史記》研究者較少專門討論的「論贊」：

> 一、本書論《史記》，必及贊語。蓋他史贊語，每就紀傳所言重述
> 一遍，殊少意味。《史記》諸贊，往往補紀傳之所不及，且其
> 用筆奇崛，用意含蓄，或為一篇精華所聚，非經抉發，未易
> 明也。〔註44〕

除了〈今上本紀〉、〈漢興以來將相名臣年表〉、〈龜策列傳〉、〈韓信盧綰列傳〉以外，李景星都會針對各篇的「太史公曰」一段提出評論。他認為，其他史書的贊語往往只是將本傳的內容簡述一遍，並無新意；反觀《史記》論贊，常可補充本傳所不能及者，且以奇崛之筆寄託含蓄隱微之意，甚至能成為一篇的眼目，若未經抉發，容易忽略論贊的重要性，所以李景星幾乎對每篇論贊都有文法與史法方面的評語。這是歷來研究《史記》的學者較少著重的部分，雖然不能說李景星是發前人之所未發，但若李氏如此重視論贊之學者確實少見。

第八，不忽略對《史記》內容的考據問題：

> 一、本書雖以文史為主，而亦不廢考據。或隨所見而及之，或擇其
> 要而載之，雖未敢謂搜剔無遺，然千慮一得，正可為讀史之助。
> 〔註45〕

在〈凡例〉第三點與第四點中雖已表明《史記評議》最側重分析《史記》各篇的文法與史法，但李景星對於史實的考據、訂正並不偏廢。無論是人名、地名、時間或文句的異同，李氏都盡可能地指出，並查證正確的記載。如此一來，便可減少研讀時可能產生的疑惑或錯誤認識。

綜上所述，可知李景星《史記評議》的寫作方針，是以公正的態度對《史記》一百三十篇的文法與史法進行裁量，釐清史公原書與後人增補的界線，

〔註43〕《四史評議》，頁3。
〔註44〕《四史評議》，頁3。
〔註45〕《四史評議》，頁4。

極力主張《史記》全書未有亡佚，闡明論贊的用筆、意義與價值，同時注重
對《史記》內容之考據。由於此書既能發揚《史記》各篇之主旨，又能指出
《史記》在行文時的訛誤或與其他記載之牴牾處，因此可以將它當作閱讀《史
記》前的導覽，也是閱讀同時的參考書，更可以視為進一步研究《史記》的
指南。

第三章　論《史記》文法

　　《史記評議》是李景星閱讀《史記》並深入研究的成果。每讀完一篇，便列出文章「佳處」與心得，加上平日閱覽時逐條記錄的感想，彙編整理而成百三十篇的讀書札記。他在《史記評議・自序》中說：

> 《史記》一書，後代史書之標準，而古來載籍之總滙也。由《史記》以上，爲經、爲傳、爲諸子百家，流傳雖多，要皆于《史記》括之；由《史記》以下，無論官私記載，其體例之常變，文法之正奇，千變萬化，難以悉述，要皆于《史記》啓之。……雖然，《史記》之讀，正未易言也。其文繁，其旨遠，其語奧而深，其筆奇而肆。[註1]

從史學方面來看，司馬遷采取儒家經典、諸子學說與各種歷史資料編纂而成《史記》，敘述自黃帝以迄漢武帝時代的史事，是中國第一部通史，並奠定後世正史的紀傳體例。然而《史記》的影響不僅在史學方面，在文學上也帶給後人相當大的啓發，只是面對洋洋灑灑五十二萬餘言，讀者往往心駭目驚，不知指歸亦不明其妙。李景星細繹《史記》後發現，雖然「其文繁，其旨遠，其語奧而深，其筆奇而肆」，若能注意司馬遷作文之層次、經緯、骨幹、主旨、出色的寫人敘事手法，便可透視《史記》文法的正奇變化，進一步欣賞《史記》的文學美感。

　　本章從篇章結構、文章主旨、出色之筆等三個方向，探討李景星《史記評議》對《史記》文法之析論。

〔註1〕《四史評議》，頁1。

第一節　梳理篇章結構

　　《史記》百三十篇中，不論長篇巨製或短篇列傳，都因為司馬遷善於剪裁史料而使內文各項事件緊密相連，毫無脫節，然而讀者也容易在閱讀時陷於紛至沓來的事件與人物中，看不出太史公采取史料的用意，以及事件與人物的重要性。李景星在分析《史記》文法時，特別重視將文章分段分層、劃分經緯、點出骨節，讓讀者先獨立看待各段史事，明白事件始末以及人物關係以後再串連各個段落，則歷史的轉折、事件與人物的重要性自然凸顯。

（一）藉由分段，使文章層次分明

　　李景星認為，司馬遷作文時相當注重文章的層次，通過層次推進，可以看出王朝、侯國或個人興盛衰亡的原因與過程。以〈殷本紀〉為例，司馬遷文筆的起落，正展現了殷王朝的興衰：

> 讀〈殷本紀〉，須看其以國運之興衰為用筆之起落處：自首至「是為帝雍己，殷道衰，諸侯或不至」，是殷之一興一衰，即為文之一起一落。自「帝雍崩，弟太戊立」至「河亶甲時，殷復衰」，是殷之再興再衰，即為文之再起再落。自「河亶甲崩，子帝祖乙立」至「比九世亂，于是諸侯莫朝」，是殷之三盛三衰，即為文之三起三落。自「帝陽甲崩，弟盤庚立」至「帝小辛立，殷復衰」，是殷之四盛四衰，即為文之四起四落。自「百姓思盤庚」至「帝乙立，殷益衰」，是殷之五盛五衰，即為文之五起五落，**自此以後，殷有衰無興，而文筆乃自為起落。**觀其敘紂事，自「帝乙長子」至「天下謂之紂」為一起落；自「帝紂資辨捷疾」至「有炮烙之法」為一起落；自「以西伯昌」至「諸侯以此益疏」為一起落；自「西伯歸」至「紂不可諫矣」為一起落；自「西伯既卒」至「乃持其祭器奔周」為一起落；自「周武王于是率諸侯伐紂」至末為一起落。一路迤邐而來，如山行澗隔，如嶺斷岡連，極行文之樂事，而卻以簡質明晰勝，是謂之妙。〔註2〕

紂王之前是〈殷本紀〉前半截，殷王朝已有五次盛衰更迭，李景星以「起落」分為五段，紂王即位以後的事蹟為後半截，李氏再以「起落」分為六段，說明司馬遷如何鋪敘殷王朝逐步衰弱與周王朝日漸強大的情形。李景星以「起落」分段，不僅有助於引導讀者閱讀，也更能看出司馬遷鋪陳史事的手法。

〔註2〕《四史評議》，頁7。

　　李景星將〈晉世家〉分爲三截，第三截中再分三層，使晉國盛衰之跡與
文公定霸事蹟分明呈現：

> 通篇敍晉事共分三時期：自首至「是爲晉侯」，是敍唐易爲晉，爲第
> 一時期；自「晉侯子寧族」至「凡六十七歲，而卒代晉爲諸侯」，是
> 敍曲沃滅晉，爲第二時期；自「武公代晉二歲卒」至末，是敍晉之
> 極盛與其漸衰，爲第三時期。**而第三時期中，又用大營包小營法，**
> **分爲三層**：獻公釀亂爲一層，文公定霸爲一層，襄公以下霸業時斷
> 時續爲一層。三層之敍述，尤以文公事迹爲特詳，幾占全篇三分之
> 一。緣文公爲霸主，是晉國前後最出色人物，故鄭重述其事。譬如
> 長江大河，此是中流盛處，越有波濤起伏，乃越顯得源流長遠。至
> 其運筆，往往約繁爲簡，以短峭勝。故是太史公本色，亦由作長篇
> 文字不得不爾。〔註3〕

所謂「大營包小營法」就像畫樹狀圖，在大條目下又分爲幾個小項目。此處
所指「大營」是將晉國歷史大致分成三個時期，「小營」則是把第三時期再細
分爲三層。三個時期分別代表晉之立國、被滅、由極盛而衰的不同階段，其
中第三時期是史事最紛雜、起伏最劇烈而影響最關鍵的時期，司馬遷著力描
寫，篇幅較長，於是李景星將第三時期再析爲三層，使讀者容易掌握事件的
發展與變遷，並指出位於第二層的晉文公是晉國史上最出色的人物，因此敍
述最詳、波瀾最壯闊，而這一層也是最出色的文字，如此一來，文章重點便
判然分明。

　　至於個人一生運勢，也可以藉分段表現升降起伏。李景星把〈蘇秦列傳〉
首尾分作四大段：

> 自首至尾可分四大段讀：起首至「奉陽君弗說之」爲一段，是敍蘇
> 秦不得志時事；「去游燕」至「秦兵不敢窺函谷關十五年」爲一段，
> 是敍蘇秦極得志時事；「其後秦使犀首」至「燕甚恐」爲一段，是敍
> 蘇秦由得志而又漸不得志時事；「蘇秦之弟」至末爲一段，是敍蘇秦
> 之弟蘇代、蘇屬事。〔註4〕

第一段敍述蘇秦在東周、秦國、趙國都不獲重視；第二段說明蘇秦入燕國後
馳說於燕文侯、趙肅侯、韓惠宣王、魏襄王、齊宣王、楚威王之前，約東方

〔註3〕《四史評議》，頁42。
〔註4〕《四史評議》，頁65～66。

六國合縱，聲勢如日中天；第三段則寫合縱之約破，蘇秦運勢逐漸走下坡，最後車裂於齊；第四段附傳蘇代與蘇厲事蹟。若無分段，容易眩目於蘇秦的長篇大論，而經過李景星將文章綿密分層後，則蘇秦一生行誼不論出處、顯達、失寵，在司馬遷筆下的各種風神，全都一覽無遺。

（二）劃分經緯，強調人物關係

在《史記評議》一百三十篇中，提及「經」、「緯」二字者，唯有〈蕭相國世家〉、〈五宗世家〉、〈魏其武安侯列傳〉，雖然樣本數不多，卻爲後人作史與讀史提供多樣線索。首先，「經」、「緯」所代表的不是時間與事件的交集，而是人與人之間的關係；第二，「經」所代表的人物地位較「緯」所代表的人物爲高，但傳主不絕對是「經」或「緯」；第三，「經」與「緯」爲命運共同體，互相牽連影響，成敗榮辱與共。

以〈蕭相國世家〉爲例，「經」是劉邦，「緯」是蕭何及其行事，互相交錯而成一篇整齊中富於變化的文字：

> 〈蕭相國世家〉是一篇極整齊文字，亦是一篇極變化文字。**通篇以高帝爲經，以餘事爲緯**，正敘蕭相國功烈處不過「先入收秦丞相御史律令圖書」云云；「收巴蜀，塡撫諭告，使給軍食」云云；「守關中，侍太子」云云，此外俱從四面八方著筆，精神煥發處尤在兩論功、三說客及高帝一大喜，一大悅，一大怒，一不懌。于諸臣議論無定、高帝喜怒不測之中，活托出一有一無二之開國元勳來。此等處，全以神行，絕不落板滯蹊徑，非太史公其孰能之？〔註5〕

整齊在於蕭何的作爲完全依附劉邦的處境與需求。秦楚之際，劉邦四處轉戰時，蕭何鎮守後方，隨時補給軍需與人力；劉邦入關後，蕭何爲日後統一帝國計，收秦律令圖書，奠定「漢沿秦制」的格局。變化在於劉邦喜怒難測，因此蕭何必須舉宗族中能勝兵之子弟入漢軍，以家私財佐軍，爲劉邦效力，還要「多買田地、賤貰貸以自污」，〔註6〕消弭劉邦的疑心，求得其信任以換取自身安全。李景星從蕭何與劉邦的互動分析〈蕭相國世家〉，以劉邦的多疑對襯蕭何克盡職守、兢兢業業的開國元勳神態，也寫活了君臣之間彼此依賴

〔註5〕《四史評議》，頁53。

〔註6〕司馬遷著，裴駰集解，司馬貞索隱，張守節正義，瀧川龜太郎考證：《史記會注考證》卷五十三（臺北：大安出版社，2007年八月二版一刷，通行本，各本皆影印日本昭和九年〔1934〕刊本），頁11。

又互相猜忌的關係。

　　在〈五宗世家〉中，由於人物間具有骨肉與血脈之關係，李景星便以「經」、「緯」廓清身分：

　　　　〈五宗世家〉以五宗爲經，以十三王爲緯，前總提，後分敘，章法極整，而中間記諸王處，或先提後敘，或先敘後提，或從旁面，或寫餘情，移步換形，一節一樣，則又極變化之能事矣。〔註7〕

〈五宗世家〉的主角們是漢景帝與五位后妃所生的十三位諸侯王及其後嗣，以五位后妃爲「經」（「同母者爲宗親」）、〔註8〕十三位諸侯王爲「緯」。若母親身分卑微又不受寵，則諸侯王之封地不富饒，如唐姬之子劉發封於長沙：

　　　　長沙定王發，發之母唐姬，故程姬侍者。景帝召程姬，程姬有所辟不願進，而飾侍者唐兒使夜進。上醉不知，以爲程姬而幸之，遂有身。已乃覺非程姬也，及生子因命曰發。以孝景前二年，用皇子爲長沙王，以其母微無寵，故王卑濕貧國。〔註9〕

因爲唐姬地位低下、不受寵，所生之子雖然也受封爲諸侯王，封地卻是卑濕貧困的長沙。及至十三位諸侯王之後嗣，則有因其母受寵而受封爲王者，如膠東康王劉寄寵姬之子劉慶受封爲六安王：

　　　　於是上問寄有長子者名賢，母無寵；少子名慶，母愛幸，寄常欲立之，爲不次，因有過，遂無言。上憐之，乃以賢爲膠東王，奉康王嗣，而封慶於故衡山地，爲六安王。〔註10〕

雖然封劉慶爲六安王的人是漢武帝而非膠東康王劉寄，卻也是因爲其母受寵，才能破格受封爲諸侯。而兒子受封爲王，母親的地位與生活品質也將提高。由此可以看出「經」與「緯」之間牽一髮而動全身的緊密聯繫。

　　〈魏其武安侯列傳〉的傳主不只是魏其侯竇嬰與武安侯田蚡兩位外戚，將軍灌夫也在這場外戚勢力更迭的鬥爭中扮演重要的角色，因此李景星認爲司馬遷在敘事時是以竇嬰、田蚡爲「經」，以灌夫爲「緯」：

　　　　此傳雖曰〈魏其武安侯列傳〉，實則竇、田、灌三人合傳也。兩個貴戚，一個酒徒，惹出無限風波。頭緒紛繁，如何措手？而太史公用獨力搏眾獸手段，構成一篇絕熱鬧文字，眞是神力。傳以魏其、武

〔註7〕　《四史評議》，頁57。
〔註8〕　《史記會注考證》卷五十九，頁2。
〔註9〕　《史記會注考證》卷五十九，頁13。
〔註10〕　《史記會注考證》卷五十九，頁15。

安為經，以灌夫為緯，以竇、王兩太后為眼目，以賓客為線索，以
梁王、淮南王、條侯、高遂、桃侯、田勝、丞相綰、籍福、王臧、
許昌、莊青翟、韓安國、蓋侯、潁陰侯、竇甫、臨汝侯、程不識、
汲黯、鄭當時、石建許多人為點染，以鬼報為收束，分合聯絡，錯
綜周密，使恩怨相結，權勢相傾，杯酒相爭，情形宛然在目。而武
安侯田蚡恃其寵驕，以瑣屑嫌隙傾殺竇、灌，此尤千古不平之事。

〔註11〕

竇嬰聲勢盛極而衰，田蚡代之而起，原本是外戚勢力交替的結果，但因為灌
夫藉酒使氣，使兩代外戚之間的權力傾軋更加劇烈，最終導致灌氏族滅、竇
嬰棄市、田蚡病死的結果。正如司馬遷在〈魏其武安侯列傳贊〉中所說：

然魏其誠不知時變，灌夫無術而不遜，兩人相翼，乃成禍亂。武安
負貴而好權，杯酒責望，陷彼兩賢。嗚呼哀哉！遷怒及人，命亦不
延。〔註12〕

李景星所謂「獨力搏眾歇」，是指司馬遷糾合眾多人物與情節線索，既要聚焦
於衝突，又要彰顯各個陣營中的人物以交情或以利益結合，從而塑造出新舊
權貴更迭、情誼與權力互相拉距的巨大張力。筆者認為，「獨力搏眾」亦可用
來形容灌夫與竇嬰的處境。不只是灌夫力搏見風轉舵的賓客，竇嬰力搏竇、
王兩太后與漢景、漢武兩帝，實際上灌夫與竇嬰所共同譜寫的是力抗田、王
兩外戚貴家甚至整個朝廷與勢利人世的末路悲歌，而眾多說客朝臣在文中隨
處點染，不僅加速推進灌夫與竇嬰的死亡，也更彰顯兩人的勢單力薄。性格
決定命運，竇嬰的戇直搭配灌夫的魯莽，豈能不落入田蚡的陷阱裡？司馬遷
筆下田蚡病中向竇嬰與灌夫的鬼魂「呼服謝罪」的故事乍看似有怪力亂神之
嫌，然揆之人情，即田蚡「疑心生暗鬼」、衷心有愧，故產生幻覺；亦可理解
為司馬遷藉此一傳聞寄寓其對田蚡的又一種不滿。這段情節說明三人命運相
繫、福禍相倚，也就是李景星強調的「經」、「緯」之間獨特的關係。以竇嬰、
田蚡、灌夫為經緯，帶出眾多角色，確為「一篇絕熱鬧文字」。

（三）點出骨節，使內容前後照應

《史記》文章結構的另一項優點，是司馬遷善於串聯事件，而不是呆板
地堆砌資料。不論是在對某一事件的描寫暫作收束處，或是另一事件的起頭，

〔註11〕《四史評議》，頁98。
〔註12〕《史記會注考證》卷一百七，頁29。

司馬遷都能巧妙運用鏈結的手法，使歷史文章不只具有豐富的內容，同時具備文學的美感。這些鏈結之處，也就是「骨節」、「筋節」，如同骨骼與骨骼之間的關節，不僅帶動前後敘述，也能使歷史的起伏、人生的遭際轉折更加活潑生動，所以李景星特別點出，提醒讀者掌握司馬遷的行文要點。以〈趙世家〉為例，司馬遷藉由四個夢境串起一篇長文：

> 〈趙世家〉是一篇極奇肆文字，在諸世家中特為出色。通篇如長江大河，一波未平，一波復起，令覽之者應接不暇，故不覺其長。用筆節節變化，有移步換形之妙。如敘程嬰、公孫杵臼存趙孤事，以淋漓激昂勝；敘武靈王議胡服事，以縱橫跌宕勝；敘公子章等作亂，公子成、李兌等興兵圍主父事，以歷落纏綿勝。**尤其妙者，在以四夢為點綴，使前後骨節通靈。**趙盾之夢，為趙氏中衰、趙武復興伏案也；趙簡子之夢，為滅中行氏、滅智伯等事伏案也；趙武靈王之夢，為廢嫡立幼、以致禍亂伏案也；趙孝成王之夢，為貪地受降、喪卒長平伏案也。**以天造地設之事，為埋針伏線之筆，而演成神出鬼沒之文，**那不令人拍案叫絕！〔註13〕

李景星認為，〈趙世家〉行文起伏跌宕，多有勝處，但最重要的是利用趙盾、趙簡子、趙武靈王、趙孝成王的四個夢境串起趙氏之興衰、分合、治亂、滅亡的過程。司馬遷寫得波瀾壯闊，讀者看得驚心動魄，卻不容易把握時間軸上每一個階段的轉折，於是李景星點出太史公正是以四夢疏通趙氏自立國至滅國的歷史，讀者依此線索閱讀，才能看懂司馬遷安排之妙。夢境與夢兆是天造地設、恍惚難解之事，吳見思《史記論文》驚異於通篇以夢相繫：

> 〈趙世家〉一篇俱寫趙事，其中文法段段奇勝，讀之不覺其長。……
> 前有簡子一夢，後又有武靈王一夢、孝成王一夢，通篇以夢相照耀，
> 咄咄怪事何其多也！〔註14〕

吳氏肯定〈趙世家〉文法奇勝，讀之不覺其長，也注意到「通篇以夢相照耀」，可惜沒有說明「夢」在此篇文章結構中的作用。李景星則主張，此篇神妙之處就在於以夢作為歷史發展的關鍵線索、文章的伏筆，因此形成一篇神出鬼沒、奇幻迷離的佳作。李景星認為，以四夢之兆前後呼應，就是〈趙世家〉

〔註13〕《四史評議》，頁45～46。
〔註14〕吳見思評點，吳興祚參訂：《史記論文‧趙世家》（臺北：臺灣中華書局，1970年11月臺二版），頁266。

篇幅雖長卻不顯枯燥的原因。司馬遷的筆法出神入化，李氏亦見解過人。

　　「骨節」，或稱爲「筋節」，也可以是某種狀態或情勢形成以後的小結論，總收前事，從而開展下一階段的敘事。點出骨節，則綱舉目張，文章的條理、血肉一一分明，以〈李斯列傳〉爲例：

> 〈李斯傳〉以「竟并天下」、「遂以亡天下」二句爲前後關鎖。「竟并天下」是寫其前之所以盛，「遂以亡天下」是寫其後之所以衰。盛衰在秦，所以盛衰之故，則皆由于斯。**行文以五歎爲筋節，以六說當實敘**。「于是李斯乃歎曰：人之賢不肖」云云，是其未遇時而歎不得富貴也；「李斯喟然而歎曰：嗟呼」云云，是其志滿時而歎物極將衰也；「斯乃仰天而歎，垂淚太息曰」云云，是已墜趙高計中不能自主而歎也；「仰天而歎曰：嗟呼悲夫」云云，是已居囹圄之中不勝怨悔而歎也；「顧謂其中子曰」云云，是臨死時無可奈何以不歎爲歎也。以上所謂「五歎」也。記說秦王，著斯入秦之始也；記諫逐客，著斯留秦之故也；記議焚書，著斯佐始皇行惡也；記勸督責，著斯導二世行惡也；記短趙高語，著斯之所以受病，藉其自相攻擊，以示痛快人意也；記上獄中書，著斯之所以結局，令其自定功罪，以作通篇收拾也。以上所謂「六說」也。〔註15〕

李景星指出，本文以李斯五歎爲骨架、以六說爲血肉，敘述李斯的所有作爲關係著秦朝的興盛與衰落。根據李景星的分析，以下按時間排列〈李斯列傳〉中五歎、六說以及關係秦朝興亡諸事：

　　（一）一歎：是其未遇時而歎不得富貴也。

　　（1）一說：記說秦王，著斯入秦之始也。

　　（2）二說：記諫逐客，著斯留秦之故也。

　　二十餘年，竟并天下。尊主爲皇帝，以斯爲丞相。

　　（3）三說：記議焚書，著斯佐始皇行惡也。

　　（二）二歎：是其志滿時而歎物極將衰也。

　　・謀立胡亥。

　　（三）三歎：是已墜趙高計中不能自主而歎也。

　　・〈公子高從葬書〉

〔註15〕《四史評議》，頁80。

·〈二世責問李斯書〉

（4）四說：記勸督責，著斯導二世行惡也。

·趙高譖李斯。

（5）五說：記短趙高語，著斯之所以受病，藉其自相攻擊，以示痛快人意也。

（四）四歎：是已居囹圄之中不勝怨悔而歎也。

（6）六說：記上獄中書，著斯之所以結局，令其自定功罪，以作通篇收拾也。

（五）五歎：是臨死時無可奈何以不歎為歎也。

·李斯父子相哭，而夷三族。

·子嬰立。項王至而斬之。

遂以亡天下。

李景星認為，〈李斯列傳〉的正文雖以「天下」標誌秦朝盛衰，但水能載舟，亦能覆舟，李斯佐秦統一天下，卻也助秦始皇、二世甚至趙高等行惡，最終覆滅秦朝，可以說李斯一生行事關係秦帝國的命脈。李斯一生功過在六說，而以五歎為筋節，每一歎都可視為他對自己某一段人生成就或遭遇的總結，也是對下一階段的隱性預言。一歎不得富貴，所以入秦說秦王、諫逐客、議焚書；壯大秦朝的同時也為自己求得榮華利祿，於是二歎富貴已極，恐怕物極則衰，不知結局如何；與趙高狼狽為奸，矯召殺太子扶蘇，立胡亥為二世後，便受趙高左右，三歎其身將不得自主；二世責問天下不治，於是李斯上督責書，雖得到二世信任，卻也加速秦朝滅亡，而趙高設計使二世疏遠李斯，李斯被迫反擊，仍不免於囹圄，四歎自己過去助紂為虐，如今性命不保，國家也有陵夷之虞；所以自獄中上書，正言若反，其功適足以成其罪，然而其書終究為趙高阻攔，不得上呈於二世，大勢已去，五歎於臨刑之前。李斯一死，他佐助秦國奪得的天下也隨即滅亡。李景星指出，李斯在秦國的作為透過五歎而有前後呼應、骨節通靈的效果，形成一篇結構嚴密、敘事緊湊的傳記。

第二節　揭示文章主旨

李景星在《史記評議·自序》中提到，讀《史記》者往往將其視為涉獵之資或檢索之工具書，閱讀既無系統、也不仔細：

鄉曲之間，苦無其書；有其書者，往往視爲案頭供品而不欲觀；即
欲觀矣，又多以小說等之，以類書例之，僅作涉獵之資，或備檢查
之用。不然，則覓一坊間節本，以爲祕冊；不然，則取文選數篇，
以作要典；再不然，則取其書而審閱一過，稍記篇次，即自以爲卒
業。至問其所得安在，全書中大義若何，則恍焉忽焉，強辭而支吾
焉，以是爲讀，與不讀何異！〔註16〕

讀書不得法，當然難有心得，也無法掌握全書主旨與大義，因此他在整理百
三十篇的讀書心得時，相當注重揭示每篇的主題，認爲司馬遷是藉著串連眾
多歷史事實來表達某種中心思想，反過來說，是以某種中心思想爲主線展開
敘事或描寫。讀者若能把握每一篇的主旨，對於人物的形象與性格、事件的
起因與發展，都能有更具體的概念與鮮明的印象。

　　〈惠景間侯者年表〉的主旨在於「受封者皆以仁義獲成功」，譏刺其他侯
王中少有守職無過者：

惠景間侯者，便侯爲首。表序即借此發端，極贊長沙之忠，正以
譏他侯王，見守職無過者之難得也。高祖遺功臣一，從代來二，
吳楚之勞三，諸侯子弟四，外國歸義五，惠景間所封候，不過此
五等。太史公以數語括之，陳義既高，句亦古勁。末後「仁義」
二字，暗應前「忠」字；「成功」二字，暗應前「全禪五世」，皆
就受封者而言。所謂「當時〔世〕」，即惠景之世。言惠景之世受
封者，皆以仁義獲成功，最爲彰著也。如此方與起首所引有關會。
〔註17〕

〈惠景間侯者年表〉首提便侯吳淺，他是漢高祖劉邦所封八位異姓諸侯王之
一長沙王吳芮之子，吳芮傳吳臣，吳臣傳吳回，吳回傳吳右，吳右傳吳著，
吳著於漢文帝後元七年薨，因無後而暫除長沙國。從高祖到惠帝，八位異姓
諸侯王中唯有長沙王「全禪五世」，因爲無過而且守職，於是漢惠帝七年再
封吳淺爲便侯，封於長沙，可說是司馬遷所謂「當世仁義成功之著者也」。
〔註18〕李景星指出，此處「仁義」的意義是「忠」，具體行爲是「守職無過」，
而「全禪五世」就是其「成功」之處，因此〈惠景間侯者年表〉的主旨在於

〔註16〕《四史評議》，頁1。
〔註17〕《四史評議》，頁24。
〔註18〕《史記會注考證》卷十九，頁3。

表揚以便侯爲代表的惠景間侯者，能以忠事主、爲藩，不因獲罪失職而免侯，使其榮耀能傳諸子孫後代。

〈河渠書〉以河渠之「利害」爲敘事主線，前半追敘自大禹以來前人治水而使海內安寧富庶的事蹟，後半則敘述漢代水利工程：

> 〈河渠書〉以「水利」二字爲眼目，以推美武帝爲歸宿。通篇可分兩大段讀：自首至「因命曰鄭國渠」爲前段，是述前代之河渠；自「漢興三十九年」至末爲後段，是敘漢世之河渠。其中言河之利，曰「諸夏艾安，功施三代」；曰「而梁楚之地復寧，無水災」。言河之害，曰「河災衍溢，害中國也尤甚」；曰「河決酸棗，東潰金堤」；曰「自河決瓠子後二十餘歲，歲因以數不登，而梁楚之地尤甚」。言渠之利，曰「此渠皆可行舟，有餘則用溉浸，百姓享其利」；曰「以富魏之河內」；曰「秦以富強，卒并諸侯」；曰「其後漕稍多，而渠下之民頗得以溉田矣」；曰「道果便近」。言渠之害，曰「渠不利，則田者不能償種」；曰「而水湍石，不可漕」；曰「猶未得其饒」。將河渠利害，層層點逗，至贊語中又總揭之曰：「甚哉，水之爲利害也。」義旨何等顯明，章法何等縝密！其書後詳敘塞瓠子、沉馬用玉等事，并載詩歌，贊亦以「從塞宣房，悲〈瓠子〉之詩」作結，正見武帝之盡心民事，非其他行事所得比也。雖無頌美之辭，其推服之意深矣。〔註19〕

「眼目」也就是「文眼」，是一篇文章的重點，也可能是事件轉折的關鍵，在這裡當「主旨」用，也就是強調水利的重要性。善用河渠之利，則生活環境安全，人民飲食無虞，國家得以富強；不能善用河渠之利，則水患頻繁，食不果腹，削弱國力。而武帝重視河渠的作用，發展水利建設，對民生有大功勞，李景星認爲司馬遷雖無稱頌褒揚之詞，卻以實寫肯定武帝的治水功績。

不過，〈河渠書〉對武帝不只有褒美，也有貶抑。李師偉泰在〈《史》、《漢》論贊比較十四則〉一文中指出，關於司馬遷對武帝治水事業的評價，歷代學者有不同的看法：〔註20〕以爲司馬遷對武帝持褒揚態度的學者有歸來子、

〔註19〕《四史評議》，頁33～34。
〔註20〕見李師偉泰：〈《史》、《漢》論贊比較十四則〉注83，《臺大中文學報》第二十四期（2006年6月），頁34。

王世貞、鍾惺、〔註21〕黃淳耀、〔註22〕王治皡、〔註23〕牛運震、〔註24〕郭
嵩燾、〔註25〕李景星、姚祖恩、〔註26〕張大可；〔註27〕以爲持貶抑態度的
學者有吳敏樹、尚鎔、〔註28〕程金造、〔註29〕阮芝生；〔註30〕以爲既貶又
褒者有韓兆琦。〔註31〕李師主張，司馬遷文中對武帝興修水利的得失其實
是「褒貶之意互見」，其五點論述爲：

　　（一）武帝誤信田蚡及望氣用數者的謬說，以江河之決爲天事，在
汲黯、鄭當時堵塞瓠子決口失敗之後，二十餘年不復塞河。武帝身
爲最高統治者，必須概括承受延宕塞河之責。（二）「不封禪兮安知
外！」塞河之事，非專程前往，而是「既封禪，巡祭山川」的順道
之舉。學者從上述兩點認爲司馬遷撰寫〈河渠書〉有貶責武帝之意，
自然可以說得通。（三）既至發覺水患嚴重，「閭殫爲河」、「地不得
寧」，適逢「乾封少雨」，是堵塞決口的好時機，武帝遂決心非將決
口堵塞不可。「乃使汲仁、郭昌發卒數萬人塞瓠子決。」「令羣臣從
官自將軍已下皆負薪寘決河。」這二句具體呈現了當日武帝大規模

〔註21〕此三人說法見凌稚隆輯校，李光縉增補，有井範平補標：《補標史記評林》一
　　　　百三十卷（臺北：地球出版社，1992 年 3 月第一版），頁 1075～1076、1076、
　　　　1077～1078。
〔註22〕黃說見《史記評論》，收錄於乾隆二十二年寶山縣學《黃陶庵先生全集》。黃淳
　　　　耀《陶菴全集卷七・史記評論・封禪書》：「太史公八書中，〈封禪〉、〈河渠〉、
　　　　〈平準〉乃尚爲譏武帝而作。然〈河渠書〉當另看，蓋塞宣房有憂民之心焉，
　　　　是其倦於神仙時也。」黃淳耀：《陶菴全集》廿二卷（收錄於四庫全書珍本十
　　　　二集，臺北：臺灣商務印書館，1982 年，原書爲欽定四庫全書集部六別集類五）。
〔註23〕王說見《史記榷參卷上・釋河渠書》。
〔註24〕牛運震：《史記評注》（二十四史研究資料彙編，史記考證文獻彙編第 3 冊，
　　　　成都：巴蜀書社，2010 年，清嘉慶二十三年刻空山堂全集本），頁 288～290。
〔註25〕郭嵩燾：《史記札記》卷三（臺北：世界書局，1963 年 4 月二版），頁 154。
〔註26〕姚祖恩：《史記菁華錄》卷二，頁 45、47。
〔註27〕張大可：《史記全本新注》（西安：三秦出版社，1990 年 6 月第一版第一次印
　　　　刷），頁 863。
〔註28〕此二人說法見楊燕起、陳可青、賴長揚編：《歷代名家評史記》（北京：北京
　　　　師範大學出版社，1986 年 3 月第一版第一次印刷），頁 447、448。
〔註29〕程金造：〈司馬遷著河渠書的本意〉，《史記管窺》（西安：陝西人民出版社，
　　　　1985 年 3 月第一版第一次印刷），頁 305～313。
〔註30〕阮芝生：〈《史記・河渠書》析論〉，《臺大歷史系學報》第十五期（1990 年 12
　　　　月），頁 65～80。
〔註31〕韓兆琦：《史記箋證》（南昌：江西人民出版社，2004 年 12 月第一版，2009
　　　　年 3 月修訂、第三次印刷），頁 2078。

動員人力物力塞河的場景，呈現了武帝誓必完成塞河壯舉的決心，所以歷代學者多數認爲司馬遷對武帝此舉持肯定的態度，並不是沒有根據。（四）除了堵塞瓠子決口之外，武帝還有其他許多「決瀆通溝」的水利事業，效果大小雖自不同，無論如何不能說司馬遷對武帝的這些事業也抱著批判的態度！……（五）「悲〈瓠子〉之詩」意指爲塞河壯舉而感動，抑或是爲梁、楚等地民眾平白多受二十多年水患之苦而悲傷？學者的理解雖然不同，但無礙於本文認爲司馬遷在〈河渠書〉中對武帝褒貶互見的論斷。〔註32〕

正如李師之分析，司馬遷作〈河渠書〉不僅僅爲褒美，也有批評武帝迷信術數、未及早解決民生疾苦的用意。而李景星認爲司馬遷在〈河渠書〉中相當肯定與褒獎武帝塞決河、發展水利建設的作爲，沒有考慮到武帝以封禪爲務、延宕治水所造成的災害，其探討司馬遷的用心似乎不夠全面。

《史記評議》中常用「以某某爲骨」或「以某某作骨」的句式揭示《史記》文章主旨，提醒讀者注意司馬遷的行文線索。例如〈吳太伯世家〉「以『讓』字爲骨」，說明「讓」與「不讓」左右了吳國的興亡：

> 〈吳世家〉以「讓」字爲骨，其將興也，以「讓」；其將亡也，則以「不讓」。前後一正一反，天然對待，而中間詳敘季札事，正爲「讓」字推波助瀾。蓋季札一生行爲，在吳爲極有關係人物，而在太史公意中則爲極端景仰人物，故不憚詳悉言之，于〈吳世家〉中爲季札作一特別附傳。或以爲所敘季札之事多系閑情，與吳無關輕重者，此不知史體者也。〔註33〕

推美讓德是〈吳太伯世家〉的主旨，而最能體現讓德的莫過於公子季札，所以司馬遷特別詳盡地敘述季札三次辭讓國君之位以及出使各國的情形，並以掛劍於徐君冢樹爲〈季札傳〉的結尾。贈劍也是一種讓德，季札知道徐君喜歡也能夠欣賞寶劍，才會「心已許之」，〔註34〕決定贈劍，即使徐君已死也不違背承諾。不論是辭讓國君之位或贈劍，都非出於退讓，而是謙遜地表達對他人心意的體貼。另外，李景星指出，司馬遷推崇讓德，並景仰季札爲人，而季札一生行事關係吳國，因此詳細敘述季札故事，從而加強「讓」德在讀者心目中的概念。

〔註32〕李師偉泰：〈《史》、《漢》論贊比較十四則〉，頁36。
〔註33〕《四史評議》，頁35。
〔註34〕《史記會注考證》卷三十一，頁20。

　　李景星認爲，主旨也是文章主角之間若隱若現、看似巧合的共同點，藉由共同點串連大量相關人物，並描寫人物在歷史進程中的作用，從而引發讀者深思司馬遷的言外之意。以〈外戚世家〉爲例：

> 〈外戚世家〉大旨主于紀后，后之戚族乃帶敍及之。**通篇以「命」字爲骨，開首一序即接連點出，以下步步跟定，再不脫離。**有明應處，如「此豈非天邪？非天命孰能當之」等句是；有暗寫處，如「呂太后以重親故，欲其生子萬方，終無子」，「竇太后欲置趙籍中，宦者忘之，誤置代籍中」，「陳皇后求子，與醫錢凡九千萬，然竟無子」等處是。蓋后之于國，有內助關係；而外戚之于后，又有連帶關係；合并敍來，面面俱到，忙中寓閑，最見手法。其特出神處，尤在以詠歎作頓挫，使讀之者得其言外之意，反復玩味，愈引愈長。後來史家敍此等事，皆以平鋪爲之，則味同嚼蠟矣。〔註35〕

〈外戚世家〉的傳主是帝王后妃及其親族；后妃孕育王朝的繼承人，其親族則肩負輔弼保衛王室的責任，於國家關係重大。然而后妃的地位與其親族的權力並不是理所當然具備的，似乎受到不可知的天命操控，所以司馬遷在篇首的序中說：

> 夫婦之際，人道之大倫也。禮之用，唯婚姻爲兢兢。夫樂調而四時和，陰陽之變，萬物之統也，可不慎與！人能弘道，無如命何。甚哉妃匹之愛，君不能得之於臣，父不能得之於子，況卑下乎！既驩合矣，或不能成子姓；能成子姓矣，或不能要其終，豈非命也哉！
>
> 孔子罕稱命，蓋難言之也。非通幽明之變，惡能識乎性命哉！〔註36〕

帝王與后妃之遇合由於天命，后妃能否生子也由於天命，其子能否善終、能否使母以子貴，更是端看天命如何。文帝從代被迎立爲帝，司馬遷寫明出自天命，而惠帝張皇后無子、竇太后誤入代籍、武帝陳皇后無子等事則以暗筆爲之，在在表示天命的不可捉摸，感嘆人的算計或努力終究敵不過天命。自呂后至武帝時的李夫人，每一位女性都是在命運的牽繫下進入漢朝後宮，然而受寵、生子、榮辱與否，彷彿都隨著命運的安排而有不同的結果，因此一篇之中，處處可以看到司馬遷對天命的尋思，而「天命」這個主題，也就成爲〈外戚世家〉中所有人物關係的中心線索。

〔註35〕《四史評議》，頁50。
〔註36〕《史記會注考證》卷四十九，頁3～4。

李景星善於揭示主旨，以凸顯文章重點與關鍵，並且指出主旨往往也左右了文章風格，例如〈伍子胥列傳〉以描寫伍子胥的「怨毒」為主旨，而全篇文字也瀰漫著主人公伍子胥以及幾位相關人物的怨毒之氣：

> 〈伍子胥傳〉以贊中「怨毒」二字為主，是一篇極深刻、極陰慘文字。子胥之所以能報怨者，只在「剛戾忍訽，能成大事」；偏于其父口中帶出，正見知子莫若父也。而又述費無忌之言曰：「伍奢二子皆賢，不誅且為楚憂。」述其兄尚之言曰：「汝能報殺父之仇。」述吳公子光之言曰：「彼欲自報其仇耳。」述楚申包胥之言曰：「子之報仇，其以甚乎！」一路寫來，都是形容其「怨毒」之深。又因子胥之報怨，帶出郹公弟之怨、吳闔廬之怨、白公勝之怨，以作點綴；而太史公滿腹怨意，亦借題發揮，洋溢于紙上，不可磨滅矣。以傷心人寫傷心事，那能不十分出色！〔註37〕

楚平王與太子建之間的嫌隙始自費無忌的讒言，進而牽連無辜的伍奢父子三人，因為父兄枉死，才造成伍子胥的「怨毒」。伍奢形容伍子胥的性格「剛戾忍訽」，但伍子胥之所以能忍江上之窘迫、乞食之困頓、流亡之悲戚，卻是由於怨毒之心的支持。司馬遷藉由費無忌、伍尚、吳公子光與申包胥所說的話來形容這份怨毒之情，伴隨著郹公弟、吳闔廬、白公勝等人起因不同卻同樣強烈的怨氣，層層烘托，直到贊語才點明主題：「怨毒之於人，甚矣哉！」〔註38〕李景星認為傳中每位人物有各自的怨懟，也都企圖報怨，然而不論成功與否，這份怨毒之心並不稍減；怨毒促使人們迫害異己，也驅使人們建功立業，然而怨毒並不能阻止人們步入自我毀滅，這種無法排解也不能得到安慰的心情是本篇想要表達的主題，同時也是司馬遷本人內心情感的反映，血淚交織，形成本篇的深刻、陰慘氣象。

而在〈田單列傳〉中，主導文章風格的是「奇」字，不但人物奇、事件奇，就連司馬遷的筆法也出奇無窮：

> 〈田單傳〉暗以「奇」字作骨，至贊語中始點明之。蓋單之為人奇，破燕一節其事奇，太史公又好奇，遇此等奇人奇事，那能不出奇摹寫？前路以傳鐵籠事小作渲染，已是奇想；隨即接入破燕，而以十分傳奇之筆盡力敘之。寫田單出奇制勝，妙在全從作用處著手。如

〔註37〕《四史評議》，頁63。
〔註38〕《史記會注考證》卷六十六，頁23。

「乃縱反間于燕宣言曰」，「田單因宣言曰」，「乃宣言曰」，「單又縱
反間曰」，「令即墨富豪遺燕將曰」，節次寫來，見單之奇功，純是以
奇謀濟之。并非如後人效顰，僅以魯莽從事也。贊語曰：「兵以正合，
以奇勝，善之者出奇無窮，奇正還相生，如環之無端。」連用三「奇」
字，將通篇之意醒出。「始如處女」四句，亦復奇語驚人。君王后，
奇女；王蠋，奇士，不入傳中，而附于贊後，若相應若不相應，細
繹之，卻有神無迹，是乃眞奇格也。合觀通篇，出奇無窮，的爲《史
記》奇作。〔註 39〕

李景星指出，司馬遷以斷車軸末傅鐵籠、奇計破燕兩事刻畫田單「奇」的形
象。斷車軸末傅鐵籠看似小事，卻能表現田單注意細節、防患於未然的個性，
此事也是田單被推舉爲將軍、帶領齊國對抗燕國侵略的主因之一；寫田單破
燕始末也以奇計爲主，縱反間於燕惠王與樂毅，使燕軍士卒離心，以飛鳥翔
集、神師降臨布置成一種撲朔迷離的神怪氣氛，爲彩牛破燕軍埋伏筆，再利
用燕軍劓齊降者、掘壟墓燒死人提升即墨人的戰鬥士氣，令即墨富豪厚遺燕
將製造即將投降的假象以鬆弛燕軍戒備，最後用在晚上放出彩牛、伏兵五
千、老弱擊銅器鼓譟等計策使燕軍「大駭敗走」，〔註 40〕齊軍追亡逐北，奪
回被攻陷的七十餘城。司馬遷的敘述有聲音、有色彩、有畫面，而君王后與
王蠋不入正文而附傳於贊中，看似不相應，其實都在齊國復興大業中扮演了
重要的角色，李景星看出所有描述都是爲了成就「奇」這個主題，不論是田
單、君王后、王蠋，其共通點都是奇情。可以說，雖然〈田單列傳〉的內容
主要是描述樂毅破齊、齊國以即墨與莒爲根據地收復河山的一小段史事，其
中人物的行事、計謀卻同樣包圍著「奇」這個關鍵主題發展，處處可見令人
驚奇的情節，因此李景星評價此文「出奇無窮」、「的爲《史記》奇作」，就
連李氏《評議》也通篇是奇字，奇的風格從《史記》正文延伸到評論文字，
足見史公筆力與李氏強烈的感受性。

第三節 標誌出色之筆

自百三十篇問世，歷代史學家與文學家莫不稱道司馬遷善於寫人敘事，
《史記》既是良史，也是文學寶典。班固在《漢書·司馬遷傳贊》中說：

〔註 39〕 《四史評議》，頁 76。
〔註 40〕 《史記會注考證》卷八十二，頁 5。

　　然自劉向、揚雄博極羣書，皆稱遷有良史之才，服其善序事理，辨
　　而不華，質而不俚，其文質，其事核，不虛美，不隱惡，故謂之實
　　錄。〔註41〕

可永雪進一步說明「善序事理」所強調的不僅是生動描寫人物與事件始末，
更要能揭示出連結眾多人物與事件的「理」：

　　漢代幾位文章大家一致肯定司馬遷「善序事理」的事實告訴我們，
　　司馬遷在敘事方面確有非常高超和獨到之處。「善序事理」，不光是
　　說司馬遷善于敘事，更在于強調司馬遷善于在敘事當中把事物的內
　　在聯繫和屬于事物規律性的那些東（西）──即事物之「理」給揭
　　示出來。〔註42〕

具體說來，「善序事理」是在敘事中能掌握人物與情境、事件與歷史進程間的
相互關係，情勢的發展及轉折。透過反覆閱讀文本，李景星瞭解到《史記》
每篇之中特別精彩出色處正是司馬遷「善序事理」的表現，筆者將在本節中
舉例說明李景星如何分析司馬遷鋪采摛文的手法，為讀者提供一條透過《史
記評議》的評論體悟《史記》文學美感的蹊徑。

　　李景星指出，〈刺客列傳〉中一共有五位傳主，而司馬遷安排他們出場的
次序如階梯般反映了情節的精彩程度，一階高過一階，再以最多筆墨與最強
勁筆力呈現一個最能代表人物精神的重點對象，李氏稱之為「階級法」：

　　〈刺客傳〉共載五人：一曹沫〔沬〕，二專諸，三豫讓，四聶政，五
　　荊軻。此五人者，在天地間別具一種激烈性情，故太史公滙歸一處，
　　別成一種激烈文字。文用階級法，一步高一步，刺君、刺相，至于
　　刺不可一世之王者，刺客之能事盡矣。是以篇中敘次，于最後荊軻
　　一傳獨加詳焉。其操縱得手處，尤在每傳之末用鉤連之筆，曰：「其
　　後百六十有七年，而吳有專諸之事」；「其後七十餘年，而晉有豫讓
　　之事」；「其後四十餘年，而軹有聶政之事」；「其後二百二十餘年，
　　秦有荊軻之事」。上下鉤綰，氣勢貫注，遂使一篇數千言大文，直如
　　一筆寫出。此例自史公創之，雖後來迭經襲用，幾成熟調，而蘭亭
　　原本，終不為損，蓋其精氣有不可磨滅者在也。〔註43〕

〔註41〕 班固著，王先謙補注：《漢書補注》，頁 4371。
〔註42〕 可永雪：〈《史記》的敘事藝術〉，收錄於張大可、安平秋、俞樟華主編：《史
　　　　記研究集成》第九卷《史記文學研究》，頁 199。
〔註43〕 《四史評議》，頁 79。

李景星認為，五名刺客依時間先後出場，所行刺的對象地位越來越高，行刺的手法越來越激烈，司馬遷的描寫也逐步加強。曹沫身為魯將，與齊戰而三敗北，為了討回失地而在會盟時執匕首劫齊桓公；魯國和齊國地位平等，曹沫的目的是威脅而非刺殺，結局是討回失地，齊桓公未死，曹沫也安然無恙。專諸由伍子胥進獻，成為吳公子光豢養的刺客，為了替公子光篡位，專諸刺殺吳王僚，結局是吳王僚與其徒盡滅，專諸被王僚左右所殺，公子光自立為吳王闔廬。豫讓為報智伯知遇之恩，欲殺趙襄子為智伯報仇，變名姓為刑人、入宮塗廁中、漆身為厲、吞炭為啞，連妻子都認不得他，結局是兩度行刺未成，豫讓伏劍自殺。聶政避仇隱於屠間，因受嚴仲子的禮遇，所以在母親以天年下世、姊姊出嫁以後，刺殺韓君季父、即韓相俠累，為嚴仲子報仇，結局是俠累被刺身亡，聶政自皮面決眼、自屠出腸、屍暴於市，而聶政的姊姊聶榮為了表彰弟弟「士固為知己者死」的聲名，〔註44〕在報出聶政名號故里之後，嗚咽悲哀死於聶政身旁。荊軻結交各地豪傑，個性沈深，有不為人知的抱負與氣概，喜歡讀書擊劍，受田光、燕太子丹之託行刺秦王政，卻由於自身劍術不佳且缺少幫手，不但刺秦失敗，身死秦廷，還加速了太子丹與燕國的滅亡，中國歷史上恐怕沒有能夠超越荊軻刺秦之影響力並名流千古的刺客，而荊軻好友高漸離變名姓、為人庸保、被燻瞎了雙眼，最終也沒有成功刺殺秦王政，秦王政則自此「終身不復近諸侯之人」，〔註45〕在這場動亂中的每個人都是輸家。從刺殺國君、國相、以至即將統一天下的王，五位（或可說六位）刺客行刺的對象層級越來越高，而不論結果是成功或失敗，暗殺行動後所造成的影響也越來越巨大。整篇〈刺客列傳〉的高潮是荊軻刺秦王，在其他刺客的事蹟以及蓋聶、魯句踐、田光、燕太子丹、樊於期、秦舞陽、高漸離等人的烘托下，眾星拱月，荊軻成為千古刺客中形象最完足的一位，呈現了有才能而屈身於社會底層之人物的心情，表現了人類渴望被瞭解、被重視的情感需求，也代表小人物為崇高理想不惜犧牲的偉大情懷。這種「階級法」不僅能襯托重點對象的形象與功績，也能藉由重點對象彰顯某一族群的樣貌與精神，形成特定的文章風貌。在〈刺客列傳〉中，讀者不僅能看到刺客的決心與毅力、行刺的驚險過程與激烈手段，也能感受懷才不遇、流離失所之人胸中無限的蒼涼悲壯與寂寞。

〔註44〕《史記會注考證》卷八十六，頁 18。
〔註45〕《史記會注考證》卷八十六，頁 39。

　　然而，李景星以階級法分析〈刺客列傳〉推動情節與情緒的寫作手法，忽略了列傳中傳主的敘次其實是以時間先後爲順序，引文中四次以「其後」銜接五位傳主正是明證。行刺國君、卿相、以至「不可一世之王」，其實是統治階級內部矛盾激化、國與國之間衝突升高的反映，而從將軍挾持人質以換取失地到刺客因感念知遇之恩而爲人報仇、捨身取義，刺客的主動性降低，取而代之的是政治人物與社會邊緣人的利益交換，其中有更深層的意義值得探討。李景星相當推崇司馬遷營造氣氛的功力，可能因此忽略了《史記》列傳以時間先後安排人物的常規。而司馬遷對荊軻刺秦王一段的描述尤其詳細，是因其所處的漢代距離秦王政、荊軻的時代較近，可資取材的細節相對豐富，因此鋪陳更甚，更容易將荊軻塑造爲刺客的典型。

　　其次，曹沫劫持齊桓公以討回魯國戰敗失地之事並不可信。傳文說：「曹沫爲魯將，與齊戰，三敗北。魯莊公懼，乃獻遂邑之地以和。」〔註46〕梁玉繩《史記志疑》反駁：

> 莊公自九年敗乾時，後至十三年盟柯，中間有長勺之勝，是魯祇一戰而一勝，安得有三敗之事？齊桓會北杏，遂人不至故滅之。遂非魯地，何煩魯獻此？皆妄也。〔註47〕

齊桓公與魯莊公會於柯而盟，也非實事。韓兆琦《史記箋證》說：

> **曹沫〔沬〕劫齊桓公于柯事，《春秋》、《左傳》皆不載，而見于《公羊傳・莊公十三年》，是魯莊公與曹沫〔沬〕的預謀行爲。**〔註48〕

《公羊傳・莊公十三年》記載：

> 莊公將會乎桓。曹子進曰：「君之意何如？」莊公曰：「寡人之生，則不若死矣。」曹子曰：「然則君請當其君，臣請當其臣。」莊公曰：「諾。」於是會乎桓。莊公升壇，曹子手劍而從之。管子進曰：「君何求乎？」曹子曰：「城壞壓竟，君不圖與。」管子曰：「然則君將何求？」曹子曰：「願請汶陽之田。」管子顧曰：「君許諾。」桓公曰：「諾。」曹子請盟，桓公下，與之盟。已盟，曹子摽劍而去之。要盟可犯，而桓公不欺；曹子可讎，而桓公不怨。桓公之信著乎天

〔註46〕《史記會注考證》卷八十六，頁2。
〔註47〕梁玉繩著，賀次君點校：《史記志疑》（北京：中華書局，1981年4月第一版，2006年7月北京第二次印刷），頁1311。
〔註48〕韓兆琦：《史記箋證》，頁4583。

下，自柯之盟始焉。〔註49〕

韓兆琦說這一節「鋪陳相當熱鬧」，但卻不是實情。〔註50〕何焯說：

> 曹沫之事，亦戰國好事者為之，春秋無此風也，況魯又禮義之國乎！
> 〔註51〕

梁玉繩也辨證此事「誣誕」：

> 劫桓歸地一節，〈年表〉、〈齊〉、〈魯世家〉、〈管仲〉、〈魯連〉、〈自序
> 傳〉皆述之，此傳尤詳。〈荊軻傳〉載燕丹語，仍《國策》並及其事，
> 蓋本《公羊》也。《公羊》漢始著竹帛，不足盡信，即如歸汶陽田在
> 齊頃公時，當魯成二年，乃《公羊》以為桓公盟柯，因曹子劫而歸
> 之，其妄可見。況魯未嘗戰敗失地，何用要劫？曹子非操七首之人，
> 春秋初亦無操七首之習，前賢謂戰國好事者為之耳。仲連〈遺燕將
> 書〉云：「亡地五百里。」《呂覽·貴信》云：「封以汶南四百里。」
> 〈齊策〉及《淮南·氾論》云：「喪地千里。」魯地安得如此之廣？
> 汶陽安得如此之大？不辨而知其誣誕矣。〔註52〕

從年代與地理上都可見出曹沫劫齊桓公之事不可信，但李景星只從文學的表現手法進行評論，並未注意到這段記載違背歷史事實的問題。

戰國學術中，司馬遷最推重孟子與荀卿的學說，因此李景星認為，〈孟子荀卿列傳〉先是在篇題中標舉其名號以示尊崇，而在敘述戰國諸子百家爭鳴的內文裡，又以國君逐利、諸子以利啖之的情形襯托出儒家二子志於大道的胸懷，其中又屬孟子的學術最純。李景星評論〈孟子荀卿列傳〉說：

> 戰國之時，諸子爭鳴，而學術最純者惟孟子，其次則荀子，故太史
> 公此傳即以孟荀為題。文法以拉雜勝，與〈伯夷列傳〉略同，但彼
> 以虛寫，此以實襯；又與〈仲尼弟子傳〉略同，但彼用正鋒，此用
> 奇筆。合觀通篇，其于諸子之中，獨推孟荀，則如百川并流，而江
> 河最顯；其于孟荀之中，又歸重孟子，則如晨登泰山日觀峰，遙望
> 萬迭雲霞捧出一輪紅日。末後單出墨翟，更是奇中之奇。在史公當
> 日不必有意，而以今時中外學術論之，則皆演墨氏餘派，遙繼周末

〔註49〕公羊高著，何休解詁，徐彥疏，陸德明音義：《春秋公羊傳注疏》卷七（景印
　　　　文淵閣四庫全書第145冊，臺北：臺灣商務印書館，1983年），頁141～142。
〔註50〕韓兆琦：《史記箋證》，頁4583。
〔註51〕《史記會注考證》卷八十六，頁3。
〔註52〕梁玉繩著，賀次君點校：《史記志疑》，頁1311～1312。

諸子，氾濫于天下。其一切情形，若俱在史公逆料中也。孟子當墨翟之時，欲正人心，息邪説，距詖行，放淫辭，故不憚好辯；今時雖非墨翟之時，而適當墨翟之説橫行之時，繼孟子而起者，果何人哉？此不能不痛哭流涕，長太息者也！〔註53〕

李景星指出，此傳中所記諸子以孟子始，繼之以鄒忌、鄒衍、淳于髡、慎到、田駢、接子、環淵、鄒奭，爾後有荀卿推究儒墨道德之行事興壞而序列數萬言，接之以公孫龍、劇子、李悝、尸子、長盧、吁子、墨翟，概述孟子、荀卿前後聞名於諸侯的學者，以及孟、荀在此戰國亂世中的立身行事之道。李景星用具體的譬喻對比諸子與孟子、荀卿，以及孟、荀之間的高下之分：諸子有如百川，則孟子、荀卿是最醒目的長江、黃河，源流既遠且澤被彌廣；荀卿爲萬迭雲霞，而孟子是不可掩映的一輪紅日，身分既高，學術及用心也最純。諸子以其學遊於四方，冀望其主張獲得肯定而見用於世，唯有孟子、荀卿不以利干用，退而著作，其中又以孟子爲正人心、息邪説、距詖行、放淫辭而不媚於世，特別高潔。司馬遷推尊孟子之意見於此篇篇首的序：

太史公曰：余讀孟子書，至梁惠王問何以利吾國，未嘗不廢書而歎也。曰：嗟呼！利誠亂之始也。夫子罕言利，常防其原也。故曰：「放於利而行多怨。」自天子至於庶人，好利之弊，何以異哉！〔註54〕

趙恆指出司馬遷以讀孟子書與夫子罕言利並提的用意在於推尊孟子：

讀孟子書，首揭孟子荅梁惠利國之問，而合之於孔子罕言之旨，推尊孟子之意至矣。其時稷下諸儒尤多，而推尊孟子，使后〔後〕人以孔孟並稱者，自太史公始。〔註55〕

李景星吸收了這種説法，指出在〈孟子荀卿列傳〉十七位傳主有詳有略的敘述之中，正是以其他十五子襯托孟子、荀卿紹繼儒家思想的獨特性，最後以墨翟學説之流行爲奇筆作結，寄託對儒家學説不爲世所重的傷懷。有別於〈刺客列傳〉以階級法逐步推展出典型人物，〈孟子荀卿列傳〉中的孟、荀可説是雙峰並起，其他同時或後來人物反而堆疊出孟、荀的高度。司馬遷藉〈孟子荀卿列傳〉道出對「陋儒爲世所重」之不平與太息，而李景星「繼孟子而起

〔註53〕　《四史評議》，頁69～70。
〔註54〕　《史記會注考證》卷七十四，頁2。
〔註55〕　趙恆説見凌稚隆輯校，李光縉增補，有井範平補標：《補標史記評林》，頁1923～1924。

者，果何人哉」的疑問也表現了他對儒家學術思想的忻慕與對世衰道微的感傷。

對於人物情性的描寫，司馬遷善於利用細節聚焦傳主的立身行事，並以此產生能反映傳主性格的文風。李景星指出，司馬遷是以商鞅在秦國所下的兩道變法令以及其效果渲染這位法家代表人物的功績與下場，他評論〈商君列傳〉說：

> 〈商君傳〉是法家樣子，是衰世聖經。在天地間既有此一等人物，而太史公即有此一副筆墨以寫之。通篇以「法」字為骨，開首提出「好刑名之學」，已暗為下文諸「法」字伏根。以下曰「鞅欲變法」，曰「不法其故」，曰「非所論于法之外也」，曰「不用法而霸」，曰「智者作法」，曰「卒定變法之令」，曰「太子犯法」，曰「將法太子」，而以「為法之弊」終之。贊語又曰「刻薄」，曰「少恩」，曰「受惡名」，活現出法家下場。令人讀之，如睹七十二地獄變相，如炎天之中陡變秋節，那不驚心動魄！蓋史公于鞅之為人，盡情貶抑，所以導人于正；而于鞅所行之事極力摹寫，又所以不沒其實，此本是特別文字，自當以特別之眼光讀之。〔註56〕

所謂「在天地間既有此一等人物，而太史公即有此一副筆墨以寫之」，就是說司馬遷為人物作傳時，其文章風格往往與人物的性格與氣質相配合。商鞅可謂法家代表人物，〈商君列傳〉則顯露「法家樣子」。「法家樣子」指的是商鞅以法規範人的行為，有利於富強則賞、無益於國家則罰，無視於仁義道德對人的正面影響，「文之敝，小人以僿」，〔註57〕當外在的法令規範凌駕內在自發的道德力量，社會風氣必然走向殘暴寡恩，人民信心低迷，此即衰世樣貌。善戰者服上刑，商鞅以法伸威，卻也因法而死，司馬遷不否認商鞅變法所帶來的功效，卻也如實陳述商鞅如何作法自斃，說明法家下場大抵不過如商鞅一般。李景星指出，此傳佳處就是透過全篇的「法」字活現出嚴厲陰森如地獄般的恐怖氣氛，主題明確，也帶動了全篇精神，不但能使讀者瞭解「法」為治國之雙面刃，也能警惕後世莫要貪圖法的便利而忽略道德涵養的重要。

不過，「在天地間既有此一等人物，而太史公即有此一副筆墨以寫之」

〔註56〕《四史評議》，頁 64～65。
〔註57〕《史記會注考證》卷八，頁 88。

的讚嘆雖符合司馬遷行文風格與人物性格相配合的高明寫作手法，據此論斷
《史記》「十篇有錄無書說」不成立則未見公允，筆者將於第六章詳細說明。

　　人物的性格，有時必須在危急之中方能顯出，而藉由同一情境下不同人
物的不同反應，可以突出傳主們的特色與差異，形成強烈的對比。例如黥布、
彭越同樣叛漢被俘，彭越泣涕乞憐以求生存，黥布則頑抗到底；人物性格不
同，〈彭越列傳〉與〈黥布列傳〉的文風亦迥然有別。李景星評論〈黥布列傳〉
說：

> 至其首尾，又與〈彭越傳〉作反正映。**彭越漁大澤，黥布輸麗山，
> 其出身同：彭越未免乞憐，黥布到底強勁，其結局異。**贊語倔強疏
> 挺，正稱黥布爲人。結尾咄然而止，筆亦老橫。〔註58〕

彭越爲鉅野澤中的盜賊，黥布則是因犯罪被罰在麗山服勞役，兩人同是秦朝
末年的草莽英雄，在陳勝、吳廣起兵反秦後也跟著揭竿起義，並先後歸順於
劉邦率領的漢軍。彭越本無叛漢之心，卻因太僕上變而被視爲叛臣，雖然漢
高祖赦彭越爲庶人、流放蜀地，卻被呂后設計而遭族滅；司馬遷寫他「爲呂
后泣涕，自言無罪，願處故昌邑」，〔註59〕昔日席捲千里的游擊軍首領爲求
生存而不得不低頭，讀之令人欷噓。彭越死後，劉邦以彭越之「醢」遍賜諸
侯，黥布受此刺激而決心叛變，面對劉邦追擊與詢問爲何而反，還能嘴硬地
回以「欲爲帝耳」，〔註60〕即使數次兵敗仍不放棄抵抗，頗有寧死不屈的氣
概，最後受騙被殺，封國歸於皇子劉長，一代猛將就此殞落，黥布在漢代的
歷史中再也不是後世血食的功臣，文章到此嘎然而止，讀之不免瞠目結舌。
彭越與黥布出身相似、結局相同，過程中卻因爲性格迥異而有不同的表現，
黥布「到底強勁」，彭越「未免乞憐」，而司馬遷以迂迴之筆表明彭越並無反
心，尤爲特出，李景星評論〈魏豹彭越列傳〉說：

> 至敍彭越事，而曰「朝陳」，曰「皆來朝長安」，曰「梁王恐，欲自
> 往謝」，曰「梁王不覺」，曰「自言無罪」，皆于無形中證明越之不反，
> 尤爲太史公特筆。〔註61〕

李氏點明彭越、黥布不同的生命情態，用特寫鏡頭擴大表現面對死亡之神召
喚時相背的求生選擇，不但讓我們更清楚認識兩位傳主之所以興亡的過程，

〔註58〕《四史評議》，頁84。
〔註59〕《史記會注考證》卷九十，頁10。
〔註60〕《史記會注考證》卷九十一，頁17。
〔註61〕《四史評議》，頁83。

也對照出司馬遷筆下兩種英雄末路的迥異情調。

此處須注意司馬遷對彭越的評語，〈魏豹彭越列傳贊〉說：

> 魏豹、彭越，雖故賤，然已席卷千里，南面稱孤，喋血乘勝，日有聞
> 矣。懷畔逆之意，及敗，不死而虜囚，身被刑戮，何哉？中材以上，
> 且羞其行，況王者乎？彼無異故，智略絕人，獨患無身耳。得攝尺寸
> 之柄，其雲蒸龍變，欲有所會其度，以故幽囚而不辭云。〔註62〕

再看司馬遷〈報任少卿書〉：

> 且勇者不必死節，怯夫慕義，何處不勉焉！僕雖怯耎欲苟活，亦頗
> 識去就之分矣，何至自湛溺累紲之辱哉！且夫臧獲婢妾猶能引決，
> 況若僕之不得已乎！所以隱忍苟活，函糞土之中而不辭者，恨私心
> **有所不盡，鄙沒世而文采不表於後也。**〔註63〕

前者評價彭越，後者自抒懷抱，文句與情緒竟如此相似，都是在辯明「不辭」
於死的理由：轉化赴死的勇氣，成為達到更崇高目標的力量。李景星評論〈魏
豹彭越列傳〉說：

> 贊語凡數折，疏宕不群。「獨患無身耳」五字，寫出英雄心胸，大是
> 奇語。「以故幽囚而不辭云」，說彭、魏二人，并觸動自己心事，言
> 外有無窮感傷，不可呆讀。〔註64〕

指出司馬遷正是藉彭越之選擇表達「智略絕人，獨患無身」和「以故幽囚而
不辭云」的夫子自道。彭越沒有為維護尊嚴而受死，反而哭泣乞憐，是擔心
不能保有自己的生命，無法指望有日能東山再起；這是司馬遷對彭越的理解，
同時是為自己受李陵案牽連獲罪，然而著述未成，只能選擇身受腐刑而非慷
慨就死的生命自白。《老子》有言：

> 寵辱若驚，貴大患若身。何謂寵辱若驚？寵，為下得之若驚，失之
> 若驚，是謂寵辱若驚。何謂貴大患若身？吾所以有大患者，為吾有
> **身；及吾無身，吾有何患！**〔註65〕

人生在世，所有煩惱都因有軀體而有牽掛，然而人所能憑藉來完成志業的亦
只有一身；一死不難，更重要的是選擇在何種情況下犧牲。司馬遷化用《老

〔註62〕《史記會注考證》卷九十，頁10～11。

〔註63〕班固著，王先謙補注：《漢書補注》，頁4364。

〔註64〕《四史評議》，頁83。

〔註65〕王弼注：《老子王弼注》，收錄於《老子四種》（臺北：大安出版社，1999年2
月第一版第一刷），頁10。

子》之言重新詮釋生死的價值，藉著描述彭越「未免乞憐」的痛苦，暗示自己「恨私心有所不盡，鄙沒世而文采不表於後」的執著。是以筆者認爲，彭越與司馬遷之不死，亦表現了另外一種「到底強勁」的韌性。

　　前述李景星標誌司馬遷以階級法襯托重點對象、以一副筆墨寫一種人物的手法，主要用在塑造人物性格，至於如何活化歷史事件、使敘事不至於刻板乏味，則有賴於司馬遷化用舊史料的功力，將事件的輕重濃淡妥貼安置在歷史長流中，卻各有姿致，令全篇靈動生色。以〈韓世家〉爲例，李景星指出司馬遷引述《戰國策》的資料而盡力鋪排，在簡約的史料排列中起了「化淡爲濃」的作用：

> 蓋韓在六國中地最小，勢最弱，無多事迹可述，太史公作〈韓世家〉，自首至尾，多以簡約之筆出之。惟中間「與秦伐楚」一段，「公子咎、蟣虱爭爲太子」一段，點竄《國策》，盡情摹繪，遂如枯木逢春，饒有生意，此化淡爲濃法也。得此兩處，而前後皆活矣。〔註66〕

簡約之筆指的是自韓之得姓至韓王安九年爲秦所滅止，絕大部分依國王之薨卒登立編年，以與各國間相攻伐事充實之，如同大事記，沒有太多文學性的描寫與美感，但藉由加入《戰國策》中所記載公仲說韓宣惠王與秦伐楚以及公子咎、蟣虱爭爲太子兩段故事，說明韓國兩次對秦戰爭失利而逐漸爲秦國吞滅的前因後果，使平實的記錄平添智士奇謀與詭譎政治氛圍，畫龍點睛，增加可讀性，而以此兩段劃分開的三個段落也就有了意義，同時提供後代史家、文家點竄《戰國策》或其他史料的技巧。

　　同樣採取《戰國策》的內容，李景星認爲〈平原君虞卿列傳〉的出色之處在於此文通篇精彩，卻能借力使力，讓關係人物之間的衝突升高、各騁其辭，從而凸顯傳主或關係人物的風度儀態，在跌宕的文勢中各據輕重。李景星評論〈平原君虞卿列傳〉說：

> 通篇敘事，變換《國策》之文，純以風度取勝。其傳平原君也多用迭句，故氣厚而力完；其傳虞卿也，多用轉折，故筆利而機清。一樣風度，姿致又各不同。又〈平原君傳〉中，出力寫一毛遂，如華岳插天，不階寸土，奇峰突兀逼人。〈虞卿傳〉中，詳敘其應對趙郝、樓緩，如廬山瀑布，逐層噴落，曲折奔馳之中又復平靜容與，似此

等處，真令人百讀不厭。〔註67〕

〈平原君傳〉以斬笑躄者美人頭起筆，描寫平原君趙勝好士亦好名的形象，然而滿座食客的才幹都比不上居門下三年不入囊中的毛遂，他促成了與楚王定縱救趙的功業是前半段的重點，後半段則以趙孝成王不聽虞卿之諫言而導致長平之戰大敗爲主，強調士與客的作用。〈虞卿傳〉則處處是機鋒，趙郝、樓緩各欲以其辭壓倒虞卿，而終不如虞卿智慧，這是曲折奔騰而濃筆殊勝之處，最後虞卿爲魏齊棄相位逃亡，退隱著書，其政治生涯由絢爛歸於平淡，司馬遷的敘述也由激烈的言辭攻防轉向平實的作品介紹，則是淡筆出色之處。李景星指出，毛遂的作用大於平原君其他門客，虞卿的眼界高於趙郝、樓緩，這些關鍵人物主宰了趙國的命運，也帶動了〈平原君虞卿列傳〉中文氣的高低起伏，而這全是由於司馬遷能活用眾多史料，讓傳主各領風騷卻不互搶風采的筆觸。讀者從李氏所提醒的線索一路讀去，細繹事件之間的輕重安排、濃淡鋪陳，則司馬遷點竄史料而突出的人物形象、看似獨立的事件對歷史的演進與轉折的影響將如在目前，而其敘事的文學美感也因而迤邐浮現。

第四節　小　結

李景星從篇章結構、文章主旨、出色之筆分析《史記》文法的規律與變化，呈現司馬遷的作傳用意與文學美感。結構方面，利用分段層遞凸顯人世興亡的不同階段，命運相繫的人物之間以經緯區別地位高低，而銜接前後事件的「骨節」串聯成敘述主線。傳記主旨往往在闡發人物之成敗與事物之利害各有道理，司馬遷已於篇章中揭示主旨者，李景星鋪陳敘述之；司馬遷另有深意者，李景星必爲點明。司馬遷寫人敘事的出色之處，則是透過階級法襯托傳記中的主要人物，行文風格也能配合人物性格，並點染史料加強文勢起伏。《史記》文法探索不盡，李景星僅從結構、主旨、點綴手法三個角度切入，便已掌握司馬遷作文的脈絡、血肉與光彩，其間或有過於讚揚司馬遷筆法而疏忽行文常規之時，大致上對《史記》文法仍有正確的認識與精彩的剖析。

〔註67〕　《四史評議》，頁 71。

第四章　論《史記》史法

　　李景星《史記評議》不僅從寫作的角度分析《史記》的文學手法，也探討了司馬遷的修史法則。李氏在《史記評議・凡例》中說：

> 吾國紀傳爲史，始于《史記》，故本書于《史記》史法亦論之特詳。
> 〔註1〕

從紀傳體體例的角度出發，李景星發掘《史記》史法，從而分析司馬遷的用意，爲後世修史者與讀史者指點迷津。

　　本章從追索篇名微義、推求人物合傳或附傳的理由、檢視賓主之體手法的運用等三方面入手，探討李景星《史記評議》對《史記》史法之析論。

第一節　篇名隱含褒貶

　　司馬談、司馬遷父子采取儒家經典、諸子學說與各種歷史資料編纂而成《史記》，敘述自黃帝以迄漢武帝時代的史事，不僅包羅《春秋》前後數千年的歷史，也繼承了孔子作《春秋》褒貶是非的精神。司馬遷在《史記・太史公自序》表明司馬氏父子作史目標是整理、記述《春秋》以來天下史文，論載明主賢君忠臣死義之士：

> （司馬談曰：）「孔子脩舊起廢，論《詩》、《書》，作《春秋》，則學者至今則之。自獲麟以來四百有餘歲，而諸侯相兼，史記放絕。今漢興，海內一統，明主賢君忠臣死義之士，余爲太史而弗論載，廢天下之史文，余甚懼焉，汝其念哉！」遷俯首流涕曰：「小子不敏，

〔註1〕《四史評議》，頁3。

請悉論先人所次舊聞，弗敢闕。」……

太史公曰：「先人有言：『自周公卒五百歲而有孔子。孔子卒後至
於今五百歲，有能紹明世，正《易傳》，繼《春秋》，本《詩》、《書》、
《禮》、《樂》之際？』意在斯乎！意在斯乎！小子何敢讓焉。」
〔註2〕

孔子作《春秋》，筆法嚴謹，多微言大義，藉由褒獎有德、針砭無道，重建
政治與社會的是非標準，並向後世揭示理想世界的藍圖。李長之說：

《春秋》不是記「實然」的史實，卻是「應然」的理想的發揮。
〔註3〕

實際上，《春秋》當然是「實然」的史實的記錄，在兩百四十二年間的治亂興
廢中，透過對人物作為的褒貶，孔子揭櫫其理想的君臣形象與和諧社會的藍
圖，使後代學者與政治家憧憬不已。而《史記》繼承了《春秋》善善惡惡的
精神，頌揚明主賢君忠臣死義之士，諷刺昏君佞臣偷生之輩，也肩負了保存
歷史，以警惕當世、為後人借鏡的使命。

　　李景星指出，司馬遷巧妙地利用篇名表達對傳主的褒貶之意，例如〈留
侯世家〉以「留侯」為篇名，是為了突出張良在漢初功臣中的特殊地位：

漢功臣世家者五，蕭、曹、陳稱相，謂其不愧為相也；絳侯周勃
稱爵稱名不稱相，謂其所可重者，在將而不在相也。獨張良爵而
不名，殊之也，不欲其與蕭、曹諸將相等也。史傳例不稱字，〈留
侯世家〉獨稱字，以高帝常字之也。凡此，皆太史公推重子房處。
〔註4〕

蕭何於秦末楚漢戰爭時鎮撫後方，支援前線，漢軍入關後，以秦朝政法體制
為基礎，規劃漢帝國的建國方針；曹參不僅於楚漢戰爭時立下戰功，繼蕭何
為相後於法制規章不變不革，與民休息；陳平離間項羽軍中上下，計擒韓信，
解劉邦於平城之圍，謀誅諸呂，迎立文帝，鞏固劉氏天下；此三人主要是在
政治上對漢朝有極大的貢獻。周勃在秦末楚漢戰爭時屢立功勳，後又為漢朝
弭平臧荼、韓王信、陳豨、盧綰等人的叛亂，剷除諸呂勢力，他對漢朝的貢
獻主要是在軍事上。有別於蕭、曹、陳、周，張良非將相而受封為留侯萬戶，

〔註2〕《史記會注考證》卷一百三十，頁18～20。
〔註3〕李長之：《司馬遷之人格與風格》（臺北：里仁書局，2008年8月30日），頁65。
〔註4〕《四史評議》，頁54。

其貢獻在於「常爲畫策臣，時時從漢王」、「運籌策帷帳中，決勝千里外」，〔註5〕以智慧爲劉邦與漢朝謀求最大的利益，因此非常受到劉邦與呂后的看重。司馬遷不以官職作爲張良生平傳記的篇名，選擇以「留侯」強調張良在漢初功臣中的特殊地位與他不以功名富貴爲目標的態度，從而表現對張良的推崇。此外，傳贊中劉邦往往以其字「子房」稱呼張良，如「漢王方食，曰：『子房前，客有爲我計橈楚權者。』具以酈生語告。曰：『於子房何如？』」、「上曰：『子房雖病，彊臥而傅太子。』」、「上曰：『夫運籌筴帷帳之中，決勝千里外，吾不如子房。』」〔註6〕李景星認爲司馬遷如此行文不但表現出劉邦對張良的信賴與親近，打破史傳不稱字的體例，更可見司馬遷對張良的高度評價。

　　對於戰國四公子中的信陵君魏無忌，司馬遷也在篇名裡表達了對他的無限傾慕。李景星評論〈魏公子列傳〉說：

> 四君之中，以魏公子爲最賢；太史公作四君傳，亦以〈魏公子傳〉爲最出色。標題曰〈魏公子列傳〉，與〈自序〉合，正所以殊于其餘三君也。他本或稱〈信陵君列傳〉，未免不達史公之旨。……傳中稱「公子」者凡一百四十七處，因其欽佩公子者深，故低佪繚繞，特于繁複處作不盡之致。〔註7〕

在〈魏公子列傳〉之前，是〈孟嘗君列傳〉與〈平原君虞卿列傳〉；在〈魏公子列傳〉之後，則是〈春申君列傳〉，四人時代雖有先後，卻以「好客」齊名。之所以將魏無忌的傳記命名爲〈魏公子列傳〉而非〈信陵君列傳〉，正是爲了獨樹一幟，因爲魏無忌在四公子中最爲賢能；特別標出國名，則顯示了他是關係魏國興衰的關鍵人物。魏無忌在戰國四公子中最爲好客，也最尊重、珍惜人才，他能採納門客的判斷與建議，使其才幹得以發揮，並且善於利用自己的影響力，在戰國亂世中救亡圖存，抵擋強秦的侵略；可以說，魏公子無忌的賢能表現在好客養士不只爲己，也是爲國、爲天下計。李景星認爲，司馬遷正是以「魏公子」這個尊稱爲篇名，表達他的欽佩之意，並且在文章中以「公子」稱呼魏無忌多達一百四十七次，如此頻繁地使用「公子」一詞，不但不顯得累贅，反而顯出司馬遷對魏無忌的無限讚賞之情。陳仁錫說：

〔註5〕《史記會注考證》卷五十五，頁13、18。
〔註6〕《史記會注考證》卷五十五，頁14、26、31。
〔註7〕《四史評議》，頁72。

一篇中凡言公子者一百四十七，大奇！大奇！〔註8〕

李景星也注意到這個特殊的情形，所以採取了陳氏的說法，提醒讀者玩味司馬遷的用心與此傳的文情。

〈淮陰侯列傳〉與〈李將軍列傳〉的命名則寄寓了司馬遷對韓信的褒揚推崇與對李廣的愛慕景仰：

不曰韓信，而曰淮陰侯；不曰李廣，而曰李將軍，只一標題間，已見出無限的愛慕景仰。〔註9〕

李廣從軍、爲將以來，雖然「善騎射，殺首虜多」，〔註10〕「才氣天下無雙」，〔註11〕「以力戰爲名」，〔註12〕但結果往往敗仗多、勝仗少；於馬邑誘匈奴單于無功，出定襄無功，出右北平軍功無賞，不如衛青與霍去病戰功彪炳。然而在司馬遷生花妙筆下，藉由射匈奴射雕者、射白馬將、射追騎、射石、射虎、射猛獸、射匈奴裨將等事蹟，以及身先士卒、體恤士卒的態度，爲李廣塑造出一個勇猛無懼、受士卒愛戴、使匈奴聞風喪膽的名將形象。在《史記》一百三十篇中，戰績輝煌者何其多，而以「將軍」名篇者只有李廣、衛青、霍去病三人，相較於衛、霍的功勳，李廣顯然遜色許多，而且終身爲二千石四十餘年，也未曾封侯，但李廣的傳記篇名（標題）不作〈李廣列傳〉而尊稱爲〈李將軍列傳〉，李景星認爲這正是出自於司馬遷對李廣的崇拜與景仰。

至於韓信，以〈漢中對〉分析項羽不得人心、劉邦入主關中是眾望所歸的局勢，主張漢軍應該東出陳倉，還定三秦，因而受到劉邦賞識。此後攻取魏地，於滎陽、京、索間阻擋楚軍進攻，救漢軍於彭城，破代兵，以背水陣破虜趙軍，略定齊地，垓下會戰追擊項羽，件件關係著劉邦統一天下的霸業。正如蕭何所說：

（劉邦）必欲爭天下，非信無所與計事者。〔註13〕

蕭何看出韓信有謀略、有才能，可以幫助劉邦和項羽爭天下，事實也是如此，韓信爲劉邦掃平各方諸侯勢力，掣肘楚軍，最後還瓦解項羽的主要戰力。所

〔註8〕《史記會注考證》卷七十七，頁2。
〔註9〕《四史評議》，頁100。
〔註10〕《史記會注考證》卷一百九，頁2。
〔註11〕《史記會注考證》卷一百九，頁3。
〔註12〕《史記會注考證》卷一百九，頁3。
〔註13〕《史記會注考證》卷九十二，頁5。

以郭松燾《史記札記》說：

> 案高祖起沛入關，諸將從者皆偏裨也，至南鄭而忽拜信爲大將，
> 爲還定三秦而東與項羽爭天下耳。既定三秦，高祖乃自以其全力
> 當項羽，而令韓信分道以制東諸侯，蕭何所以爲高祖謀者必關天
> 下大計，史公但以調侃出之，寫得當時拜信大將分外出奇。而高
> 祖所以三年而定天下，規全局而操勝算，關繫在此，使讀者自求
> 而自得之。〔註14〕

劉邦能在幾年之間坐上皇帝寶座，韓信功不可沒。司馬遷在〈太史公自序〉
說：

> 楚人迫我京、索，而信拔魏、趙，定燕、齊，使漢三分天下有其二，
> 以滅項籍，作淮陰侯列傳第三十二。〔註15〕

又在〈淮陰侯列傳贊〉說道：

> 假令韓信學道謙讓，不伐己功，不矜其能，則庶幾哉，於漢家勳可
> 以比周、召、太公之徒，後世血食矣。〔註16〕

楚漢戰爭時，韓信是唯一能制衡劉邦與項羽的第三勢力，但他並未聽從武
涉、蒯通的建議，自立爲王，與劉、項三分天下，雖曾在彭城之戰時持觀望
態度，到底仍效忠劉邦，以軍事上的成功造就了漢帝國。司馬遷將韓信比作
周王朝的周公、召公、姜太公，認爲他是劉漢開國的第一功臣，痛惜英雄以
叛國罪被誅。李景星指出，所謂韓信教使陳豨造反「乃當時羅織之辭，非實
事也」：

> 〈淮陰傳〉有正寫，有特筆。敘淮陰計畫及其戰功，此正寫也。雖
> 說得酣暢淋漓，猶在人意想之中。敘武涉之說淮陰，蒯通之說淮陰，
> 則以最詳明最痛快之筆出之；敘淮陰教陳豨反漢，則以隱約之筆出
> 之，正以明淮陰之不反。而「挈手避左右」云云，乃當時羅織之辭，
> 非實事也。又恐後人誤以爲眞，更以蒯通對高祖語安置于傳末，而
> 曰：「豎子不用臣之策，故令自夷如此。」夫曰「不用」，曰「自夷」，
> 則淮陰之心迹明矣。凡此，皆所謂特筆也。至于淮陰失處，在請爲
> 假王與後來羞與絳、灌爲列，故傳亦不爲之諱。而贊語「學道謙讓」

〔註14〕郭松燾：《史記札記》，頁311。
〔註15〕《史記會注考證》卷一百三十，頁52。
〔註16〕《史記會注考證》卷九十二，頁41。

數句，責淮陰處，似迂而實正，即起淮陰質之，亦應無可置對。「天下已集，乃謀畔逆」，與〈絳侯世家〉「不以此時反」數句同意。此出以含蓄，更覺佳妙。〔註17〕

司馬遷既以韓信爲漢朝開國元勳，李景星又指出韓信叛漢實爲冤屈，那麼韓信本傳篇名不作〈韓信列傳〉而作〈淮陰侯列傳〉，則是司馬遷在標題間標榜韓信，表露其褒獎愛慕之情。

　　篇名能夠寄託司馬遷對傳主的崇敬，也可以隱含對傳主的貶抑。漢惠帝元年發生了「人彘」慘案，使惠帝大受打擊，無法聽政，日夜飲酒，七年而崩；因此可以說，從惠帝元年（西元前 194 年）到文帝即位（西元前 179年），在這十六年間實際上掌管政事的人是呂后，所以司馬遷作「后紀」而非「帝紀」，來紀錄漢惠帝在位七年、兩少帝即位又遭廢弒、以至文帝即位之前的史實。統治天下的共主是「本紀」的中心，司馬遷據此論證王朝與帝王的盛衰始終，劃分出《史記》的時間軸，因此精確的篇名有助於釐清天下大勢正掌握於何人手中。司馬遷在《史記・太史公自序》裡說：

周羅天下放失舊聞，王迹所興，原始察終，見盛觀衰，論考之行事，略推三代，錄秦、漢，上記軒轅，下至于茲，著十二本紀，既科條之矣。〔註18〕

王先謙對「既科條之」的解釋爲：

科條之，謂本紀既成，自黃帝至今，科分條列，大綱已舉也。〔註19〕

司馬遷以十二篇本紀作爲《史記》綱領，標誌此書所包含、紀錄的時代起迄，其他篇章及歷史事件則可根據十二本紀的時代找到其時間座標。司馬遷將惠帝朝納入太后主政的歷史，取名爲〈呂后本紀〉而非〈高后本紀〉，李景星認爲這是司馬遷有意藉此批評呂后「爲呂而不爲劉」：

不稱高后而稱呂后，著其爲呂而不爲劉也。不編年另提，不與其臨朝稱制也。不書妖祥水旱及其他諸大事，紀以王呂危劉爲主，不欲以他事相雜也。且既不予其專制，即不能以他帝紀爲例也。凡若此者，皆太史公之特筆也。〔註20〕

呂后臨朝稱制是不可否認的事實，司馬遷作史時不能不處理惠帝不聽政而由

〔註17〕《四史評議》，頁84～85。
〔註18〕《史記會注考證》卷一百三十，頁60。
〔註19〕班固著，王先謙補注：《漢書補注》，頁4351。
〔註20〕《四史評議》，頁14～15。

女主專政的問題。然而他不滿呂后為了壯大呂氏在朝廷中的勢力而危及劉氏政權、宗室子弟的生死存亡，所以以「呂后」名篇，隱含對呂后為鞏固呂氏勢力而幾陷劉氏於危亡的貶意，與班固《漢書》中分立〈惠帝紀〉和〈高后紀〉，以及〈高惠高后孝文功臣表〉以「高后」而非「呂后」為名大不相同。班固為惠帝與高后分別立紀的作法較為仔細，稱高后也比較符合身分，然而一字之差不只寄寓史家褒貶，讀者也更能體察司馬遷的真性情。

第二節　人物合傳的原因

　　人物締造歷史，是歷史的主角；書寫歷史是為了記錄古往今來的人物在每一個當下的舉措與決定，探討他們在歷史事件中所扮演的角色，讓後人瞭解他們所面對的「現在」是如何由「過去」形成，並且從對歷史人物與歷史事件的省思中得到啓發，以避免重蹈覆轍，解決眼前困境，找到自我定位。然而，上下三千年的歷史裡有太多人物值得記錄，司馬遷如何歸納人物、為其立傳，是歷來學者與讀者關注的問題。李景星分析《史記》列傳與世家的傳主，歸納出司馬遷合傳人物、附傳人物於世家之中的條件：基於相同的才幹或官職、相似的行事作風或事蹟，有些則是由於傳主之間具有特定的對應關係，或因身繫國家興亡而附傳於世家，其中都暗示了司馬遷對人物的評價與褒貶。本節試從以上幾點討論《史記評議》所歸納的《史記》合傳人物的原因。

（一）因傳主才幹相同而合傳

　　孫武、孫臏、吳起成就功業並聞名天下的原因，在於精通兵法，擅長用兵，也都有兵學著作流傳後世。李景星評論〈孫子吳起列傳〉說：

> 〈孫吳傳〉以兵法連合，如〈孫子傳〉：「以兵法見于吳王闔廬，于是闔廬知孫子能用兵。」〈吳起傳〉：「好用兵。」「學兵法，以事魯君。」此傳中首尾點逗處也。中間附〈孫臏傳〉曰：「孫臏嘗與龐涓俱學兵法。」曰：「孫臏以此名顯天下，世傳其兵法。」此又如常山之蛇，擊中間則首尾俱應矣。〔註21〕

「連合」即「聯合」、結合，李景星認為「兵法」是司馬遷連結孫武、孫臏、吳起的事蹟為一傳的樞紐，他們都具有軍事才能，戰功卓著，並且著有兵法

〔註21〕《四史評議》，頁 62。

傳世。孫武著有兵法十三篇，吳王闔廬以之爲將，他曾率軍攻入楚國郢都，北威齊國與晉國，顯名於諸侯。孫臏爲齊公子田忌之客、齊威王之師，以兵法、戰略使田忌在齊諸公子間的賽馬賭注中贏得勝利，在魏國與趙國的戰爭中爲趙國解圍、大破魏軍，後來因擊敗龐涓所帶領的魏軍、俘虜魏太子申而名顯天下，而且「世傳其兵法」，〔註22〕其軍事理論爲世人熟知。吳起爲魯將，擊破前來侵犯的齊軍；魏文侯以吳起爲將、西河守，防備秦國與韓國；後爲楚悼王相，平定百粵，併吞陳國與蔡國，抵禦韓、趙、魏的入侵，討伐秦國，使諸侯患楚，而且「世多有」《吳起兵法》，〔註23〕流傳至今。不過，李景星並未討論司馬遷在〈贊〉中感嘆的「能行之者，未必能言；能言之者，未必能行」，〔註24〕即孫臏能報龐涓斷足之仇，卻沒辦法防患於未然，而吳起明知形勢險固不如德行重要，卻因爲人刻暴少恩而被戮。若李氏能將觀點延伸到孫臏、吳起可悲可歎的遭遇，將可以更深入地探討司馬遷的智慮與對「德」之強調。

　　白起在長平之戰時以前後包夾的方式大敗趙軍，王翦追擊楚軍大獲全勝，兩秦將料敵如神是〈白起王翦列傳〉的亮點，李景星認爲「善用兵」是白起、王翦合傳的關鍵：

> 白起、王翦以善用兵合傳，故〈白起傳〉首曰：「善用兵。」〈王翦傳〉首曰：「少而好兵。」〈白起傳〉重寫長平之戰，而于前路步步用頓挫法；〈王翦傳〉重寫破荊之事，而于前路步步用反趁〔襯〕法，寫得兩人用兵驚天動地，幾于無可復加。〔註25〕

李景星指出，白起與王翦的才能都是善於帶兵打仗，但司馬遷對兩人在軍事上的才華與神乎其技的勝利卻有不同的寫法：在白起的傳記中，先逐項紀錄白起爲秦國四出征伐所立下的汗馬功勞，然後詳細描寫長平之戰；對楚戰爭是王翦生平最大勝利，傳中也只寫此事，但先以李信輕敵而敗來反襯王翦善於評估兩軍戰力。表現方法雖然不同，而李景星掌握了「善用兵」這項兩人共同具備的才幹，指出在軍事方面對秦國有極大貢獻是司馬遷將白起與王翦合傳的原因。

　　口才便給、善於遊說則是酈食其、陸賈、平原君朱建合傳的原因，李景

〔註22〕《史記會注考證》卷六十五，頁11。
〔註23〕《史記會注考證》卷六十五，頁19。
〔註24〕《史記會注考證》卷六十五，頁19。
〔註25〕《四史評議》，頁68～69。

星評論〈酈生陸賈列傳〉說：

> 〈酈陸傳〉以辨〔辯〕士合。〈酈傳〉云：「常爲說客，馳使諸侯。」
> 〈賈傳〉云：「名爲有口辨〔辯〕士。」即附傳之朱建亦云：「辨〔辯〕
> 有口。」則太史公之用意可知矣。傳中寫酈生是倔強一流說士，寫
> 陸賈是個儻一流說士，于其性情意態，眞能一一傳出。〔註 26〕

酈食其建議劉邦攻佔陳留，說服齊王田廣歸漢，在楚漢戰爭中對漢軍有功。
漢建國後，陸賈出使南越，以口才折服南越王尉他，使其稱臣；在呂氏權傾
天下時，主動爲陳平獻計，聯合陳平與周勃剷除諸呂，迎立文帝，穩定漢家
天下；並說動辟陽侯審食其，使他有恩於平原君朱建。朱建以口辯說服閎孺，
閎孺再建言於惠帝，幫助審食其躲過殺身之禍；審食其在呂氏敗亡之際能保
全性命，全賴陸賈的獻計與朱建的口舌。酈食其倔強，陸賈個儻，兩人的性
情與風格雖大不相同，但都以其辯才出使四方，招撫諸侯，附傳的平原君朱
建「刻廉剛直」，〔註 27〕又是一種面貌，但也以其口才挽救審食其的性命，因
此「能言善辯」的才幹是司馬遷將此三人的事蹟合於一傳的原因。

（二）因傳主官職相同而合傳

　　秦武王以樗里疾爲右丞相，以甘茂爲左丞相，李景星認爲司馬遷以官職
相同而將樗里疾與甘茂合傳。李氏評論〈樗里子甘茂列傳〉說：

> 樗里子、甘茂，以同官合傳。〈樗里子傳〉云：「以樗里子、甘茂爲
> 左右丞相。」〈甘茂傳〉云：「以甘茂爲左丞相，以樗里子爲右丞相。」
> 此其通篇關鎖處。所附向壽、甘羅傳亦緊緊帶定此意，不肯放鬆。
>
> 〔註 28〕

李景星指出「同官」是司馬遷將樗里疾與甘茂合傳的理由，但並沒有更深入
地探討爲何兩人同官。張大可《史記全本新注》指出樗里疾與甘茂的歷史地
位是秦國的「第一代戰將」：

> 戰國之世，秦稱雄諸侯的著名戰將有樗里子、甘茂、穰侯、司馬錯、
> 白起、王翦與王賁父子等人。司馬錯事蹟附見於〈張儀傳〉、〈秦本
> 紀〉等篇，未立專傳。佐秦始皇統一六國的王翦與白起功最大，二
> 人合傳。樗里子、甘茂爲第一代戰將，穰侯、白起及司馬錯爲第二

〔註 26〕 《四史評議》，頁 89。
〔註 27〕 《史記會注考證》卷九十七，頁 21。
〔註 28〕 《四史評議》，頁 67。

代戰將，王翦是第三代戰將。秦併六國是積數代人的努力而成其功，《史記》列三個專篇來記載這些戰將的功績。少年得志的甘羅附〈甘茂傳〉中。〔註29〕

樗里疾與甘茂為左右丞相，而兩人同時受封為丞相的原因是他們對秦國有極大戰功。樗里疾為秦將，攻取魏地曲沃，俘虜趙國將軍莊豹、拔取藺縣，輔助魏章進攻楚國，敗楚將屈丐，取得漢中地；甘茂輔佐魏章略定漢中地，鞏固秦國對蜀地的統治，拔取韓地宜陽。司馬遷在《史記·太史公自序》中說：

秦所以東攘雄諸侯，樗里、甘茂之策，作〈樗里甘茂列傳〉第十一。
〔註30〕

可見司馬遷列樗里疾與甘茂於一傳的理由是兩人皆為秦畫策、且有戰功，奠定了秦國雄視東方六國的基礎。

李景星認為，在〈張丞相列傳〉中，司馬遷是以張蒼擔任「御史大夫」、「丞相」兩官職為敘事主線，帶敘張蒼任職御史之前的五位御史以及張蒼免相之後的七位丞相：

〈張丞相列傳〉又是一格，傳以「御史大夫」、「丞相」為線索。先張蒼而為御史大夫者，有周苛、周昌、趙堯、任敖、曹窋五人。故將說張蒼為御史大夫，先說五人之為御史大夫，以遞及于蒼。後張蒼而為丞相者，有申屠嘉、陶青、劉舍、許昌、薛澤、莊青翟、趙周七人。故既說張蒼為丞相，又說七人之為丞相，以附著于蒼。而蒼之為御史大夫、為丞相，遂從前後夾寫，而出納數人于一傳之中，而賓主分明，敘次變化，上下數十年官職之沿革，人才之用舍，一一俱見，豈非快事！而又附敘王陵之救蒼與蒼之報陵，以備其終始。敘蒼之長大肥白與蒼父子祖孫之身體以為之波瀾。看似處處從閑處著筆，其實乃運以絕大力量。太史公之不可及，正在于此。〔註31〕

司馬遷作〈張丞相列傳〉，旨在說明張蒼於漢朝初定天下後正律曆、定律令、整齊度量的功勞，而於敘述中論及張蒼就任御史大夫以前的周苛、周昌、趙堯、任敖、曹窋五任御史大夫，以及張蒼就任丞相以後繼任的申屠嘉、陶青、劉舍、許昌、薛澤、莊青翟、趙周七位丞相的事蹟。在李景星看來，此傳是

〔註29〕 張大可：《史記全本新注》，頁 1419。
〔註30〕 《史記會注考證》卷一百三十，頁 48。
〔註31〕 《四史評議》，頁 88。

以御史大夫、丞相兩種官職爲經，張蒼等十三人行事爲緯，畫出漢初至武帝朝數十年間，御史大夫與丞相的地位和作用逐漸低落的圖表。若發揮李景星的主張，可說〈張丞相列傳〉不僅是張蒼個人的列傳，也可視爲西漢前期〈職官志〉的一部分，讀《史記》者能夠從中瞭解漢初御史大夫、丞相等職位的沿革，也能看到人才進用廢退的情形。

（三）因傳主行事作風相似而合傳

李景星指出，同樣具備直言不諱的個性、敢於「犯顏諫諍」的行事作風，是張釋之、馮唐兩位大臣顯名於文帝朝的原因，是故司馬遷將兩人合於一傳。李氏評論〈張釋之馮唐列傳〉說：

> 張釋之、馮唐俱以犯顏諫諍著名漢代，故以之合傳。因二人生平以諫諍勝，故篇中載其言論獨詳，而敍次處却又極有變化。〈張釋之傳〉以歷官敍行實：補謁者，敍其論秦漢事；爲謁者僕射，敍其論嗇夫事；爲公車令，敍其劾太子梁王事；爲中郎將，敍其論石椁事；爲廷尉，敍其論犯蹕盜環事。節次明晰，章法一片。〈馮唐傳〉只敍其論將一事，其餘不一及。然記事雖少，層折却多，用筆純以頓宕見長，一路點次處，與〈釋之傳〉遙遙相應。〈釋之傳〉敍及其兄，〈唐傳〉則敍及其大父與父。〈釋之傳〉附見王生，〈唐傳〉則附見魏尚。〈釋之傳〉末附其子張摯，〈唐傳〉則附其子馮遂。且一曰「不能取容」，一曰「亦奇士」，則所附見者又皆賢子也。張、馮皆一代名臣，文帝又千載明主，讀此一傳，令人不復作後世之想。固是時會好，亦因摹繪入妙耳。〔註32〕

在不同的職位上，張釋之都能堅持原則，以發揮其職權，皇帝的喜惡也不能左右他判斷是非的標準。他善於分析秦朝國政凋蔽與漢朝得以建國的原因，使文帝大爲欣賞，將他擢升爲謁者僕射與公車令；雖然長於口才，卻以實際才能與作爲臧否人物，勸文帝不以口辯爲由超遷虎圈嗇夫；堅守法度，不讓太子與梁王打破「諸出入殿門，公車司馬門，乘軺傳者皆下」的規定，〔註33〕無懼文帝或薄太后的憤怒，不過分懲處犯蹕者與盜高廟坐前玉環者；主張薄葬，極有見解。馮唐事蹟以論將與救魏尚爲主，其論述主旨則是藉李牧、廉

〔註32〕　《四史評議》，頁93。
〔註33〕　《集解》引如淳注：「《宮衛令》：諸出入殿門，公車司馬門，乘軺傳者皆下。不如令，罰金四兩。」見《史記會注考證》卷一百二，頁6。

頗居邊成功的原因陳述「陛下法太明，賞太輕，罰太重」的弊病。〔註34〕輔佐君王篤行正道是人臣的責任，而勸諫的方式不一而足，張釋之與馮唐之所以突出於當世，正在於能夠選擇堅持原則，直言進諫，甘冒不諱，具有高超的道德勇氣。李景星還指出，這篇傳記的主角雖是抗直敢言的張釋之與馮唐，卻也隱隱烘托出漢文帝的勇於納諫；明君賢臣，不僅司馬遷心嚮往之，千載之下，也引起李景星的無限懷想與推崇。關於此點，湯諧與吳見思也有同樣的感慨，湯諧在《史記半解》中說：

> 一邊寫二君質直不阿，一邊寫孝文從諫若流，君明臣良意象，洋溢楮上。蓋〈張馮傳〉之兼寫孝文，猶〈酷吏〉諸傳之兼寫孝武也。
> 敘張語凡數節，皆簡直；馮語止一節，頗詳。然皆蒼勁不作態，所謂言各如人。且二君獨有古名臣風度，故史公文格亦進周秦而上之耳。雖對面旁面間出風神以動盪其文境，然終以質勁勝矣。〔註35〕

湯諧指出「君明臣良」是司馬遷此傳所要表達的意象，不僅肯定張釋之與馮唐質直不阿，同時歌頌文帝有度量、能用人。吳見思《史記論文》則說：

> 張廷尉長者，看來馮公亦長者，是一時之人，一時之言，俱以文帝納諫相合，故史公寫作合傳，非無謂也。〔註36〕

換句話說，文帝就像此傳的隱性傳主，藉由張釋之與馮唐的直諫，顯出文帝的寬厚與智慧。雲從龍，風從虎，賢君忠臣相互映襯，因為司馬遷的摹繪，在歷史上留下令後世知識分子憧憬不已的盛世氣象。

與張釋之、馮唐敢批逆鱗的亢直相反，石奮父子、衛綰、直不疑、周仁、張歐等一系列人物是以恭敬、敦厚、不善言辭的「長者」形象受到皇帝寵愛，也是司馬遷將他們合傳的原因。李景星評論〈萬石張叔列傳〉說：

> 萬石君父子及衛綰、直不疑、周仁、張叔俱以謹厚忠誠著名于時，故得連傳。標題獨稱萬石、張叔者，舉首末二人以概其餘，猶〈孟荀列傳〉之例也。凡傳記敘奇事易，敘庸行難；猶之畫家，畫龍虎易，畫狗馬難。看此篇摹寫五人醇謹處，顏貌動止一一如生，非太史公孰能為之？〈萬石傳〉曰「愛其恭敬」，曰「恭謹無與比」，曰「皆以馴行孝謹」，曰「唯謹」，曰「諸子孫咸孝」，曰「其為謹慎

〔註34〕《史記會注考證》卷一百二，頁16。
〔註35〕湯諧：《史記半解》（四庫未收書輯刊第壹輯第拾貳冊，北京：北京出版社，2000年第一版），頁667～668。
〔註36〕吳見思評點，吳興祚參訂：《史記論文‧張釋之馮唐列傳》，頁544。

雖他皆如是」。〈衛綰傳〉曰「醇謹無他」，曰「綰長者」，曰「以謹力」，曰「忠實無他腸」，曰「上以綰為長者」，曰「自初官以至丞相，終無可言」，曰「天子以為敦厚」。〈直不疑傳〉曰「以此稱為長者」，曰「不好立名稱，稱為長者」。〈周仁傳〉曰「陰重不泄」，曰「終無所言」，曰「常讓」，曰「終無所受」。〈張叔傳〉曰「其人長者」，曰「專以誠長者處官」，曰「官屬以為長者」。五傳之中，絕無過文穿插，而章法自成一串，則直以精神為團結耳。至〈萬石傳〉末曰：「諸子孫為吏更至二千石者十三人。」〈周仁〉、〈張叔傳〉末俱曰：「子孫咸至大官矣。」此又隱寓仁者必有後之意，孰謂史公好獎亂哉！〔註37〕

李氏認為，文學家寫奇人奇事容易，就像畫家畫龍、虎容易，因為材料本身具有吸引力與感染力；至於描寫凡人庸行、狗馬情狀，由於材料比較平凡、甚至不起眼，下筆反而困難。此篇傳主石奮父子、直不疑、周仁、張歐等人的共同特色是謹厚忠誠、兢兢業業、木訥少言，少有驚天動地的事蹟，司馬遷便多從小地方刻畫傳主們的個性與行事。石奮過宮門必下車，見天子車馬必撫軾，以朝服接受子孫拜謁，不譙讓子孫過失，這些行為展現了他的恭敬守禮，並使其家族以孝謹聞名。石建親自為父親洗衣，對事情有看法卻不在朝堂上發表，父親死時石建哭泣悲傷得必須靠人扶持才能行走，為了上書裡有錯字而惶恐，可見其孝順、不露鋒芒及謹慎的態度。石慶「以策數馬」，〔註38〕以位居丞相九年而「無能有所匡言」，〔註39〕打算自請歸鄉，行事嚴謹且退讓。衛綰為表現忠於文帝而不出席太子酒宴，將文帝所賜六劍保存完好，屬下有罪則一同受罰、有功則讓給其他中郎將，仕宦之路上雖然沒有大功，也沒有大錯。直不疑不辯駁自己沒有偷金、盜嫂的行為，為官則沿襲前人的作為，雖然不特別看重自己的名譽、也不好立名，卻被稱為長者。周仁不說他人是非功過，推辭皇帝的賞賜、諸侯與群臣的賄賂，足見他不搬弄口舌、不貪財的個性。張歐盡可能避免使獄案成立，若不可避免，則為罪人涕泣，顯示了不好舞文弄法的愛人之心。這七個人並無顯著功績，個性上也欠缺鮮明突出之處，只是在舉止之間顯示了忠誠、恭敬、退讓、少言的態度，

〔註37〕《四史評議》，頁94。
〔註38〕《史記會注考證》卷一百三，頁7。
〔註39〕《史記會注考證》卷一百三，頁8～9。

李景星認為他們都堪稱「仁者」，並指出司馬遷藉由石奮、周仁、張歐的後代皆位至高官，來褒獎這些「仁者」。不過，這七人以「謹厚忠誠」的姿態塑造出的「仁者」形象，卻也難免有「佞臣」的嫌疑。劉大櫆認為，為人臣子的責任在於匡正君王的過失，為人民謀福利，若只會聽命行事、不能諫言，則是「廝役徒隸」的行為：

> 夫君之所求乎臣，臣之所為盡忠以事其上者，在匡君之違，言君之闕失，使利及生民而已。若夫君之所可而因以為是，君之所否而因以為非，其所愛因而趨承之，其所惡因而避去之，此廝役徒隸之所為，曾謂人臣而亦出於此？〔註40〕

吳汝綸則直言此篇主旨在於顯示傳主的「巧佞」：

> 此篇以佞字為主。
>
> 孝謹，美德也，然近於巧佞，君子慎之。〔註41〕

司馬遷也在〈贊〉中提到直不疑與周仁的行為「近於佞」：

> 太史公曰：「仲尼有言曰：『君子欲訥於言而敏於行。』其萬石、建陵、張叔之謂邪？是以其教不肅而成，不嚴而治。塞侯微巧，而周文處讇，君子譏之，為其近於佞也。然斯可謂篤行君子矣。」
>
> 〔註42〕

但他並沒有說萬石君父子、衛綰、張歐「近於佞」。如果司馬遷只是為了寫此七人的佞，則可併入〈佞幸列傳〉，無須另立此篇。〈自序〉說：

> 敦厚慈孝，訥於言，敏於行，務在鞠躬，君子長者，作萬石張叔列傳第四十三。〔註43〕

將傳文、〈贊〉、〈自序〉合併起來看，可以發現司馬遷為此七人立傳的原因在於他們雖然不能諫言，卻也沒有以言語媚上，雖然少言，卻能以敦厚慈孝的態度謹守職位本分，處理政事與家事。如石奮「積功勞至大中大夫」，〔註44〕其家「以孝謹聞乎郡國」；〔註45〕石慶「為齊相，舉齊國皆慕其家行，不言而

〔註40〕 劉大櫆：〈讀萬石君傳〉，《海峰文集》（上海：上海古籍出版社，1990 年 12 月第一版第一次印刷），頁 38。
〔註41〕 吳汝綸：《史記集評》卷一百三（臺北：臺灣中華書局，1970 年 5 月臺一版），頁 1022。
〔註42〕 《史記會注考證》卷一百三，頁 18～19。
〔註43〕 《史記會注考證》卷一百三十，頁 53～54。
〔註44〕 《史記會注考證》卷一百三，頁 3。
〔註45〕 《史記會注考證》卷一百三，頁 4。

齊國大治」，〔註46〕「文深審謹，然無他大略，爲百姓言」；〔註47〕衛綰於吳、楚反時有討伐之功，後又有軍功，爲丞相時「朝奏事，如職所奏」；〔註48〕直不疑在吳、楚之亂時也曾領兵討伐，就任地方官時，「其所臨，爲官如故，唯恐人知其爲吏跡也」，〔註49〕不爲了政績而改變前任官員的政策；周仁不收受賄賂，不敢接受天子賞賜，不批評別人，主張皇帝對每個臣子應該各有評價；張歐所學雖主刑名，爲吏卻「未嘗言案人，專以誠長者處官」。〔註50〕七位傳主不以口舌邀寵，而能確實執行其職權與職責，因此受到皇帝的重用，堪稱爲寬厚長者、篤行君子，傳中記載皇太后稱許石奮「不言而躬行」，〔註51〕這不僅是石奮的優點，也是石建、石慶、衛綰、直不疑、周仁、張歐的共同傾向。可以說，司馬遷作〈萬石張叔列傳〉記錄這七個人的事蹟，有勉勵後世官吏寬厚仁慈、少說多做的正面意義。

　　汲黯與鄭當時待人接物的態度雖然不同，但學術主黃老、品行高潔、任俠、好賓客是汲、鄭二人的共通之處，李景星認爲這便是司馬遷將二人合傳的原因。李氏評論〈汲鄭列傳〉說：

> 汲、鄭行徑本不相同，太史公以其皆學黃老，內行皆修絜，又皆喜賓客，故合而傳之。一路分敘，至篇末合攏，乃曰：「汲、鄭始列爲九卿，廉，內行修潔。此兩人中廢，家貧，賓客益落」云云，以此數語點明合傳之故，令讀之者喜其制局之緊。敘汲詳，敘鄭略；敘汲多用側筆，敘鄭多用括筆，又令讀之者喜其行文之變。贊語突引翟公之言，說盡交道炎涼之態，而以一句轉到汲、鄭，使一篇熱鬧之文，變成太息之聲，眞是神妙不測。〔註52〕

汲黯與鄭當時的行徑不同之處，表現在面對武帝與同僚時的態度大相逕庭。汲黯戇直倨傲，鄭當時恭敬委曲。汲黯倨傲少禮，不能容人之過，往往當面反駁他人的見解與主張，因此不僅公卿大臣懼怕他，皇親國戚如淮南王劉安忌憚他，武安侯田蚡、大將軍衛青禮讓他，張湯、公孫弘恨之欲其死，就連

〔註46〕《史記會注考證》卷一百三，頁7～8。
〔註47〕《史記會注考證》卷一百三，頁10。
〔註48〕《史記會注考證》卷一百三，頁13。
〔註49〕《史記會注考證》卷一百三，頁15。
〔註50〕《史記會注考證》卷一百三，頁17～18。
〔註51〕《史記會注考證》卷一百三，頁5。
〔註52〕《四史評議》，頁112。

武帝也要端正衣冠後才敢接見他，又由於汲黯屢次直諫、切諫，因此不能久留宮廷、久居高位。鄭當時卻完全不同，他時時存問賓客，不論貴賤都以禮相待，並且推舉賢能，對屬下的態度也很謹慎、有禮貌，因此雖然年紀不大、官位不高，往來的朋友裡卻都是父執輩與天下名士，受到山東之人的同聲讚許，在朝廷中能隨順奉承武帝的心意，不敢明確表態、論斷是非，擔心得罪人。既然汲、鄭待人接物的態度如此迥然有別，司馬遷為何將兩人合傳，就頗耐人尋味。李景星認為汲、鄭在學術、品行、好任俠與好賓客四方面的相似度很高，是司馬遷合傳汲、鄭的原因，並進一步從賓客的聚散表達他對世態炎涼的感觸。首先，汲黯與鄭當時都以黃老之學為立身準則，汲黯「學黃、老之言，治官理民，好清靜，擇丞史而任之，其治，責大指而已，不苛小」、「治務在無為而已，弘大禮，不拘文法」，〔註53〕鄭當時「好黃、老之言」。〔註54〕其次，司馬遷說汲黯「內行脩絜」，〔註55〕說鄭當時「廉又不治其產業」，〔註56〕認為兩人的品行高尚廉潔。復次，汲黯「好學游俠，任氣節」，〔註57〕而鄭當時「以任俠自喜」，〔註58〕同樣追求「俠」這個理想形象。最後也最重要的，是兩人都喜愛結交賓客，也在失勢的同時失去原本擁護自己的賓客：「鄭莊、汲黯始列為九卿，廉，內行修絜。**此兩人中廢，家貧，賓客益落。及居郡，卒後，家無餘貲財。**」〔註59〕傳文結尾提到賓客因汲、鄭失勢而減少，在〈贊〉中又以翟公署其門之辭大嘆世態炎涼，觸動了司馬遷的傷心之處，可見司馬遷表面上以學黃老、內行修絜、任俠、好賓客等共同點連結汲黯與鄭當時，為其作傳，紀錄兩位賢臣的行誼，然而更深層的目的是痛陳人們趨炎附勢、以市道交的勢利態度，寄寓了司馬遷的身世之感與悲憤。司馬遷在《史記》中時時表達了對世態炎涼的感慨，除此篇外，亦可見於〈鄭世家贊〉、〈蘇秦列傳〉、〈孟嘗君列傳〉、〈廉頗藺相如列傳〉、〈張耳陳餘列傳贊〉、〈魏其武安侯列傳〉、〈衛將軍驃騎列傳〉、〈平津侯主父列傳〉。

〔註53〕《史記會注考證》卷一百二十，頁3。
〔註54〕《史記會注考證》卷一百二十，頁15。
〔註55〕《史記會注考證》卷一百二十，頁4。
〔註56〕《史記會注考證》卷一百二十，頁15。
〔註57〕《史記會注考證》卷一百二十，頁4。
〔註58〕《史記會注考證》卷一百二十，頁14。
〔註59〕《史記會注考證》卷一百二十，頁17。

（四）傳主之間具有特定的對應關係

個人雖煢煢獨立於世，必然曾與眾多人物接觸、產生關係，因而形成歷史。李景星指出，在《史記》一百三十篇中，有許多人物生平之所以合成一傳，正是因為司馬遷著眼於描寫傳主之間的對應關係，以及他們的彼此互動在歷史上造成的影響。以廉頗與藺相如為例，由於藺相如識大體、能退讓，感動了廉頗，才使他放下爭功之心，兩人齊心戮力為趙國，不僅使秦國在短期內無法攻佔趙國，也成就了歷史上「將相合」的佳話。李景星評論〈廉頗藺相如列傳〉說：

> 藺相如之于廉頗也，嘗曰：「強秦之所以不敢加兵于趙者，徒以吾兩人在也。」太史公以廉、藺合傳，即本斯旨。附傳趙奢、趙括者，以奢與廉、藺同位，而括為奢子，幾于亡趙，正與廉、藺之存趙相反也。并附李牧者，繼廉、藺之後，而為趙重，又與廉頗同受郭開之害者也。其事以照應生情，其文以參互見妙。斷續離合，無牽連之迹，而有穿插之致，此傳之變格，亦奇格也。〔註60〕

李景星認為，藺相如的話不僅道出廉、藺對趙國存亡的重要性，也足以說明司馬遷為何將兩人合傳。藺相如長於外交，在完璧歸趙、澠池之會兩個事件中，靠著精準的判斷、敏捷的口才，才使趙國與趙王不受辱於秦；廉頗善於軍事，以勇氣聞名於各諸侯國間，秦國也十分忌憚他。廉、藺一為將、一為相，一有武功、一能文治，保衛了趙國的安全。趙奢在閼與下大破秦軍，一戰成名，與廉、藺同位，三個人都為保全趙國、抵禦秦國盡了最大的努力，卻因為趙王中了秦國反間計，以趙括代廉頗將兵，結果在長平一戰中損失四十餘萬軍士，自毀長城。傳末附載李牧，他原先在北邊防禦匈奴，後來對抗西邊的秦國，可說是戰國末年時繼廉頗、趙奢之後的趙國良將，卻與廉頗一樣受郭開讒言所害；廉頗無法從楚國返回趙國，為趙國斥退秦軍，李牧被誣以反罪，被捕斬首，下場更悽慘。〈廉頗藺相如列傳〉概述戰國晚期趙國在外交與軍事上的勝利與失敗，李景星的讀後心得主要在處理複雜的人物關係，從廉頗、藺相如、趙奢到趙括、李牧，從惠文王、孝成王到悼襄王、趙王遷，點綴秦王、秦間、郭開等人，盛衰離合，全都由於將相之間、父子之間、君臣之間的相知或不知，因此讀者在思索司馬遷稱讚藺相如善處死、善處讓是「智勇兼備」的表現以外，也可試著從李景星提供的閱讀角度玩味〈廉頗藺

〔註60〕《四史評議》，頁75。

相如列傳〉。

　　魏咎、魏豹、彭越以戰國舊魏地爲根據地，在楚漢戰爭中先後受封爲魏王，推進了劉邦統一天下的時程。李景星認爲，魏豹、彭越曾經「共事」，是得以合傳的理由，他評論〈魏豹彭越列傳〉說：

　　　　「漢王二年春，與魏王豹及諸侯東擊楚，彭越將其兵三萬餘人歸漢于外黃。漢王曰：『彭將軍收魏地得十餘城，欲急立魏後，今西魏王豹亦魏王咎從弟也，眞魏後。』乃拜彭越爲魏相國，擅將其兵，略定梁地。」此一段敘魏、彭共事始末最爲詳悉，乃二人合傳之由來也。〔註61〕

何焯解釋「擅將其兵」的意思是：

　　　　擅將兵者，雖拜越爲魏相，不使受魏豹節度，得自主兵也。〔註62〕

彭越拜爲魏相國，權力卻可與魏王豹抗衡，原因在於劉邦授與他獨立的兵權，不受魏豹管轄。彭越是草澤英雄，漢二年歸順於劉邦時，手下已經有一支三萬餘人的部隊，劉邦大可以直接封彭越爲魏王，但爲了取得諸侯與六國人民的支援和擁戴，必須以「眞魏後」魏豹爲號召，於是封魏豹爲魏王、彭越爲魏相國，然而實際統領魏國軍權的人卻是彭越。漢三年九月，周苛、樅公殺魏豹，劉邦將魏豹舊都平陽分爲河東、太原、上黨三郡，漢五年正月置立梁國，以彭越爲梁王，都於定陶。司馬遷爲魏豹、彭越作傳，記述魏豹帶領魏軍舊部投靠劉邦、彭越率領游擊兵牽制楚軍，加速劉邦打敗項羽、統一天下的功績。李景星指出，閱讀〈魏豹彭越列傳〉時應該重新審視兩位傳主的合作、「共事」、主從關係，而讀者也能從此進一步瞭解楚漢戰爭時將相封拜與覆滅的情形。

　　袁盎與晁錯視彼此爲仇讎，互相傾軋，最後由袁盎取得勝利，借吳、楚七國之亂，進諫景帝誅殺晁錯。李景星認爲袁盎、晁錯之所以合傳，是因爲這兩人眼中容不下彼此，必欲除之而後快，於是以吳、楚之亂爲舞台，展開了一場個人恩怨凌駕社稷安危的生死爭鬥。李氏評論〈袁盎晁錯列傳〉說：

　　　　袁盎、晁錯以兩冤家合爲一傳，在《史記》中又是一格。〈袁盎傳〉云：「盎素不好晁錯，晁錯所居坐，盎去；盎坐，錯亦去，兩人未嘗同堂語。」此數句即二人合傳本旨，妙在以一時之事，分作兩樣寫。

〔註61〕《四史評議》，頁 82～83。
〔註62〕《史記會注考證》卷九十，頁 6。

〈盎傳〉極詳，〈錯傳〉極略；〈盎傳〉寫錯之傾盎處虛，〈錯傳〉寫
盎之傾錯處實；〈盎傳〉寫其死處曲折，〈錯傳〉寫其死處直截。至
晁錯〈論貴粟〉、〈言兵事〉諸疏，綜核精確，俱有關當世之務，太
史公皆削去不載，只以「數上書言事」一語括之。以既**與袁盎合傳，**
注重在寫其性情心計及互相傾軋之處，此等正議反用不著，故不得
不從割愛也。〈錯傳〉末幅詳載其父語，所以見錯死之宜也。附傳鄧
公，又以著錯死之冤，而漢之誅錯非計也。〔註63〕

在〈袁盎晁錯列傳〉中，袁盎與晁錯都是忠心耿耿且有治國能力的大臣，為
漢室安危著想，不惜對抗功臣與貴戚的勢力。袁盎知道周勃並無謀反之意，
而能為其請命；為免後患，建議文帝削減淮南厲王的封地；諫止文帝以快馬
拉車下峻阪，避免危險；分別尊卑上下，不使愼夫人因專寵於文帝而重蹈「人
彘」悲劇覆轍；說服丞相申屠嘉廣納天下賢士大夫的建言；這些都是持重而
有遠見的大臣所當為，他「以數直諫，不得久居中」，〔註64〕可見並非阿諛奉
承之輩，所以〈自序〉稱讚他「敢犯顏色，以達主義」。〔註65〕晁錯數次上書
文帝，主張應削弱諸侯勢力、更改部分法令，《漢書‧晁錯傳》收錄了晁錯〈論
太子宜知術數疏〉、〈言兵事疏〉、〈論守邊備塞疏〉、〈論募民徙塞下宜為什伍
疏〉、〈賢良文學對策〉五篇政論，以及文帝的答詔及策問，從中可看出晁錯
的軍事與政治才能；而他為了鞏固漢室中央集權，從文帝時期一直到景帝當
政，始終致力於削弱諸侯的方案，無懼朝臣的反對與宗室的反抗浪潮。傳文
記載了晁錯父子的一段對話：

（晁錯）遷為御史大夫，請諸侯之罪過，削其地，收其枝郡。奏上，
上令公卿列侯宗室集議，莫敢難，獨竇嬰爭之，由此與錯有郤。錯
所更令三十章，諸侯皆諠譁疾晁錯。錯父聞之，從潁川來，謂錯曰：
「上初即位，公為政用事，侵削諸侯，別疏人骨肉，人口議，多怨
公者，何也？」晁錯曰：「固也。不如此，天子不尊，宗廟不安。」
錯父曰：「劉氏安矣，而晁氏危矣，吾去公歸矣！」遂飲藥死，曰：
「吾不忍見禍及吾身。」〔註66〕

傳中描述了景帝對晁錯的寵愛與重用，而晁錯對於削弱諸侯勢力的態度之所

〔註63〕《四史評議》，頁92。
〔註64〕《史記會注考證》卷一百一，頁8。
〔註65〕《史記會注考證》卷一百三十，頁53。
〔註66〕《史記會注考證》卷一百一，頁18～19。

以如此強硬堅決，或許並非已做好殞命亡身的準備，而是倚仗著赤誠忠心與景帝的寵信，認爲自己能夠抵擋得了諸侯的反撲。袁盎與晁錯有志一同地提出削弱諸侯的建言，若能同心協力，或許能以更有效或更和平的方式達到強幹弱枝、拱衛中央的目的，卻將聰明才智與心機詭計錯用於個人恩怨，先後誣陷對方是吳、楚叛亂的共謀、起兵討伐的對象，企圖借刀殺人，卻兩敗俱傷，李景星認爲這是袁、晁二人以「冤家」合傳的原因，故本傳中從多方面描寫兩人的心機與手段。可悲的是，雖然袁盎借景帝之手成功誅殺晁錯，最終也逃不過諸侯王的毒手，爲刺客所殺；有共同目標卻不能攜手合作，竟先後成爲中央與地方權力角力下的犧牲品，令人不勝欷噓。

傳主間因個人恩怨而惹來殺身之禍的例子，還有〈平津侯主父列傳〉。李景星列舉五個平津侯公孫弘與主父偃合傳的原因，其中以「主父之死，由于平津」最爲關鍵，他評論〈平津侯主父列傳〉說：

> 平津、主父之所以合傳者，約有五端：一爲齊人同；二先屈後伸同；三心術之不純同；四行事之詭譎同；五則主父之死，由于平津。以同始者，以不同終也。〔註67〕

公孫弘與主父偃在仕途之初都不順遂，公孫弘出使匈奴，結果並不讓武帝滿意，於是公孫弘以病免歸，第二次出仕時受詔視察西南夷道，回朝後武帝也沒有接受他的建議，直到武帝發現公孫弘舉止敦厚、有口才、又能以儒術緣飾文法吏事，才加以擢用；主父偃遊於齊、燕、趙、中山等諸侯國，不僅未受禮遇，還被其他儒生排擠，連生活都成問題，大將軍衛青爲他美言於武帝，武帝也不召見，直到主父偃自己上書武帝，才獲得重用。公孫弘與主父偃的性格與行事也都有可議之處，公孫弘屈從武帝意旨，即使另有異議也不肯面折廷爭，表面上對其他大臣寬厚謙虛，私底下報復與自己有嫌隙的人；主父偃曾受兄弟、儒生、諸侯排擠，得勢後羞辱他們，並以揭發諸侯醜聞爲進身之階，還收受大臣與諸侯的賄賂。根據傳文所載，公孫弘與主父偃的衝突始於對建置朔方郡的意見不同，而武帝採用了主父偃建朔方郡作爲漢軍滅胡作戰基地的建議，後來主父偃被控逼死齊王、收受賄賂而下獄，公孫弘建議殺主父偃以平息諸侯人人自危的不安局勢，於是武帝下令族滅主父偃。對此，李景星並未深入分析，吳見思《史記論文》則指出，公孫弘、主父偃二人主要是因爲對朔方郡的建置與否持相反意見而生嫌隙：

〔註67〕《四史評議》，頁105。

公孫以議朔方族主父，與主父是一時人，故扯冤家合傳，猶之袁盎、
晁錯也。〔註68〕

吳氏認為，權力與生存競爭是公孫弘與主父偃合傳由來，如同袁盎與晁錯以
「冤家」合傳，人臣間的意氣之爭往往持續到其中一方死亡才能落幕。綜合
李氏與吳氏說法，出身齊國、曾懷才不遇、性格陰險、為了邀寵於武帝而不
擇手段是公孫弘與主父偃的共通點，兩人為了是否建置朔方郡持議不同而產
生嫌隙，意見之爭最後竟演變成生死之鬥，於是司馬遷將兩人合傳，主旨在
傳達宮廷政爭的殘酷血腥，其慘烈之狀令人既訝然又悲痛。

（五）因傳主事蹟相似而合傳

　　韓信、盧綰、陳豨出身不同，與劉邦的關係不同，然而當劉邦對他們的
忠誠起疑心時，三人迫於情勢，都選擇背叛劉邦，韓信與盧綰甚至投奔匈奴。
李景星指出，韓信、盧綰、陳豨三人是以「叛將」身分合於一傳，他評論〈韓
信盧綰列傳〉說：

此篇以三叛將合傳，韓、盧二人異姓封王同，反叛同，亡匈奴同，
子孫來歸同。陳豨雖非二人比，而與二人同為北邊患，故以二人合
傳，而豨亦附之。〈韓信傳〉載其報柴將軍書，〈盧綰傳〉詳其親幸，
已定二人罪案；而文筆特以整密勝。附傳寫高祖破陳豨事，又變整
密為恣肆，如神龍掉尾，靈變無端。至平城之圍，獨詳于〈韓信傳〉
者，以事由信起也。〈盧綰傳〉詳述張勝者，以綰之不終于漢，乃張
勝構成之也。凡此，皆是太史公眼明心細處，不可不知。〔註69〕

韓信是韓國王孫，盧綰是劉邦同鄉，兩人身分地位大不相同，卻都受封為異
姓諸侯王。韓信帶領他的軍隊與劉邦一同入關，之後攻下昌陽，受封為韓王，
時時以兵馬追隨劉邦；楚軍攻進滎陽時，韓信先向楚軍投降，後來逃歸漢軍；
駐軍馬邑時，劉邦懷疑韓信與匈奴暗中勾結，而韓信擔心被殺，竟然真的和
匈奴密謀，在平城圍困劉邦，此後韓信便投奔匈奴，成為漢朝北部大患，直
到被柴奇所殺。盧綰與劉邦一起長大，非常受到寵幸，常隨劉邦四處作戰，
曾擊破項羽、臧荼，卻因為聽信張勝的建議，沒有堅決消滅陳豨叛軍而遭到
劉邦懷疑，最後亡於匈奴。韓信與盧綰是漢朝異姓諸侯王，都因為忠誠度受
到劉邦懷疑、擔心被殺而背叛漢朝，亡入匈奴，在他們死後，子孫回到中國，

〔註68〕吳見思評點，吳興祚參訂：《史記論文・平津侯主父列傳》，頁608。
〔註69〕《四史評議》，頁85。

受封爲侯，李景星認爲這些類似的生平事蹟是司馬遷合韓、盧二人爲一傳的原因，而陳豨身爲趙相國，統領北地邊兵，同樣因爲受到劉邦懷疑而與匈奴勾結，對中國北邊邊境造成威脅與破壞，所以附傳於後。雖然劉邦過於猜忌，但是韓信、盧綰確實爲了自保而投靠匈奴，陳豨則是勾結韓信將領造反、自立爲王，韓信與陳豨在叛變後甚至爲虐於漢朝北方邊境，所以李景星說〈韓信盧綰列傳〉合傳三叛將，有其道理。

　　樊噲、酈商、夏侯嬰、灌嬰則是不論出身、行事準則、際遇都很相似。李景星評論〈樊酈滕灌列傳〉說：

> 樊、酈、滕、灌以身分相同合傳。樊以屠狗爲事，酈聚少年而東西略人，滕爲沛廄司御，灌在睢陽販繒，其出身微賤同。〈樊傳〉曰：「復常從」，〈酈傳〉曰：「以將軍爲太上皇衛」，〈滕傳〉屢書「爲太僕」，〈灌傳〉曰「以中涓從」，其被親幸亦同，是以太史公合而傳之。傳之妙處在以一樣筆法連寫四篇，而每篇又各自一樣。樊噲是親臣，故敍其戰功以「從」字冠首，附戰級、賜爵而不再編年月；〈酈商傳〉雖以年月紀事，而却以官名提綱、屬戰功于其下；滕公夏侯嬰本是車將，故節節提「奉車」字樣；灌嬰是騎將，故曰「長于用騎」，曰「破其騎」，曰「斬騎將」，曰「擊破楚騎」，曰「虜騎將」，曰「破胡騎」，曰「受詔并將燕、趙、梁、楚車騎」，處處以「騎」字關合，較上三傳尤有色澤。〔註70〕

從出身來看，樊噲是狗屠，酈商糾集少年劫掠百姓，夏侯嬰是隸屬於沛廄的駕車者，灌嬰在睢陽賣絲織品，四個人都是社會底層的人物。樊噲與夏侯嬰是劉邦舊識，在劉邦起事前就跟隨劉邦左右，此後一心一意保護劉邦和他的家人與政權：鴻門宴時樊噲一番慷慨陳詞軟化了項羽，才使劉邦有機會逃回漢營；當劉邦生病不見外人，樊噲以趙高覆滅秦朝的前車之鑑，勸誡劉邦不要寵幸宦官；楚漢戰爭時，項羽於彭城大破漢軍，劉邦在逃命途中幾次將兒女踢下車，夏侯嬰總是把他們帶上車，繼續趕路，終於平安脫逃。劉邦起事後，酈商與灌嬰在中途加入，和樊噲、夏侯嬰相同，成爲劉邦最貼身的忠僕與最得力的護衛，始終追隨左右，一同消滅叛軍，並且受封爲侯。樊、酈、滕、灌，可說是《史記》所有合傳中傳主間相似度最高的一篇了。另外，李景星還指出，司馬遷也用一樣的筆法寫這四位出身、際遇相近的人，卻各有

〔註70〕　《四史評議》，頁86～87。

風貌：樊噲傳以「從」字引領每一場戰役的鋪陳，酈商傳以官名帶出功績，夏侯嬰傳中的「奉車」二字點出作用，灌嬰傳中的「騎」字標舉他的神勇與功勳，李景星認為其中以〈灌嬰傳〉最為出色。四個生平事蹟相似、同樣以保衛漢室為職志的人，司馬遷以同樣筆法為之卻能各有風神，真不愧是史家絕唱。

衛青與霍去病同屬外戚，以與匈奴作戰有功而受封為大將軍、驃騎將軍，李景星指出，其出身相同、功勳相同，是司馬遷將兩人合傳的理由，他評論〈衛將軍驃騎列傳〉說：

> 衛將軍、驃騎將軍出身同，立功同，故合傳。衛將軍擊匈奴者七，驃騎將軍擊匈奴者六，詔書封拜者共八，附傳諸將軍共十六。而其間敘匈奴之入，敘皇后、王夫人之寵，敘兩將軍之為人，埋伏布置，穿插變換，無一不出于自然。尤妙在敘封拜處處提「天子」字樣，以示鄭重；敘附傳諸將軍處處提「從大將軍」、「從驃騎將軍」字樣，以相聯屬。得與失不相掩，功與過不相折，榮與辱不相覆，盛與衰不相蒙。神聖莊嚴之中，時露地獄變相，是傳中變格，亦是傳中創體。〔註71〕

衛青原本是平陽侯家僕妾的私生子，年幼時在父親家牧羊，長大後進入平陽侯府為奴僕，擔任平陽公主的侍從，由於姊姊衛子夫入宮得到武帝寵愛，衛青的地位跟著水漲船高，從給事建章、建章監侍中、太中大夫、到以車騎將軍身分領兵攻打匈奴，迅速擢升，平步青雲，又因為攻打匈奴有功而被封為長平侯，爾後官號大將軍。霍去病也出身外戚，但比衛青更幸運；他是衛皇后姊姊衛少兒之子，衛青的外甥，十八歲就受到武帝賞識，以剽姚校尉跟隨大將軍衛青出戰匈奴，有功而受封為冠軍侯，封侯三年後官號驃騎將軍，地位同於舅舅大將軍衛青。雖然出身相同，立功相同，由於成長背景不同，衛、霍的性格與行事也迥然有別。衛青是僕妾之子，是平陽侯府家僮，雖然因為姊姊貴為皇后而一躍成為將軍、侯爵，行事卻很小心謹慎，他「為人仁善退讓，以和柔自媚於上」，〔註72〕因為曾久處人下，瞭解其中辛苦，所以能體恤士卒，〈淮南衡山列傳〉中記載伍被對衛青的形容：

> 被所善者黃義，從大將軍擊匈奴，還，告被曰：「大將軍遇士大夫有

〔註71〕《四史評議》，頁103。
〔註72〕《史記會注考證》卷一百十一，頁31。

禮，於士卒有恩，眾皆樂爲之用。騎上下山若蜚，材幹絕人。」被
以爲材能如此，數將習兵，未易當也。及謁者曹梁使長安，來，言
大將軍號令明，當敵勇敢，常爲士卒先。休舍，穿井未通，須士卒
盡得水，乃敢飲。軍罷，卒盡已渡河，乃度。皇太后所賜金帛，盡
以賜軍吏。雖古名將弗過也。〔註73〕

稱讚衛青能與軍吏同甘苦，身先士卒。霍去病是大將軍外甥，生來就是貴公
子，而且「少而侍中」，難免「貴不省士」，傳中說：

然少而侍中，貴不省士。其從軍，天子爲遣太官，齎數十乘，既還，
重車餘棄梁肉，而士有飢者。其在塞外，卒乏糧，或不能自振，而
驃騎尚穿域蹋鞠。事多此類。〔註74〕

霍去病顯然較不在意士卒的生活狀況。李景星並未特別提出衛青與霍去病不
同的治軍態度，而是將注意力放在這對甥舅的外戚身分與功績，他們同受皇
后衛子夫的庇蔭，得到武帝的寵愛與重用，卻也能發揮個人的軍事才能，驅
逐匈奴，保衛中國；衛、霍具備這些相同的特點，因此列入同傳。

司馬遷所作人物類傳中，傳主之間往往相距數十以至數百年，例如〈刺
客列傳〉中聶政死後二百二十餘年而有荊軻、〈滑稽列傳〉中優孟以後兩百餘
年而有優旃。李景星發現，除了這些「以類相從」的人物類傳以外，《史記》
裡還有三篇傳記跨越了時間與空間的藩籬，將事蹟相似的人物合於一傳，即
李景星所謂以「遭際」相同而合傳，不僅集中表現主題，司馬遷亦是欲藉此
說明：歷史即使不斷前進，朝代更迭，有時人們仍要面對相同的人生課題，
遭遇相同的苦難。

戰國末年的魯仲連與漢景帝時期的鄒陽相距百餘年，李景星在評論〈魯
仲連鄒陽列傳〉時指出，兩人「不詘不撓」的性格是司馬遷將他們合傳的原
因：

魯仲連、鄒陽，中間相距百歲，時異代隔，絕無聯絡，而太史公合
爲一傳，以其性情同也。觀贊語，于魯仲連則曰：「不詘于諸侯」，
于鄒陽則曰：「亦可謂抗直不撓矣」。不詘不撓，乃能獨行其是，而
爲天地間不易多、不可少之人，雖所處之地位不同，要其不磨之志
氣俱在也。魯仲連身爲布衣，得以自主，故其志氣可于徑直中見之；

〔註73〕《史記會注考證》卷一百十八，頁29。
〔註74〕《史記會注考證》卷一百十一，頁31。

鄒陽處人宇下，不得自主，而其志氣亦可于鬱結中見之。以一副心腸寫兩人口吻，口吻各殊而心胸如一，此等處全關筆妙。**且史公天性與魯仲連同，其遭際復與鄒陽同，史公之傳二人，并有自爲寫照之意。**〔註75〕

魯仲連喜歡爲人排憂解難，以高尚的節操自許，不願意作官，不屈服於富貴的誘惑。秦將白起圍困邯鄲時，魏安釐王派遣將軍新垣衍到趙國，建議趙國奉秦昭王爲帝，如此可使秦昭王志得意滿，必然令白起解圍而去，平原君正猶豫不決，此時魯仲連進言於平原君與新垣衍，分析國際情勢、點明秦國的貪暴，因而勸退新垣衍，秦軍得到消息後也退兵五十里。平原君認爲魯仲連有功於卻秦救趙，想封賞魯仲連，他卻主張以利益爲前提去幫助他人是商人的行爲，而自己受到世人敬重的原因在於爲人排除紛亂卻不求賞賜，所以堅決不接受趙國封賞。當田單攻下聊城，打算封魯仲連爲爵時，魯仲連逃往海上，並說明自己寧願貧窮而能隨心所欲，也不要爲了富貴而受制於人。鄒陽客遊於梁孝王門下，羊勝、公孫詭嫉妒鄒陽的才華，便在梁孝王面前毀謗他，使之下獄；鄒陽從獄中上書梁孝王，勸諫梁孝王廣納四方賓客、建立君臣間的互信關係、莫要聽信小人讒言。鄒陽雖身陷囹圄，文中卻有憤激不遜之氣，可見他性格剛直，面對梁孝王的怒氣與小人的構陷也不屈服。不受富貴引誘，不被武力威脅，魯仲連的瀟灑和鄒陽的堅決都出自不畏強權的志氣，雖然所處年代不同、面對榮辱不同，但精神一致，是以司馬遷將他們合傳。李景星還指出，司馬遷的天性與魯仲連一般，勇於爲人排患解難，卻和鄒陽一樣幽於縲絏，因此司馬遷合傳魯仲連、鄒陽也有自爲寫照的微意。進一步來看，司馬遷嚮往戰國養士風氣，從對魏公子的傾慕、對衛青不養士的失望可以略知一二，因此深深嘆服魯仲連能以其學識見解濟危扶傾，救亡圖存。然而士最大的悲哀卻是懷才不遇，甚至被謗受辱；從魯仲連辭受封賞、鄒陽上書自救的舉動可以看出，司馬遷所褒獎的是不屈不撓的精神，欷噓士人少有能輕世肆志、無取於人者，而往往必須在困厄挫折中才能現出志節。因此司馬遷合傳魯、鄒，有警惕、勸告後世士人應該富貴不淫、威武不屈，也有傷感自己幽囚受辱卻無法自達於上的意思。

　　屈原、賈誼一心爲國爲君，原本受到國君與帝王的信任和重用，卻因爲小人讒害而被疏遠，「信而見疑，忠而被謗」，〔註76〕有才能而不獲任用，最

〔註75〕　《四史評議》，頁76～77。
〔註76〕　《史記會注考證》卷八十四，頁4。

後抑鬱悲憤而亡。際遇相似，悲憤相同，李景星認爲這是屈、賈時代相隔百餘年而能合傳的原因。李景星評論〈屈原賈生列傳〉說：

> 以古今人合傳，一部《史記》只得數篇。魯仲連、鄒陽外，此篇最著。蓋魯仲連、鄒陽以性情合，此篇以遭際合也。通篇多用虛筆，以抑鬱難過之氣，寫懷才不遇之感。豈獨屈、賈兩人合傳，直作屈、賈、司馬三人合傳讀可也。中「自屈原沉汨羅後百有餘年，漢有賈生，爲長沙王太傅，過湘水，投書以弔屈原」，此數句是一篇關鍵，亦是兩人合傳本旨，得此而通篇局勢如生鐵鑄成矣。〔註77〕

屈原爲左徒，非常受到楚懷王信任，在內政、外交方面都有出色表現，卻由於上官大夫的讒言而被楚懷王疏遠；頃襄王繼位後，令尹子蘭指使上官大夫進讒於頃襄王，使屈原又遭頃襄王疏遠，流放江南。滿腔忠君愛國的熱血，身懷經世濟民的才華，卻接連失去兩代楚王的重用與信任，屈原悲憤抑鬱，投汨羅江而死。百餘年後的漢朝，也有一位與屈原遭遇相似的悲劇人物賈誼。賈誼年輕卻很有治國才能，深受漢文帝的寵愛與信賴，「諸律令所更定，及列侯悉就國，其說皆自賈生發之」，〔註78〕賈誼的建言也多被漢文帝採納。然而由於老臣周勃、灌嬰、張相如、馮敬施壓，文帝不得不疏遠賈誼，將他外放，任命爲長沙王太傅。不過，文帝對賈誼的倚重並沒有因爲他遠離中央而減少：賈誼任職長沙王太傅在文帝三年（西元前 177 年），四年餘後（文帝七年，西元前 173 年）文帝徵其入見，問以鬼神之本，隨後拜爲梁懷王太傅：

> 乃拜誼爲梁懷王太傅。懷王，上少子，愛，而好書，故令誼傅之，**數問以得失**。是時，匈奴彊，侵邊。天下初定，制度疏闊。諸侯王僭儗，地過古制，淮南、濟北王皆爲逆誅。**誼數上疏陳政事**，多所欲匡建。〔註79〕

由「數問以得失」、「誼數上疏陳政事」二句可知，文帝看似疏遠賈誼，實際上仍然與賈誼保持密切的聯繫，時常徵詢他的意見，這和楚王不再重用屈原的情況頗不相同。然而賈誼似乎未能體會文帝的用心良苦，「以適去，意不自得，及渡湘水，爲賦以弔屈原」，〔註80〕屈原的遭遇觸動了他的心事，於是借

〔註77〕《四史評議》，頁 77。
〔註78〕《史記會注考證》卷八十四，頁 22。
〔註79〕班固著，王先謙補注：《漢書補注》，頁 3651。
〔註80〕《史記會注考證》卷八十四，頁 23。

他人酒杯、澆自己塊壘，在〈弔屈原賦〉中責備屈原太執著於楚王與楚國，認為屈原應該周遊列國尋求發展的機會。文帝十一年（西元前 169 年），梁懷王墜馬而死，賈誼「自傷為傅無狀，哭泣歲餘，亦死」，〔註81〕恐怕是在雜揉著愧疚與回朝之日遙遙無期的絕望中黯然死去。李景星指出，屈原與賈誼忠於國、忠於君，受貶謫而落寞抑鬱以終，際遇相似是司馬遷將兩人合傳的原因，而賈誼〈弔屈原賦〉更是合傳的關鍵；賈誼作〈弔屈原賦〉憑弔屈原，司馬遷作〈屈原賈生列傳〉憑弔屈原與賈誼，抒發一片赤誠卻不被理解的苦楚，所以李景星說〈屈原賈生列傳〉不只是屈原與賈誼的合傳，甚至可以視為屈、賈、司馬三人的合傳。劉國民認為司馬遷是屈原的「知音」：

> 司馬遷與屈原是異代的知音，他有強烈的情感需要借題發揮。〔註82〕

無論時代如何變遷，「不遇」始終是忠臣與才智之士的悲哀；司馬遷是屈原與賈誼的異代知音，《史記》讀者又何嘗不能作屈、賈、司馬三人的異代知音。〈屈原賈生列傳〉塑造了中國政治與文學傳統的一部分：在政治上，屈原與賈誼為國、為君鞠躬盡瘁，死而後已，是忠臣的典型，也是讀書人的理想；他們的悲劇遭遇則是失意者的情感投射對象，有無數文學作品以此為素材，或歌頌其忠誠，或同情其遭遇，或暗諷在上位者的顢頇。讀到屈原投江、賈誼自傷，千百年來的讀書人無不隨著司馬遷的字字血淚，同聲一哭。

　　扁鵲是春秋時代的名醫，與漢文帝時代的淳于意合傳，是因為兩人皆為醫術精良、聲名遠播的名醫，也都為盛名所累，招來禍患。李景星評論〈扁鵲倉公列傳〉說：

> 扁鵲、倉公以醫合傳。同是伎術，而不與〈日者〉、〈龜策〉相次，此是太史公特識。以醫之一道兼三才，備四時，根本五行，與人類有生死關係，非他伎術可比，故別著之，不與他伎術相等。非如王劭所云為「後人之誤」，亦非如《正義》所載「以淳于意孝文帝醫，又為齊太倉令」云云也。以古今人合傳，與〈魯仲連鄒陽〉、〈屈原賈生傳〉例同。而此篇敘次尤佳，其發揮醫理與《內經》相表裡；其文辭古奧，純似先秦文字；其文勢之壯，又如黃河之水，一瀉萬

〔註81〕《史記會注考證》卷八十四，頁 36。
〔註82〕劉國民：〈「悵望千秋一灑淚，蕭條異代不同時」──《屈原賈生列傳》的解讀〉，《好學深思　心知其意──司馬遷《史記》二十講》（北京：中國社會科學出版社，2009 年 9 月第一版第一次印刷），頁 172。

里；其中惝恍奇怪，不可一一指數，文至此，歎觀止矣。〈扁鵲傳〉

末曰：「秦太醫令李醯自知伎不如扁鵲也，使人刺殺之。」〈倉公傳〉

又曰：「病家多怨之者。」贊語更將此意申言之，術數之精，乃得奇
禍，千古同轍，可勝慨哉！〔註83〕

李氏指出，醫術關係人類生死，比起占卜等其他技術來得重要，所以〈扁鵲
倉公列傳〉不和〈日者列傳〉、〈龜策列傳〉相次，是司馬遷的卓越見識，然
而他也沒有解釋爲何司馬遷將這篇列傳置於〈田叔列傳〉與〈吳王濞列傳〉
之間。扁鵲與淳于意同爲醫者，和魯仲連與鄒陽、屈原與賈誼一樣，是《史
記》中少數能跨越時空藩籬合傳，而且以人名爲篇名的人物。根據傳文，扁
鵲與淳于意的生平事蹟中有三點相同：首先，他們都曾受奇人傳授醫術，長
桑君「出其懷中藥予扁鵲」、「悉取其禁方書盡與扁鵲」，〔註84〕扁鵲於是擁
有透視人體、洞見病徵的能力，又善於診脈；淳于意師事公孫光等多名醫
者，「見事數師，悉受其要事，盡其方書意，及解論之」，〔註85〕而後公乘
陽慶「使意盡去其故方，更悉以禁方予之」，〔註86〕從此淳于意不論是診脈、
觀察病患的面色、用藥都很精準。第二，兩人都四處行醫，周遊列國，淳于
意「左右行諸侯，不以家爲家」，〔註87〕扁鵲「爲醫或在齊，或在趙，在趙
者名扁鵲」，〔註88〕甚至隨地點不同而變換名號。第三，都因爲醫術超群而
招致災禍，扁鵲看出齊桓侯的病徵，曾三次提醒及早治療，眼見齊桓侯已病
入膏肓，扁鵲便逃離齊國；到了秦國以後，由於「秦太醫李醯自知伎不如扁
鵲也，使人刺殺之」，〔註89〕最後竟死於同行相忌；淳于意「或不爲人治病，
病家多怨之者，文帝四年中，人上書言意，以刑罪」，〔註90〕若不是么女緹
縈上書文帝求情，恐怕難逃肉刑。〈扁鵲倉公列傳贊〉說：

太史公曰：「女無美惡，居宮見妒；士無賢不肖，入朝見疑。故扁鵲
以其伎見殃，倉公乃匿迹自隱而當刑；緹縈通尺牘，父得以後寧。
故《老子》曰：『美好者，不祥之器。』豈謂扁鵲等邪？若倉公者，

〔註83〕 《四史評議》，頁96。
〔註84〕 《史記會注考證》卷一百五，頁3。
〔註85〕 《史記會注考證》卷一百五，頁54。
〔註86〕 《史記會注考證》卷一百五，頁19。
〔註87〕 《史記會注考證》卷一百五，頁20。
〔註88〕 《史記會注考證》卷一百五，頁4。
〔註89〕 《史記會注考證》卷一百五，頁19。
〔註90〕 《史記會注考證》卷一百五，頁20。

可謂近之矣。」〔註91〕

感慨處世不易，更何況懷璧其罪，扁鵲與淳于意竟以醫術精良構禍。所以李景星提出，兩位名醫的跨時代合傳不只是爲無數無辜受害的醫者平反，司馬遷也寄慨於兩位傳主的遭遇。自古以來，多少人受禍於嫉妒與怨恨，扁鵲與淳于意受盛名所累的悲劇既不是少數，往後也仍會有人因爲才華、德行、或其他美好特質引來災難。美好人事物的凋零令人惋惜，人們受制於嫉妒、怨恨等負面能量所造成的悲劇一再重演，更讓人慨嘆不已。

（六）以一身繫其國之安危而附傳

綜觀歷史，個人的意志與力量渺如滄海之一粟，雖然有少數人能改變一時的局面與形勢，卻難以逆轉歷史的潮流，然而這些企圖力挽狂瀾的人物所成就的不只是個人的榮耀，也延續了國家的命脈，李景星認爲這正是司馬遷將此輩社稷之臣附傳於其「國史」的原因。

越國爲吳王夫差所滅，句踐入吳宮爲奴，服侍夫差，在范蠡、文種、柘稽、逄同等賢臣的輔佐下，經過十年生聚教訓，十年臥薪嘗膽，終於覆滅吳國，復興越國，北會諸侯，成爲江淮以東的霸主。李景星認爲，句踐之所以能成就霸業，主要得力於范蠡的輔佐，所以司馬遷將范蠡附傳於〈越王句踐世家〉之後。李氏評論〈越王句踐世家〉說：

> 越之上世，世系事迹皆荒略無稽，惟句踐之事最詳，故太史公于此篇不曰〈越世家〉而曰〈越王句踐世家〉。**通篇極寫句踐之霸越，而佐句踐以成霸業者，厥惟范蠡，故以〈范蠡傳〉附之。**其君臣得力處，只是一個「忍」字，故一路敘事，即以此作骨。前幅俱用暗寫，直至末後乃從范蠡口中點明，而曰「顧有所不能忍者也」。雖曰家事，已該國事；雖曰反說，實同正言矣。「王無彊」一段，筆筆轉折，快利如風；末言無彊之不忍「釋齊伐楚」以致敗亡，正爲句踐君臣之「能忍」作反面對照。〔註92〕

在句踐以前，越國世系並不明晰，而句踐同時是亡國與復國之君，地位特殊，所以傳中以紀錄句踐事蹟爲主，篇名也特別標舉「越王句踐」；在〈越世家〉後附傳范蠡，佔全篇三分之一的篇幅，李景星指出，越國歷史以句踐爲重心，而句踐功業成於范蠡，如此層層堆高，方才顯出范蠡的重要性。范蠡與句踐

〔註91〕《史記會注考證》卷一百五，頁 62。
〔註92〕《四史評議》，頁 44。

能成功，關鍵在能「忍」，而〈范蠡傳〉中的范蠡家事始末更加強了「忍」這個主題。句踐與越國臣民能忍，所以能滅吳復越；無彊貪圖晉、楚，范蠡長子貪圖金錢，因為不能「忍」而致國滅身亡、痛失手足。兩相對照，一則凸出「忍」對於個人、對於家國的作用，而范蠡提出「忍」的建議、扶持句踐忍辱以成大事，更顯出其智慧超群、國士無雙。

與范蠡附傳於〈越王句踐世家〉相同，子產以為相三十餘年（簡公十二年至定公八年，西元前 554 年至前 522 年）、能存續其國而附傳於〈鄭世家〉。李景星認為，子產與范蠡不論在性情、學術、經世濟民的主張、為國貢獻的方略等方面雖然不同，但同樣「以一身繫其國之安危」，他評論〈鄭世家〉說：

> 〈鄭世家〉以簡潔勝，開首寫其規畫宏遠，天下大勢括在數行中，可與《三國志·劉二牧傳》參看。中附〈子產傳〉，又與〈越世家〉附〈范蠡傳〉同。范蠡佐越，能轉敗為勝；子產相鄭，能以弱制強，其性情、學術、經濟各不同，而以一身繫其國之安危則無異。且鄭以小國地據中樞，為南北所爭；子產能調處其間，使不為晉、楚二大國所滅，其用力較范蠡尤難。而太史公敘子產事不如敘范蠡精彩者，畫鷹隼與畫鸞鳳自殊。〔註93〕

在李景星看來，范蠡助句踐復國，主要目標在顛覆吳國與吳王夫差，而鄭國為四方輻輳之地，子產必須善用內政外交的智慧，方能使鄭國不至於危亡，子產所面對的局面與所付出的心力似乎難於范蠡，然而兩人救亡圖存、對延續國祚的貢獻與重要地位是一樣的。另外，李景星提到，司馬遷對范蠡、子產事蹟的寫法頗有差異，並認為司馬遷寫范蠡比寫子產精彩。范蠡附傳於〈越王句踐世家〉之後，子產附傳於〈鄭世家〉中幅；范蠡的建言與事功是直寫，子產的地位則多由旁人的評語與舉動烘托出來，如吳國延陵季子「見子產如舊交」，〔註94〕鄭簡公二十三年，諸公子為爭寵相殘，子產幾乎遭池魚之殃，公子子皮說：

> 「子產仁人，鄭所以存者子產也，勿殺。」乃止。〔註95〕

二十五年，子產出使晉國，

〔註93〕《四史評議》，頁 45。
〔註94〕《史記會注考證》卷四十二，頁 28。
〔註95〕《史記會注考證》卷四十二，頁 28。

（晉）平公及叔嚮曰：「善，博物君子也。」厚為之禮於子產。〔註96〕

鄭聲公五年（應為定公八年），子產逝世，

> 鄭相子產卒，鄭人皆哭泣悲之，如亡親戚。〔註97〕

> 及聞子產死，孔子為泣曰：『古之遺愛也。』兄事子產。〔註98〕

國君信任，臣民愛戴，又受到賢人名士的推崇與敬愛，司馬遷筆下的子產形象不只是「賢」，幾乎可稱得上是「聖」了。筆者認為，就救國於危亡之際來說，范蠡、子產的作用相當，難以比較誰的用力多、誰的處境更難，范蠡智勇兼備，子產仁者無敵，司馬遷寫得范蠡光芒萬丈，而子產的重要地位卻藉由他人的反應得到更多方面的佐證；描寫的角度雖然不同，筆力並無高下之分。

第三節　賓主之體的運用

李師偉泰〈司馬遷和《史記》概說〉指出：

> 司馬遷用本紀、表、書、世家、列傳五體記載和評論人物與事件，他把這五體視為全書不可缺少的部分來經營，五體以及各篇之間，有著緊密的聯繫，脈絡相連，彼此之間形成縝密的系統。為此，他經常使用一種叫做「互見」的述史方法，即將一個人物的各方面，一件事情的始末原委，散見於若干篇中。他在使用互見法時，往往清楚的交代說：「事在某篇」、「語在某篇」；但有時也不作交代，需要讀者自行參考相關的篇章。〔註99〕

李笠說，「互見」是在敘事時「有闕於本傳而詳於他傳」的情形，其功能在於避免史事重複記載、避諱、補遺：

> 史臣敘事，有闕於本傳而詳於他傳者，是曰互見。史公則以屬辭比事而互見焉：以避諱與嫉惡，不敢明言其非，不忍隱蔽其事，而互見焉。〈游俠傳〉不詳朱家之事，而述於〈季布傳〉；〈高祖紀〉不言

〔註96〕《史記會注考證》卷四十二，頁31。
〔註97〕《史記會注考證》卷四十二，頁33。
〔註98〕《史記會注考證》卷四十二，頁34。
〔註99〕李師偉泰：〈司馬遷和《史記》概說〉，收錄於李師偉泰、宋淑萍、徐聖心、張素卿、黃沛榮、劉文清、劉德漢選注：《史記選讀》（臺北：臺大出版中心，2008年9月初版），頁28～29。

過魯祀孔子，而著於〈孔子世家〉。**此皆引物連類，而舉遺漏者也。**
〈封禪書〉盛推鬼神之異，而〈大宛傳〉云：張騫通大夏，「惡睹本
紀所謂崑崙者乎？」又云：「所有怪物，余不敢言之也！」〈高祖紀〉
謂高祖「豁達大度」，而〈佞幸傳〉云：「漢興，高祖至暴抗也。」
此皆恐犯忌諱，以雜見錯出而明正論也。〔註100〕

首先，撰文記事首重突出主題，應該避免無謂的重複，互見法可以使同樣的
情節不必在每個關係人物的篇章中詳述。第二，爲賢者諱，在本傳呈現傳主
的正面形象，賢者的小過失則互見他處以存實，使瑕不掩瑜；爲尊者諱，在
本紀或本傳呈現傳主的正面形象，其短處亦互見他處以存實，以免觸犯忌諱。
第三，以互見補充細節，並提供不同視角，使人物與事件有更豐富的面貌。
周一平則以「互補」形容「互見」的功用和特點：

> 互見方法的功用和特點，如果歸納爲兩個字，就是「互補」。通過各
> 篇之間的互相補充，使得史事更加完整、充實，使得人物更加豐滿、
> 多側面化、立體化，使得史書的政治性、思想性、學術性、藝術性
> 大大增加。《史記》所以能成爲史學巨著，又成爲藝術珍品，與採用
> 互見方法是分不開的。〔註101〕

總而言之，出於史料安排、避諱、補充細節的需要，司馬遷以「互見」的手
法，在幾個相關聯的篇章中交代人物的不同面貌、事件的前因後果，而產生
了詳略有別、瑕瑜互見、見微知著的效果。

李景星在《史記評議》中特別看重互見法「避其繁複，不得不略」的意
義，稱之爲「賓主之體」，這個詞出現在他評論〈吳太伯世家〉之中：

> 敘吳與楚、越構兵與弒王僚事，多用簡括之筆，以有〈伍子胥〉、
> 〈刺客〉等傳及〈越世家〉，**避其繁複，不得不略，是謂得賓主之
> 體。**〔註102〕

如果事件的成因、發展、影響正是本傳要探討的對象，符合本傳的中心思想
或能表現本傳的記事主題，司馬遷必然鉅細靡遺地描繪事件的情節，而在其
他篇章中敘及這個事件時，或這個事件在別的篇章中只是次要材料時，則可

〔註100〕李笠著，李繼芬整理：《廣史記訂補‧史記訂補敘例》（上海：復旦大學出版
社，2001 年 10 月第一版第一次印刷），頁 4。
〔註101〕周一平：《司馬遷史學批評及其理論》（上海：華東師範大學出版社，1989 年
12 月第一版第一次印刷），頁 224。
〔註102〕《四史評議》，頁 36。

省略過程，只記其首尾。可以說，主與賓的分別其實就是敘述事件時的詳略、主次之別。以〈吳太伯世家〉來說，敘事主線在於季歷建國、世系傳承、吳楚互相侵伐、吳越結怨、夫差滅越、而後吳國滅於越王句踐的過程，其中伍子胥如何協助夫差報句踐殺父之仇的細節都在〈伍子胥列傳〉中，越國如何傾覆、復國、滅亡吳國，則在〈越王句踐世家〉中有詳細的記載，而專諸為公子光刺殺吳王僚，奪得王位，來龍去脈都在〈刺客列傳〉裡。雖然這三個事件對吳國歷史造成極大的影響，但司馬遷選擇在〈吳太伯世家〉中只簡略敘述，不使複雜的事件喧賓奪主，模糊了本傳嘉獎「讓」德的主旨。而這三個事件各自發展為〈伍子胥列傳〉、〈越王句踐世家〉、〈刺客列傳〉，司馬遷有了更餘裕的揮灑空間，不僅故事情節與人物性格更加生動，而且帶出新的主題——怨毒之情對於人心的影響、隱忍而能就大事、報恩與報仇——成為這三篇傳記的骨幹。每項事件都有完整的情節與架構，在〈伍子胥列傳〉、〈越王句踐世家〉、〈刺客列傳〉各自是主角，在〈吳太伯世家〉裡則是互相串連的配角，因此司馬遷的寫法有詳有略，李景星視為賓主之別。

子產事蹟分見於〈鄭世家〉與〈循吏列傳〉中。〈鄭世家〉主要敘述鄭桓公立國與東徙其民事、莊公侵周地取禾而爆發戰爭、大夫祭仲專政導致鄭國一度中衰、子產為相時期的內政外交狀況、鄭國受三晉侵略而亡於韓國的歷史，嘉許厲公保護出奔的周惠王並再次入立為王。子產見於〈鄭世家〉的事蹟，主要在強調他修德、行仁政，以其外交能力保全地小國弱又位居輻輳的鄭國，不使鄭國為晉、楚、齊等大國所滅，肩負了鄭國的安危存亡。李景星評論〈鄭世家〉說：

> 中附〈子產傳〉，又與〈越世家〉附〈范蠡傳〉同。范蠡佐越，能轉敗為勝；子產相鄭，能以弱制強，其性情、學術、經濟各不同，而以一身繫其國之安危則無異。且鄭以小國地據中樞，為南北所爭；子產能調處其間，使不為晉、楚二大國所滅，其用力較范蠡尤難。而太史公敘子產事不如敘范蠡精彩者，畫鷹隼與畫鸞鳳自殊。又子產之事，分見〈循吏傳〉，此處但揭其大概即可，正不必以詳贍見長也。〔註103〕

〈鄭世家〉主題在於鄭國之興衰，子產只是附傳，因此記載他「以弱制強」的大概即可。然而在〈循吏列傳〉裡，作為能導民禁奸、奉職循理的循吏楷

〔註103〕《四史評議》，頁45。

模，司馬遷對傳主之一的子產可以有更詳贍的描寫，李景星在評論〈循吏列傳〉中說：

> 能導民之謂循吏，能禁奸之謂循吏，能奉職循理之謂循吏。太史公之傳循吏，只舉孫叔敖、子產、公儀休、石奢、李離五人，蓋以五人皆具愛民心腸，其所行事皆可爲後世規模，借五人以爲循吏榜樣，非只爲五人作連傳也。故于五人之他事皆削去弗錄，而擇其關于循吏者錄之。如孫叔敖，如子產，如公儀休，皆以能導民禁奸而無愧爲循吏者；如石奢，如李離，皆以能奉職循理而無愧爲循吏者。每人只舉其一二軼事，却又以閑淡之筆出之，傳神寫照正在阿堵中。〔註104〕

〈循吏列傳〉關注的是孫叔敖、子產、公儀休、石奢、李離五人的行事中可以稱爲「循吏」的部分，以治理百姓、盡其職責的事蹟爲主，他們個人的其他故事爲賓，所以傳文較詳細地記錄治理方法、行政成效、個人的道德要求，別的軼事則闕而不錄。本傳對子產循吏形象的塑造，出自於對他行政成效的具體描述：

> 爲相一年，豎子不戲狎，斑白不提挈，僮子不犁畔。二年，市不豫賈。三年，門不夜關，道不拾遺。四年，田器不歸。五年，士無尺籍，喪期不令而治。治鄭二十六年而死，丁壯號哭，老人兒啼，曰：
> 「子產去我死乎！民將安歸？」〔註105〕

不言治術，不列法令，只列舉他爲相掌政後國家風氣一新的具體事實，留給後世讀者與爲官爲吏者一個指標，治國要在使民有所歸，而不須固守某些條例法規；子產死後，鄭國人民的傷痛悲哀之情則使子產以仁德化民的行誼與政治內涵躍然紙上。〈子產傳〉對〈鄭世家〉而言是「賓」，記事以關於鄭國存亡者爲主；子產是〈循吏列傳〉的傳主之一，其能導民禁奸而無愧爲循吏的具體事證又是本傳欲傳達的核心價值，所以記事比起〈鄭世家〉顯得更有生氣。將〈鄭世家〉中的〈子產傳〉與〈循吏列傳〉合在一起看，則子產的內政外交能力、對鄭國王室以至子民的功勞，也就更全面而且精彩。

　　司馬遷對趙高的記載則是「賓主之體」的靈活運用。司馬遷並未替趙高單獨立傳，然而其崛起、其惡形惡狀、最終爲子嬰誘殺，分見於〈李斯列傳〉與〈蒙恬列傳〉中，李景星在評論〈蒙恬列傳〉時指出，這種將一人記事附

〔註104〕《四史評議》，頁111。
〔註105〕《史記會注考證》卷一百十九，頁5。

錄於兩傳之中的作法，是司馬遷的創格：

> 至趙高爲李斯、蒙恬之對頭，故于〈李斯傳〉内備記其終，于〈蒙
> 恬傳〉内又詳敘其始；而李斯、蒙恬之受禍處，寫得圓足，而趙高
> 之出身本末亦寫得圓足。以一人之事附記兩傳之中，斯又附傳中之
> 創格也。〔註106〕

〈蒙恬列傳〉中記載，趙高爲宦者，因爲精通獄法，受秦始皇拔擢爲中車府令，教導公子胡亥學習斷獄的方法，趙高因此與胡亥有了親近的主從、師生關係。趙高犯了大罪，秦王將他交由蒙毅處置，蒙毅不敢有所偏頗，依法判趙高死罪，除去官籍，秦王卻因爲趙高的辦事能力強而赦免趙高的罪，又恢復他的官職，趙高從此厭惡恐懼蒙毅；秦始皇死後，趙高便伺機剷除受秦王與公子扶蘇重用信任、握有大權的蒙氏。在〈李斯列傳〉中則交代秦始皇死於出遊返回咸陽途中，趙高聯合李斯，矯詔殺太子扶蘇、立公子胡亥，胡亥、趙高、李斯由是成爲命運共同體。爾後，趙高離間胡亥與李斯君臣，誣指李斯與其子李由謀反，將其下獄，又不奏李斯獄中上書，腰斬李斯並夷滅三族，從此官拜中丞相，其聲勢達到顛峰；然而終究難逃天理，逼使胡亥自殺後，爲子嬰誘殺，夷滅三族。李景星評論〈李斯列傳〉說：

> ……「斯乃仰天而歎，垂淚太息曰」云云，是已墜趙高計中不能自
> 主而歎也。……記短趙高語，著斯之所以受病，藉其自相攻擊，以
> 示痛快人意也。……洋洋灑灑，幾及萬言，似秦外紀，又似斯、高
> 合傳，而其實全爲傳李斯作用。文至此，酣暢之至，亦刻毒之至，
> 則謂太史公爲古今文人中第一辣手可也。〔註107〕

趙高雖然沒有獨立的個人傳記，然而他左右了許多人的命運，如秦王室、李斯、蒙氏兄弟，而後也隨著那些爲他所害的人走向覆滅的終點。司馬遷將趙高一生故事劃分在秦國末年最重要的兩個人物列傳中，看似位居次要的賓，其實具有主的影響力。李景星認爲，以一人事蹟附於兩傳之內，交代了三個家族的興衰與彼此之間緊密相關的命運，同時圓滿詳細地記述秦帝國由其內鬥走向傾頹的過程，使賓（趙高）、主（李斯、蒙氏，也包含秦王室）各有所歸，也呈現了趙高的歷史定位，可以視爲司馬遷撰文述史時應用互見的一種創新手法。

〔註106〕《四史評議》，頁81。
〔註107〕《四史評議》，頁80。

第四節　小　結

　　孔子論《詩》、《書》，述《春秋》，以微言大義重建政治與社會的道德標準，向後代揭示其理想社會之藍圖。司馬遷繼承孔子的精神，整理並記述自黃帝至漢武帝太初年間的史文，藉《史記》獎善懲惡，以警惕當世與後人。以篇名來說，在同類人物之間，若特爲某人立專傳且篇名殊於他人，往往隱含司馬遷對傳主的褒揚，例如〈留侯世家〉、〈魏公子列傳〉、〈淮陰侯列傳〉、〈李將軍列傳〉；而〈呂后本紀〉著其本姓而非諡號，則表現了司馬遷對呂后「爲呂不爲劉」的貶抑。李景星歸納了《史記》人物合傳或附傳的理由，或因爲才幹、官職相同、行事作風、事蹟相似，或傳主之間具有特定的對應關係，或以身繫存亡安危而附傳於一國之歷史，其中也寄寓了司馬遷對人物的評價。爲適應人物與事件互相牽連影響的情形，司馬遷經常使用「互見」手法將人物之多元面貌與事件之原委始末分散於若干篇章中，李景星特別看重互見法「避其繁複，不得不略」的意義，又因爲司馬遷敘事詳略有別，李氏稱其爲「得賓主之體」，可以視爲司馬遷撰文述史時應用互見的一種創新手法。歷代學者對司馬遷《史記》筆法論述甚多，本文僅就篇名之美刺、人物合傳或附傳、賓主之體的運用，探求李景星《史記評議》對《史記》史法的分析，此三者亦是李氏認爲後代作史者必須學習並靈活運用的法則。

第五章　論《史記》論贊的內容

　　《史記評議》的特點之一是李景星特別關注「贊語」在《史記》中的作用；必須說明的是，李氏對「論贊」的定義，是指《史記》本文篇首與篇末處以「太史公曰」四字展開的論述，李氏幾乎篇篇都有討論。若先不論「有錄無書」的十篇，除了〈伯夷列傳〉本身已「如贊如論」，李景星亦未就「太史公曰」提出評論，〔註1〕以及〈太史公自序〉「即史遷自作之列傳也」而無贊論以外，〔註2〕只有在評論〈韓信盧綰列傳〉時沒有提到贊語，120 篇中共計討論 117 篇。若依李氏主張，「《史記》一書，據史遷自稱，原無不足之處」，〔註3〕則《史記》一百三十篇中，除了〈武帝本紀〉是「太史公未完之書也」，〔註4〕又整篇抄錄〈封禪書〉，贊語相同所以不重複討論，〈漢興以來將相名臣年表〉「因非成書，故無序論」，〔註5〕此外只有在評論〈龜策列傳〉時沒有論及贊語，再加上〈伯夷列傳〉、〈太史公自序〉與〈韓信盧綰列傳〉，則李景星《史記評議》中提到「贊」或「贊語」的篇章共計 124 篇。他在《史記評議・凡例》中說：

> 本書論《史記》，必及贊語。蓋他史贊語，每就紀傳所言重述一遍，
> 殊少意味。《史記》諸贊，往往補紀傳之所不及，且其用筆奇崛，用
> 意含蓄，或為一篇精華所聚，非經抉發，未易明也。〔註6〕

〔註 1〕《四史評議》，頁 59。
〔註 2〕《四史評議》，頁 123。
〔註 3〕《四史評議》，頁 3。
〔註 4〕《四史評議》，頁 17。
〔註 5〕《四史評議》，頁 27。
〔註 6〕《四史評議》，頁 3。

《史記》贊語中當然也有重述紀傳內容的情形，李景星認爲其作用在於摘要，並發揮與傳文前後呼應的效果。在他看來，《史記》贊語的獨到之處在於補充紀傳內容，增加史料的多樣性，以及藉由奇崛含蓄之筆發抒感慨，評價歷史人物、議論歷史事件。

《史記》贊語的內容還包括司馬遷處理史料的方法，李景星在評論〈五帝本紀〉時說：

> 贊語吞吐離合，自然超妙，亦爲全書諸贊之冠。[註7]

他認爲〈五帝本紀贊〉是《史記》中最好的一篇贊語，是全書關於史料處理的大原則，[註8] 包含說明材料來源、材料去取與選擇的原則、辯證俗說並提出較爲合理的解釋。〈五帝本紀贊〉：

> 學者多稱五帝，尚矣。然《尚書》獨載堯以來；而百家言黃帝，其文不雅馴，薦紳先生難言之。孔子所傳〈宰予問五帝德〉及〈帝繫姓〉，儒者或不傳。余嘗西至空桐，北過涿鹿，東漸於海，南浮江淮矣，至長老皆各往往稱黃帝、堯、舜之處，風教固殊焉，總之不離古文者近是。予觀《春秋》、《國語》，其發明〈五帝德〉、〈帝繫姓〉章矣。顧弟弗深考，其所表見皆不虛。《書》缺有閒矣，其軼乃時時見於他說，非好學深思，心知其意，固難爲淺見寡聞道也。余并論次，擇其言尤雅者，故著爲本紀書首。[註9]

這段「太史公曰」揭示：司馬遷作《史記》的資料來源包含儒家經典與諸子百家雜說等書面資料，還有司馬遷遊歷與尋訪所得；在文字記載、耆老的口述歷史、風俗文化與傳說遺跡之間，司馬遷選擇以《六經》古文作爲裁量歷史事實的標準。金聖歎認爲司馬遷以其經歷驗證經典記載與長老所言，只採取不背離古文的說法：

> 此以自身親歷爲斷，言長老所稱，只採其不背古文。[註10]

[註7]《四史評議》，頁5。

[註8] 逯耀東亦持此說：「〈五帝本紀〉的『太史公曰』，一如列傳之首〈伯夷列傳〉的「太史公曰」，前者是司馬遷處理材料的凡例，後者是七十篇列傳的總序，司馬遷在這篇列傳總序中，提出了他對歷史事件議論與歷史人物評價的標準，二者相合，就是司馬遷『太史公曰』的全部內容。」見逯耀東：〈史傳論贊與「太史公曰」〉，《抑鬱與超越——司馬遷與漢武帝時代》（臺北：東大圖書股份有限公司，2007年5月初版一刷），頁377～378。

[註9]《史記會注考證》卷一，頁65～67。

[註10] 金聖歎：《天下才子必讀書》卷之五，收錄於《金聖嘆全集》第三冊（臺北：

至於「古文」為何，張大可說：

> 司馬遷廣泛徵用古文資料，重視運用原始資料。所謂古文就是指用
> 先秦文字書寫的典籍，《六經》則是古文的主體。所以司馬遷徵用古
> 文要「考信于六藝」，擇其言尤雅者而記述。〔註11〕

一言以蔽之，就是〈伯夷列傳〉所言「考信於《六藝》」，在檢視與選用材料
時以不違背《六經》為原則。然後匯集書面資料與遊歷尋訪的心得，過濾不
雅馴的俗說，記載與論述較合理、較有可能接近真相的歷史事實。最後，以
《尚書》之缺與他說（他書）的補充為例，司馬遷自注其書各篇章間乃可互
相印證，期望讀者透過仔細閱讀與深入思考，領會他含蓄用筆背後的情感與
識見。

　　根據李景星分析，《史記》贊語的內容包含了摘要本文並提示紀傳精華，
說明史料來源與處理史料的原則，補充紀傳所不及，並評論歷史人物與歷史
事件，此外，司馬遷作史之「雅」不只在於史料之「正確」、〔註12〕接近事實，
也表現為行文的典雅高古，李景星對此亦極力讚揚。本章試就以上四點，探
討李景星論論《史記》論贊的內容與作用。

第一節　贊語括盡前文，並與傳文遙映

　　史官敘述史事告一段落，總括前文，作一結語，是「贊語」的內容之一，
司馬遷《史記》也採取了這種手法。李景星雖然批評其他史書的贊語往往只
是重述紀傳內容而少有意味，但不可否認的是，透過史官的再次歸納，以「結
語」為「贊語」的手法等同全文的摘要，能夠發揮提綱挈領的效果，使讀者
掌握一篇史傳的敘事主線與重點。

　　〈吳太伯世家贊〉化用《論語・泰伯》中孔子對吳太伯的評語，並融合
司馬遷的讀史心得，可說是傳文的重點整理：

> 孔子言太伯可謂至德矣。三以天下讓，民無得而稱焉。余讀《春秋》
> 古文，乃知中國之虞與荊蠻句吳兄弟也。延陵季子之仁心慕義無窮，

長安出版社，1986 年 9 月初版），頁 436。

〔註11〕張大可：《史記論贊輯釋・序論》（西安：陝西人民出版社，1986 年 8 月第一
　　　　版第一次印刷），頁 10。

〔註12〕張大可《史記論贊輯釋・五帝本紀贊第一》注釋⑤：「雅馴，正確可信。雅：
　　　　正確。馴：通『訓』，引申為合理，說得通。」頁 45。

見微而知清濁，嗚呼！又何其閱覽博物君子也。〔註13〕

李景星評論道：

> 贊語只三節，已將前事括盡。「嗚呼！又何其閱覽博物君子也！」筆
> 意回翔，低徊不已，正如韓娥一歌，餘音繞樑三日。〔註14〕

李氏指出此贊可分為三部分，首先是借孔子之言褒揚吳太伯（也包括仲雍）
讓國之舉，這是儒家和司馬遷推崇的道德，也是吳的立國根本；第二部分說
明武王克殷後封周章於吳、封周章之弟虞仲於虞，雖然一在荊蠻、一在中國，
但原本都是周朝子弟；最後以讚頌季札仁心慕義、閱覽博物作結。趙恆認為，
贊語以太伯、延陵季子為起迄，旨在盛讚季札繼承了太伯、仲雍讓國的美德：

> 論泰伯之德，而繼以季子之仁心慕義无窮，言不愧乃祖也。見微而
> 知清濁，以所使諸國事言，見微一事，知興衰也；知清濁一事，觀
> 於周樂也。〔註15〕

不只是季札具有讓國美德，其兄長諸樊、餘祭、餘眛都願意為了完成先王壽
夢的遺志而傳位給季札，季札亦守節不受，但令人歔噓的是，吳國自開國以
來的讓德傳統在季札以後已不復見。李景星認為季札之所以令司馬遷心嚮往
之，原因在於他請觀周樂而能品味各國的立國精神與地方風俗，對各國局勢
與人情也有深切的體認，當他周遊魯、齊、鄭、衛、晉等國，對各國當權者
都提出了切中肯綮的建議，並且出於對徐君的瞭解與賞識，心中默許將寶劍
割愛予徐君，即使徐君已死也不違背自己的心意，而掛劍於徐君冢樹。筆者
認為，感慨讓德的失落恐怕才是司馬遷「筆意回翔，低徊不已」的主因。當
諸樊打算讓位給季札，季札說：

> 曹宣公之卒也，諸侯與曹人不義曹君，將立子臧。子臧去之，以成
> 曹君。君子曰：「能守節矣。」君義嗣，誰敢干君？有國非吾節也。
> 札雖不材，願附於子臧之義。〔註16〕

太伯、仲雍讓天下以傳賢，季札則堅持嫡君繼位而讓國，主張雖不相同，卻
都能堅持自己的理想（義）、做對的事（節），司馬遷對這一脈相承的崇高美
德有無限景仰。然而能讓者少，世人大多陷於爭權奪利的漩渦，季札子姪輩
就為了王位相互廝殺，若非季札不怨、不爭，最終必定難逃公子光毒手。思

〔註13〕《史記會注考證》卷三十一，頁 44～45。
〔註14〕《四史評議》，頁 36。
〔註15〕趙恆說見凌稚隆輯校，李光縉增補，有井範平補標：《補標史記評林》，頁 1129。
〔註16〕《史記會注考證》卷三十一，頁 9～10。

及此，如何不教司馬遷感慨良深。

　　《史記》贊語既濃縮了傳文的精華，又往往藉由贊語與傳文的前後呼應，點明傳記主旨，加強傳主形象。以〈范雎蔡澤列傳〉為例，贊語曰：

> 韓子稱：「長袖善舞，多錢善賈。」信哉是言也。范雎、蔡澤，**世所謂一切辯士**，然游說諸侯，至白首無所遇者，非計策之拙，所為說力少也。及二人羈旅入秦，繼踵取卿相，垂功於天下者，固彊弱之勢異也。然士亦有偶合，賢者多如此二子，不得盡意，豈可勝道哉？然二子不困戹，惡能激乎？〔註17〕

李景星認為「辯士」二字不但是兩位傳主的身分、也是司馬遷對其行事的論定：

> 贊語「辯士」二字，與〈雎傳〉「齊襄王聞雎辯口」、〈澤傳〉「天下雄俊弘辯智士也」二語遙遙相應。而用筆一意一轉，愈轉愈深，耐人尋味。〔註18〕

傳文中出現的六個「辯」字，前三次標舉出范雎由魏入秦的因由，以及范雎入秦之初並未受到重視的情形：

> 須賈為魏昭王使於齊，范雎從留數月，未得報。齊襄王聞雎辯口，乃使人賜雎金十斤，及牛酒。雎辭謝不敢受。須賈知之大怒，以為雎持魏國陰事告齊，故得此饋，令雎受其牛酒、還其金。既歸，心怒雎，以告魏相。魏相，魏之諸公子曰魏齊。魏齊大怒，使舍人笞擊，雎折脅摺齒。雎詳死，即卷以簀置廁中。……魏人鄭安平聞之，乃遂操范雎亡，伏匿，更名姓曰張祿。當此時，秦昭王使謁者王稽於魏，……鄭安平夜與張祿見王稽，語未究，王稽知范雎賢，謂曰：「先生待我於三亭之南。」與私約而去。王稽辭魏去，過載范雎入秦。〔註19〕
>
> 王稽遂與范雎入咸陽。已報使，因言曰：「魏有張祿先生，天下辯士也。曰：『秦王之國，危於累卵，得臣則安，然不可以書傳也。』臣故載來。」秦王弗信，使舍食草具，待命歲餘。當是時，昭王已立三十六年，南拔楚之鄢、郢，楚懷王幽死於秦；秦東破齊，湣王嘗

〔註17〕《史記會注考證》卷七十九，頁49～50。
〔註18〕《四史評議》，頁74。
〔註19〕《史記會注考證》卷七十九，頁2～3、3～4、4。

稱帝，後去之；數困三晉。厭天下辯士，無所信。〔註20〕

起初，范雎遊說諸侯，只因家貧，沒有晉身的門路，暫時投於須賈門下。隨須賈出使齊國時，齊襄王聽說范雎長於辯論，或許是出於愛才之心，於是賞賜范雎，此舉卻使范雎被懷疑賣國，引發須賈與魏相魏齊的怒氣，范雎遭到魏齊責罰且幾乎送命，但他說服守卒，並在鄭安平、王稽的協助下逃到秦國。此時秦國由外戚穰侯魏冄專政，魏冄厭惡以馳說縱橫天下的辯士，於是范雎上書秦昭王，獲取在離宮面見秦昭王的機會；此後，提出「遠交近攻」的策略，結交齊國，攻打韓國、魏國，藉機說服秦昭王罷黜穰侯等外戚，並以反間計騙趙孝成王陣前換將，在長平大敗趙國。范雎鞏固了秦昭王的政權，同時爲秦國取得外交與軍事方面的勝利，因此受到重用，拜相封侯。有「辯口」的名聲雖然爲范雎招致禍端，卻也由於其「辯口」確實能打動人心而受秦昭王召見，才得到一展長才的機會，又以其「辯口」左右了秦國與六國的命運；可以說，范雎一生禍福都由於「辯」，因此李景星認爲司馬遷是以「辯士」定位范雎，以「辯士」精神貫穿了傳文與贊語。

就在范雎打擊了以穰侯爲中心的外戚勢力，成爲秦相，聲勢如日中天之際，卻先後受到鄭安平、王稽有罪當誅的連累，地位岌岌可危。此時，自詡爲「天下雄俊弘辯智士」的蔡澤也來到秦國，以他的口才向范雎挑戰：

> （蔡澤）聞應侯任鄭安平、王稽，皆負重罪於秦，應侯內慙。蔡澤乃西入秦，將見昭王，使人宣言以感怒應侯曰：「燕客蔡澤，天下雄俊弘辯智士也。彼一見秦王，秦王必困君，而奪君之位。」應侯聞，曰：「五帝三代之事，百家之說，吾既知之，眾口之辯，吾皆摧之。是惡能困我而奪我位乎？」使人召蔡澤。〔註21〕

就後來的發展來看，蔡澤的「宣言」並不純粹是爲了「感怒」或挑戰范雎，而是藉機與范雎辯論，以說服范雎急流勇退，並且得到范雎的推薦。范雎甚受秦昭王寵愛，一旦辭去相位，由他舉薦的蔡澤就更有機會躋身秦國權力中心。蔡澤指出，士的理想無非「行道施德，得志於天下」、「富貴顯榮」、「終其天年而不夭傷，天下繼其統、守其業，傳之無窮」，〔註22〕然而商鞅、吳起、文種雖有不世功業，卻不得善終；蔡澤提醒范雎，秦昭王並不以「親忠臣，

〔註20〕《史記會注考證》卷七十九，頁 5～6。
〔註21〕《史記會注考證》卷七十九，頁 36。
〔註22〕《史記會注考證》卷七十九，頁 37。

不忘舊故」聞名，〔註23〕而范雎既然自認貢獻不及商鞅、吳起、文種，卻享有更多富貴，難保將來不會遭遇更殘酷的禍患，不如「以此時歸相印，讓賢者而授之」。〔註24〕蔡澤的論點是功成身退，范雎則主張鞠躬盡瘁，雖死不辭；兩人的說法各有道理，但是聲望正在逐漸下滑的范雎不能不承認「急流勇退」、「推賢讓位」才是對雙方都有利的辦法。所以范雎雖然強辯（「復謬曰」）：「士固有殺身以成名，唯義之所在，雖死無所恨，何為不可哉？」〔註25〕終究還是在蔡澤的引導下得出這場辯論的結論：「欲而不知止，失其所以欲；有而不知足，失其所以有。」〔註26〕蔡澤成為范雎的門客，並且在范雎引薦後一躍而為秦昭王的新寵，拜為秦相。

> （范雎）後數日入朝，言於秦昭王曰：「客新有從山東來者，曰蔡澤。其人辯士，明於三王之事，五伯之業，世俗之變，足以寄秦國之政。臣之見人甚眾，莫及，臣不如也。臣敢以聞。」秦昭王召見，與語大說之，拜為客卿。應侯因謝病，請歸相印。……范雎免相。昭王新說蔡澤計畫，遂拜為秦相。〔註27〕

一場辯論便決定了兩位「辯士」在秦國的權力遞嬗，此後蔡澤一展常才，加快秦國統一天下的腳步。范雎與蔡澤雖然具有內政、外交、軍事的才能，也要透過犀利的口才爭取表現機會；辯才既是武器，也是晉身致用的媒介，所以司馬遷用大篇幅敘述兩人之間驚心動魄的攻防戰。李景星評論〈范雎蔡澤列傳〉時就說：

> 范雎一生作用，在推倒穰侯；蔡澤一生作用，在推倒范雎。至二人之所以利用其推倒者，則全在于口辯，故傳于二人辯辭從詳敘述。
> 就一人論，一步進一步；就二人論，又一層高一層。諺所謂「棋逢對手」，又所謂「以此始者，必以此終」，俱于是乎見之。〔註28〕

范雎「感怒」秦昭王、蔡澤「感怒」范雎，都是因為其遊說之詞處處切中對方的需求，而反過來說，他們也是以口才為籌碼，賭上了自己的前途。是故，在〈范雎蔡澤列傳〉正文中的六個「辯」字隨著兩位傳主的生命與運勢轉折

〔註23〕 《史記會注考證》卷七十九，頁41。
〔註24〕 《史記會注考證》卷七十九，頁47。
〔註25〕 《史記會注考證》卷七十九，頁38、39。
〔註26〕 《史記會注考證》卷七十九，頁48。
〔註27〕 《史記會注考證》卷七十九，頁48～49。
〔註28〕 《四史評議》，頁74。

起伏，而〈贊〉中「辯士」二字與正文前後呼應，不只是司馬遷對范雎、蔡澤的定位與評價，也是一種生命的情調。

第二節　補紀傳所不及

　　司馬遷敘事一氣呵成，讀來酣暢淋漓，一部分得力於正文不枝不蔓，不加入過多小細節使文章偏離主題。然而，關於時代發展與人物的微文細事也是歷史的一部分，若有所記載，不但能擴大視域，也可使文章增色。李景星認為，紀傳裡無暇道及的軼事，司馬遷往往置於贊語；正文是一內在完整的文章主體，贊語便扮演了「後記」與「外傳」的角色，延伸歷史的觸角。〈夏本紀贊〉曰：

> 禹為姒姓，其後分封，用國為姓，故有夏后氏、有扈氏、有男氏、斟尋氏、彤城氏、襃氏、費氏、杞氏、繒氏、辛氏、冥氏、斟氏、戈氏。孔子正夏時，學者多傳《夏小正》云。自虞、夏時，貢賦備矣；或言禹會諸侯江南，計功而崩，因葬焉，命曰會稽，會稽者會計也。〔註29〕

〈夏本紀〉以大禹治水為中心，前有其父鯀之功敗垂成，後有人民感念其恩德而改傳賢為傳子的歷史新局。其後略述啓至桀的世系傳承與帝王事蹟，以湯伐桀、商、周封夏後作結。贊語提出禹本來是姒姓，以後子孫分封則以國為姓，這是本紀內文沒有、在其他文獻中也未見的資料，李景星評論說：

> 贊語載禹後分封諸姓，正以補本紀之所不及。全部書例，往往如此。
>
> 〔註30〕

〈夏本紀〉重點有三：首先敘述大禹立國的由來與根基，可視為夏的開國史；次之，是易傳賢為傳子的過程，為歷史上的一大轉捩；復次，是孔甲「德衰」到桀「不務德」，〔註31〕對比「湯修德」，〔註32〕最後湯伐桀、滅夏立商，再次回歸「有德者得天下」的天道循環。文章從見盛觀衰的角度敘述夏朝興亡始末，而將大禹分封諸姓等事置於贊語，在補充細節的需要外仍能維持正文的獨立，李景星認為，司馬遷往往以贊語的形式發揮後記的功能，可視為

〔註29〕《史記會注考證》卷二，頁 50～51。
〔註30〕《四史評議》，頁 6。
〔註31〕《史記會注考證》卷二，頁 47、48。
〔註32〕《史記會注考證》卷二，頁 49。

《史記》體例之一。在〈夏本紀贊〉中，不獨大禹分封諸姓是「補本紀之所不及」，會稽得名的由來也是傳中沒有、他處所無的記載，可用為考古與地方志的材料。

〈留侯世家〉記載張良天生多病，贊語則提到張良的畫像如「婦人好女」，與司馬遷的猜測大不相同。〈留侯世家贊〉說：

> 學者多言無鬼神，然言有物，至如留侯所見老父予書，亦可怪矣。高祖離困者數矣，而留侯常有功力焉，豈可謂非天乎？上曰：「夫運籌筴帷帳之中，決勝千里外，吾不如子房。」余以為其人計魁梧奇偉，至見其圖，狀貌如婦人好女。蓋孔子曰：「以貌取人，失之子羽。」留侯亦云。〔註33〕

若非司馬遷神來一筆的補充，我們恐怕不會在閱讀〈留侯世家〉時主動想像張良的相貌如何，經司馬遷一提，才會發現，在秦末群雄並起、楚漢相爭、漢朝初年間舉足輕重的人物裡，張良除了給人智囊與謀臣的印象外，幾乎是一個最難以捉摸、最難給人鮮明想像的角色，充滿神秘感。在相關篇章中，司馬遷筆下的張良韜光養晦又無欲無求，而贊語中一句「狀貌如婦人好女」大大出人意料，更激發讀者無限想像。李景星評論〈留侯世家〉說：

> 贊語冲逸淡遠，極與世家相稱。「至見其圖，狀貌如婦人好女」，帶補留侯狀貌，亦為他處所無。〔註34〕

贊語中帶補其他文獻中沒有而具有衝擊性的傳主狀貌，使〈留侯世家贊〉充滿了秘史般的色彩。由對張良容貌的想像出發，回溯張良的家世背景與生平行事，讀者驚訝之餘，反而能認同「婦人好女」的狀貌比起「魁梧奇偉」的形象更適合光芒內斂的張良。

李景星將〈天官書〉正文分為十六層，即十六段，敘述中宮與東南西北五方位的各個星辰的象徵，歲星（木）、熒惑（火）、鎮星（土）、太白（金）、辰星（水）五星的運行變化，以及四方二十八星宿與中國十二州相配的分野、日月蝕、災星與德星、雲氣、占歲始；內容以說明天文現象為主，以天象對人事變化的預測為輔。李景星認為，贊語除了總結各段，還補充了無法在正文提出的見解：

> 「太史公曰」以下為本書贊語，有補書內所未及處，有照顧本書各

〔註33〕《史記會注考證》卷五十五，頁30～31。
〔註34〕《四史評議》，頁54。

層作收束處，在各贊語中特爲嚴密。〔註35〕

〈天官書贊〉共 1211 字，篇幅、格局之龐大，僅次於〈儒林列傳〉1310 字。究其原因，在於〈天官書〉正文總結了上古以來先民的天文學知識，張大可說：

〈天官書〉正文，是司馬遷剪裁鎔鑄當時的天官星占著作而寫成的天文史傳。〔註36〕

與其說是天文史傳，更像天文學與天人感應說的結合，只是比較著重「闡明成敗興衰在于人心向背」。〔註37〕然而，〈天官書〉正文容納浩瀚的天文知識已是不易，若再加入天文對人事的感應，不僅顯得雜亂，也容易失去焦點，所以司馬遷在正文敘述天文現象，天人感應的占驗則置於贊語中，贊語因此特別具有分量。另外，贊語亦「補書內所未及」，列舉歷代天文學者與研究天象的原則，更重要的是闡述司馬遷對天人之際的看法，也就是勸諫在上位者能以宇宙萬物之異象爲警惕，修德愛民，使天道、人事都能和諧運作。〈天官書贊〉說：

自初生民以來，世主曷嘗不歷日月星辰，及至五家三代，紹而明之：內冠帶，外夷狄，分中國爲十有二州，仰則觀象於天，俯則法類於地。天則有日月，地則有陰陽。天有五星，地有五行。天則有列宿，地則有州域。三光者，陰陽之精，氣本在地，而聖人統理之。幽、厲以往尚矣，所見天變，皆國殊窟穴，家占物怪以合時應，其文圖籍禨祥不法，是以孔子論《六經》，紀異而說不書，至天道命，不傳。傳其人，不待告；告非其人，雖言不著。昔之傳天數者，高辛之前，重、黎；於唐、虞，羲、和；有夏，昆吾；殷商，巫咸；周室，史佚、萇弘；於宋，子韋；鄭，則裨竈；在齊，甘公；楚，唐眛；趙，尹皋；魏，石申。夫天運，三十歲一小變，百年中變，五百載大變，三大變一紀，三紀而大備，此其大數也。爲國者，必貴三五，上下各千歲，然后天人之際續備。太史公推古天變，未有可考于今者，蓋略以春秋二百四十二年之間，日蝕三十六，彗星三見，宋襄公時，星隕如雨。天子微，諸侯力政，五伯代興，更爲主命。自是之後，眾暴寡，大并小。秦、楚、吳、越，夷狄也，爲彊伯。田氏篡齊，

〔註35〕《四史評議》，頁 32。
〔註36〕 張大可：《史記論贊集釋》，頁 170。
〔註37〕 張大可：《史記論贊集釋》，頁 172。

三家分晉，竝為戰國。爭於攻取，兵革更起，城邑數屠。因以饑饉疾疫焦苦，臣主共憂患，其察機祥、候星氣尤急。近世十二諸侯，七國相王，言從衡者繼踵，而皋、唐、甘、石，因時務論其書傳，故其占驗凌雜米鹽。二十八舍主十二州，斗秉兼之，所從來久矣。秦之疆也，候在太白，占於狼、弧。吳、楚之疆，候在熒惑，占於鳥、衡。燕、齊之疆，候在辰星，占於虛、危。宋、鄭之疆，候在歲星，占於房、心。晉之疆，亦候在辰星，占於參、罰。及秦并吞三晉、燕、代，自河山以南者中國，中國於四海內，則在東南為陽；陽則日、歲星、熒惑、填星，占於街南，畢主之。其西北，則胡貉、月氏、諸衣旃裘引弓之民為陰；陰則月、太白、辰星，占於街北，昴主之。故中國山川東北流，其維首在隴、蜀，尾沒于渤、碣。是以秦、晉好用兵，復占太白，太白主中國；而胡、貉數侵掠，獨占辰星。辰星出入躁疾，常主夷狄，其大經也，此更為客主人。熒惑為孛，外則理兵，內則理政，故曰：「雖有明天子，必視熒惑所在。」諸侯更彊，時菑異記，無可錄者。秦始皇之時，十五年彗星四見，久者八十日，長或竟天，其後秦遂以兵滅六王，并中國，外攘四夷，死人如亂麻。因以張楚竝起，三十年之間，兵相駘藉，不可勝數。自蚩尤以來，未嘗若斯也。項羽救鉅鹿，枉矢西流，山東遂合從諸侯，西坑秦人，誅屠咸陽。漢之興，五星聚于東井。平城之圍，月暈參、畢七重。諸呂作亂，日蝕晝晦。吳、楚七國叛逆，彗星數丈，天狗過梁野；及兵起，遂伏尸流血其下。元光、元狩，蚩尤之旗再見，長則半天；其後京師師四出，誅夷狄者數十年，而伐胡尤甚。越之亡，熒惑守斗。朝鮮之拔，星茀于河戌。兵征大宛，星茀招搖。此其犖犖大者，若至委屈小變，不可勝道。由是觀之，未有不先形見而應隨之者也。**夫自漢之為天數者，星則唐都，氣則王朔，占歲則魏鮮。**故甘、石歷《五星法》，唯獨熒惑有反逆行：逆行所守，及他星逆行，日、月薄蝕，皆以為占。余觀史記、考行事，百年之中，五星無出而不反逆行。反逆行，嘗盛大而變色，日月薄蝕，行南北有時，此其大度也。故紫宮、房、心、權、衡、咸池、虛、危，列宿部星，此天之五官坐位也，為經，不移徙，大小有差，闊狹有常。水、火、金、木、填星，此五星者天之五佐，為（經）緯，見伏有

時，所過行贏縮有度。日變脩德，月變省刑，星變結和。凡天變過度，乃占。國君彊大有德者昌，弱小飾詐者亡。太上脩德，其次脩政，其次脩救，其次脩禳，正下無之。夫常星之變希見，而三光之占亟用。日月暈適雲風，此天之客氣，其發見亦有大運，然其與政事俯仰，最近大人之符。此五者，天之感動。爲天數者必通三五，終始古今，深觀時變，察其精粗，則天官備矣。〔註38〕

李景星並未明言〈天官書贊〉中何者是正文各段的小結、何處又是補充正文所未暇顧及處，這篇贊語完全體現了司馬遷作《史記》以「究天人之際，通古今之變，成一家之言」的宗旨；司馬氏「因天文爲其世掌，故說來如道家常」，〔註39〕又是史料畢集之、見盛觀衰的史官，因此結合對天道的認識與對人事的瞭解，成爲人世以天象爲鑑的一家之言。

劉知幾《史通‧論贊》說：

史之有論也，蓋欲事無重出，文省可知。〔註40〕

浦起龍解釋爲：「謂補傳所無。」又說：「謂單詞已足。」說明了贊語補充紀傳正文未及記載的內容，發揮記軼與省文的功能。李景星雖然只明言〈夏本紀〉、〈天官書〉、〈留侯世家〉三篇的贊語有帶補正文未及之處，然在評議〈夏本紀贊〉時已指出「全部書例，往往如此」，則李景星雖然「文省」，讀者閱讀《史記》時仍要特別注意贊語在評論人物、事件外，也具有正文「後記」與「外傳」的意義。

第三節 抒發祖先遺烈影響後世的感慨

李景星於《史記評議‧凡例》中說司馬遷作贊語「用筆奇崛，用意含蓄，或爲一篇精華所聚，非經抉發，未易明也。」〔註41〕就是說《史記》諸贊在奇崛或含蓄的筆法背後隱含司馬遷作傳的主旨，也寄託其知人論世的感慨，然而爲免冒犯當朝，於是採取以古諷今的手法，傳達他對人情的理解和感傷。

司馬遷寫本紀、世家、列傳時，非常注重追本溯源，往往在傳記開頭或贊語中記述世系、人物的起源和流傳，李景星注意到這點，在評論〈秦本紀〉

〔註38〕《史記會注考證》卷二十七，頁83～95。
〔註39〕《四史評議》，頁32。
〔註40〕劉知幾著，浦起龍釋：《史通通釋》，頁39。
〔註41〕《四史評議》，頁3。

時說：

　　贊語正秦姓氏，與〈夏〉、〈殷本紀〉贊同一體格。〔註42〕

司馬遷重視祖先精神的繼承與血緣的世代傳承，不避繁複瑣碎，盡可能翔實探究與記錄，李景星認為這是《史記》書寫格式的一種，司馬遷藉此「體格」傳達積德的重要性。祖先積德的正面影響是使其後代暴興且傳世久遠，面對浩瀚歷史中如流星般照亮天際又驟然隕落的人物，司馬遷在驚異之餘，常常歸因於其為聖人苗裔，而在亂世裡能延緩其滅亡的國家，司馬遷歸功於祖先陰德。也就是說，司馬遷藉由讚嘆先祖陰德對其子孫的庇蔭，勸喻世人應積德累善，造福後代。

　　《史記》中敘述聖人苗裔卒然崛起的最顯著例子，是〈項羽本紀贊〉推測項羽為舜的後人。項羽和舜一樣是「重瞳」，又在秦末動盪時建立了不世功業，司馬遷嘆服於項羽卓越的才能與不凡的生平，認為非常人所能具備，於是猜測項羽是舜的後裔，雖然不是肯定的語氣，卻也為項羽的故事增添了傳奇色彩。〈項羽本紀贊〉說：

　　吾聞之周生曰：「舜目蓋重瞳子。」又聞項羽亦重瞳子。羽豈其苗裔
　　邪？何興之暴也！夫秦失其政，陳涉首難，豪傑蠭起，相與並爭，
　　不可勝數。然羽非有尺寸，乘勢起隴畝之中，三年遂將五諸侯滅秦，
　　分裂天下而封王侯，政由羽出，號為霸王。位雖不終，近古以來未
　　嘗有也。〔註43〕

項羽家族「世世為楚將，封於項」，〔註44〕嚴格來說並不是「非有尺寸」，即使不如六國王孫有堅強的奧援，憑藉其家世背景與在地方上耕耘數代的成果，項羽起兵抗秦，也比陳涉、吳廣、劉邦有基礎。而項羽確實有軍事才能，是戰場上的英雄，所向披靡，不僅摧毀秦軍主力，也幾乎征服了其他反秦勢力。李景星評論〈項羽本紀贊〉說：

　　實事實力紀中已具，故贊語只從閑處著筆，又如風雨驟過，幾點餘
　　霞遙橫天際也。〔註45〕

項羽一生暴起暴落，都已備載於本紀中，李景星說贊語從「閑處」著筆，則

〔註42〕《四史評議》，頁 10。
〔註43〕《史記會注考證》卷七，頁 75～76。
〔註44〕《史記會注考證》卷七，頁 3。
〔註45〕《四史評議》，頁 13。

是在項羽自詡可「取而代」秦始皇、「長八尺餘，力能扛鼎，才氣過人」以外，〔註46〕從「異相」的角度描繪項羽的特徵與形象，就像狂風驟雨後的一片霞光，留給後世讀史者無限遐想。〈項羽本紀贊〉以項羽和舜具有相同的「重瞳」特徵展開，除了提供前所未見的新素材，補充紀傳所未及，還被司馬遷視爲項羽瞬間崛起的原因，雖說將相本無種，然而項羽生平太富傳奇性，使司馬遷驚詫之餘，探究其淵源，也不禁要將其英勇與功業託福於聖人遙裔。

司馬遷以地緣關係，推測英布是皋陶後代。在〈五帝本紀〉中，舜命皋陶制訂刑法，掌管獄事：

舜曰：「皋陶，蠻夷猾夏，寇賊姦軌，汝作士。五刑有服，五服三就，五流有度，五度三居，維明能信。」〔註47〕

而皋陶「爲大理平，民各伏得其實」。〔註48〕在〈夏本紀〉中，皋陶輔佐大禹有功，所以在大禹即天子位後，封皋陶之後於英、六：

帝禹立，而舉皋陶薦之，且授政焉，而皋陶卒，封皋陶之後於英、六。〔註49〕

《集解》引《帝王紀》曰：

堯禪舜，命之（皋陶）作士。舜禪禹，禹即帝位，以咎陶最賢，薦之於天，有將禪之意；未及禪，會皋陶卒。〔註50〕

則皋陶亦造福萬民，有德於天下，足以受禪帝位；然而天不假年，於是大禹封其後代於英、六，以感念皋陶的功勞。而英布是「六人也，姓英氏」，〔註51〕這讓司馬遷產生了聯想，懷疑英布是封於英、六的皋陶子孫之後裔，〈黥布列傳贊〉說：

英布者，其先豈《春秋》所見楚滅英、六，皋陶之後哉？身被刑法，何其拔興之暴也！項氏之所阬殺人以千萬數，而布常爲首虐，功冠諸侯。用此得王，亦不免於身爲世大僇。禍之興，自愛姬殖，妒媚

〔註46〕《史記會注考證》卷七，頁4、4～5。
〔註47〕《史記會注考證》卷一，頁55。
〔註48〕《史記會注考證》卷一，頁59。
〔註49〕《史記會注考證》卷二，頁42。
〔註50〕《史記會注考證》卷二，頁42。
〔註51〕《史記會注考證》卷九十一，頁2。

生患，竟以滅國。〔註52〕

黥布因犯法而受黥刑，卻在秦、漢動亂之際，把握機會躍上歷史舞台。項梁立楚懷王孫心爲楚懷王，英布號爲當陽君，在項羽麾下爲攻擊秦軍的先鋒部隊，屢次以寡擊眾，功冠諸侯；項羽入關後，立黥布爲九江王，以六爲都；叛楚歸漢後，劉邦封黥布爲淮南王，同樣以六爲都，控制了九江、廬江、衡山、豫章數郡。雖然以滅國結局，然而一個坐法受刑之徒竟能扭轉命運，其重要性甚至左右了楚、漢勝敗，怎能不令司馬遷訝然！於是將黥布「拔興之暴」歸因於出身皋陶之後。李景星評論〈黥布列傳贊〉時，著重在贊語的氣勢和文筆與黥布「倔強疏挺」的性格相稱，而未著墨於司馬遷對黥布身世的推測：

> 贊語倔強疏挺，正稱黥布爲人。結尾咄然而止，筆亦老橫。〔註53〕

皋陶輔佐大禹建功立業，子孫受封，黥布先後爲項羽、劉邦立下汗馬功勞，最後卻身死國滅，若黥布果爲皋陶苗裔，二者於其主君功勳相似而結局竟相異若此，教人不勝欷歔。

若說由於先祖福澤庇蔭而使項羽、黥布能暴興於世，在歷史上憑空劃過一道轉瞬及逝的燦爛光芒，只是司馬遷讚嘆之餘的推測之詞，那麼句踐復國、雄踞江淮，溯其源流，司馬遷認爲是大禹救治天下的遺烈反映在其後裔句踐身上，而大禹、句踐的賢能受到百姓感念，更使其子孫數代爲王。越國地處偏僻，曾遭吳國所滅，句踐卻能忍辱負重，經歷十年生聚，十年教訓，一舉滅吳，並北會諸侯，周天子封其爲伯，成就春秋末葉、戰國初年一則復國、稱霸的傳奇。〈越王句踐世家贊〉說：

> 禹之功大矣！漸九川，定九州，至于今諸夏艾安。及苗裔句踐，苦
> 身焦思，終滅彊吳，北觀兵中國，以尊周室，號稱霸王。句踐可不
> 謂賢哉！蓋有禹之遺烈焉。〔註54〕

句踐不聽范蠡的勸諫，堅持在吳王夫差爲父報仇前先發制人，而敗於夫椒，困於會稽；在國家危急存亡之秋，句踐能聽取范蠡與文種等大臣的建議，「自會稽歸七年，拊循其士民，欲用以報吳」，〔註55〕臥薪嘗膽，苦身焦思，使越國上下齊心，終於敗夫差於姑蘇，滅吳國，並大會諸侯於徐州，致貢於周，

〔註52〕《史記會注考證》卷九十一，頁18。
〔註53〕《四史評議》，頁84。
〔註54〕《史記會注考證》卷四十一，頁32。
〔註55〕《史記會注考證》卷四十一，頁8。

頗有問鼎中原的氣勢。句踐能忍，也能記取教訓，於是以越邊遠蕞爾小國一躍成為江淮霸王，是其不凡之處，司馬遷因而嘆服其「賢」乃自先祖大禹承繼而來。李景星評論〈越王句踐世家贊〉說：

> 贊語從禹說起，極有要領本原，筆意亦古厚。〔註56〕

李景星認為，贊語從探索句踐的「本原」切入，是司馬遷作此傳的「要領」：正文亦從句踐先人為大禹苗裔開始，與贊語前後呼應，表達了不凡之人必有不尋常之身世的觀點，近於《易·坤卦·文言》所謂「積善之家，必有餘慶」的思想。可歎的是，大禹建國後封功臣皋陶，句踐復國後卻逼死文種，鳥盡弓藏，兔死狗烹，聖人與其「遺烈」似不可同日而語。

遠祖若有盛德於民，後代必能光宗耀祖，〈陳杞世家〉列數唐、虞之際的功臣，其子孫綿延數代，或為帝王，或名顯於諸侯，凡有記載與有相當屬地者，司馬遷皆為其作本紀、世家：

> **舜之後**，周武王封之陳，至楚惠王滅之，有世家言。**禹之後**，周武王封之杞，楚惠王滅之，有世家言。**契之後**為殷，殷有本紀言；殷破，周封其後於宋，齊湣王滅之，有世家言。**后稷之後**為周，秦昭王滅之，有本紀言。皋陶之後，或封英、六，楚穆王滅之，無譜。**伯夷之後**，至周武王復封於齊，曰太公望，陳氏滅之，有世家言。**伯翳之後**，至周平王時封為秦，項羽滅之，有本紀言。垂、益、夔、龍，其後不知所封，不見也。右十一人者，皆唐、虞之際，名有功德臣也，其五人之後，皆至帝王，餘乃為顯諸侯。滕、薛、騶，夏、殷、周之間封也，小不足齒列，弗論也。周武王時，侯伯尚千餘人；及幽、厲之後，諸侯力攻相并，江、黃、胡、沈之屬，不可勝數，故弗采著于傳上。〔註57〕

舜、禹本身已經是開國帝王，有本紀，後代則有世家；契、后稷、伯翳的後代皆為帝王，有本紀。司馬遷記載這些聖賢之傳世久遠，後代拔興，用意在倡導積德累善的重要。〈陳杞世家贊〉曰：

> **舜之德可謂至矣**！禪位於夏，而後世血食者歷三代。及楚滅陳，而田常得政於齊，卒為建國，百世不絕，苗裔茲茲，有土者不乏焉。至禹，於周則杞，微甚，不足數也。楚惠王滅杞，其後越王

〔註56〕《四史評議》，頁44。
〔註57〕《史記會注考證》卷三十六，頁21～24。

句踐興。〔註58〕

對此,李景星評論到:

> 贊語曰:「及楚滅陳,而田常得政於齊。」又曰:「楚惠王滅杞,其
> 後越王句踐興。」對照生情,楚楚有致;且又見出所以爲二國作世
> 家之意,眞是一筆不懈。〔註59〕

李景星認爲,司馬遷爲陳、杞世家作傳的出發點,是將田常、句踐得以專政、
掌權的遠因歸美於其始祖舜、禹之至德;更清楚地說,司馬遷是在表達「**盛
德之後,必百世祀**」的報應思想。陳哀公弟司徒招殺悼太子,立哀公嬖妾子
留爲陳君,悼太子之子吳出奔晉國;楚靈王派遣公子棄疾討伐,陳君留逃亡
鄭國,棄疾滅陳。晉平公猜想陳國是否就此絕後,太史趙認爲,陳國開國國
君胡公滿爲舜的後代,舜又是顓頊的後代,即使舜禪讓於夏,虞代結束,其
後傳至陳國,又被滅,但祖先盛德可以保佑子孫流傳百世,舜的後代將在齊
國復興,延續命脈。〈陳杞世家〉記載:

> 晉平公問太史趙曰:「陳遂亡乎?」對曰:「陳,顓頊之族。陳氏得
> 政於齊,乃卒亡。自幕至于瞽瞍,無違命。舜重之以明德,至於遂,
> 世世守之。及胡公,周賜之姓,使祀虞帝。且聖德之後,必百世祀。
> 虞之世未也,其在齊乎?」〔註60〕

太史趙的說法,正是司馬遷的觀點。天道無親,常與善人;先人有德,後世
必得血食,傳祚既久,將有光宗耀祖的子孫。

句踐六傳至無彊,越國爲楚威王所滅,於是「諸族子爭立,或爲王,或
爲君,濱於江南海上,服朝於楚,後七世,至閩君搖,佐諸侯平秦,漢高帝
復以搖爲越王,以奉越後。東越、閩君,皆其後也。」〔註61〕東越、閩君之
長,即〈東越列傳〉所說閩越王無諸、越東海王搖,「其先皆越王句踐之後
也」。〔註62〕越國爲楚所滅後,句踐後代遷移至江南海上、閩越之地,而即
使時移世異,政權數度轉移,越王子孫始終佔有一席之地,世世爲公侯,司
馬遷認爲這是因爲大禹和句踐有大功德於人民,上天賜予福報。〈東越列傳
贊〉說:

〔註58〕《史記會注考證》卷三十六,頁24～25。
〔註59〕《四史評議》,頁40。
〔註60〕《史記會注考證》卷三十六,頁14～15。
〔註61〕《史記會注考證》卷四十一,頁23～24。
〔註62〕《史記會注考證》卷一百十四,頁2。

> 越雖蠻夷，其先豈嘗有大功德於民哉？何其久也！歷數代常爲君
> 王，句踐一稱伯。然餘善至大逆，滅國遷眾，其先苗裔繇王居股等，
> 猶尚封爲萬戶侯。由此知越世世爲公侯矣，蓋禹之餘烈也。〔註63〕

李景星評論說：

> 贊語一意轉折，前虛後實，亦說得娓娓有致。〔註64〕

自少康庶子封於會稽，開始統治中國東南邊陲地帶，便逐漸與當地原住民同化，而被視爲蠻夷越國主君，司馬遷推測，越王之所以能傳承數代，句踐甚至號稱霸王，可與中原諸侯分庭抗禮，可能是由於對其治下之民有極大貢獻，因此得到人民的愛戴；李景星認爲這是司馬遷的「虛筆」。句踐子孫遷徙到閩、東甌後，分爲閩越王無諸、越東海王搖兩支，其中閩越王一支傳至郢，爲其弟餘善所殺，餘善被封爲東越王，漢封無諸孫子繇君丑爲越繇王，「奉閩越先祭祀」。〔註65〕後來餘善反漢而受誅，漢滅東越，協助平定東越的越繇王之子繇王居股受封爲東成侯，歸降的東越臣僚也多有受封，此後漢爲了便於管理，將東越、閩越人民都遷到江、淮之間。雖然餘善因叛逆而遭滅國遷眾，但餘善祖先閩越王無諸的後裔如郢、丑、居股等，都受封爲王、侯，不僅傳世久遠，且備極榮寵，在司馬遷看來，這大概是受到大禹德澤所被；李景星認爲此爲司馬遷的「實寫」。句踐子孫得世世爲公侯，是句踐之餘烈；而自庇佑句踐之先、句踐、以至句踐之後，則一層一層向上推導至大禹，他使諸夏艾安的功德，讓他的子孫都得到反饋。

第四節　處理史料的原則

　　《史記》是司馬遷「罔羅天下放失舊聞」的心血結晶，取材包羅萬象，而他如何從浩如煙海、立場各異的歷史資料中「拾遺補缺」、糾正謬誤，長久以來都是學者關注的課題。司馬遷行文時往往提及資料來源、取捨原則，並訂正雜說，而論贊作爲「一篇精華所聚」，是學者瞭解司馬遷史料處理原則的一條蹊徑。李景星評議《史記》時「必及贊語」，當然不會忽略贊語中所提示的史料來源、史料去取的原則，以及司馬遷對紛紜眾說的辯證，以下分三小節說明。

〔註63〕《史記會注考證》卷一百十四，頁 11。
〔註64〕《四史評議》，頁 107。
〔註65〕《史記會注考證》卷一百十四，頁 6。

（一）說明材料來源

司馬遷博覽群書，融合遊歷所得，使《史記》內容彷彿還原歷史現場，學者也能從更多不同的角度切入研究人物與事件。張大可《史記論贊輯釋・序論》歸納出司馬遷採集史料的方法有六種：

> （一）「紬史記石室金匱之書」，即閱讀皇家所藏圖書檔案；（二）取資金石、文物、圖像及建築；（三）游歷訪問，實地調查；（四）接觸當事人或他人的口述材料；（五）采集歌謠詩賦，里語俗諺；（六）搜求被秦始皇焚滅了的古諸侯史記。〔註66〕

細繹之，則可大致分為書面文獻、遊歷所得、親見其人與口述歷史三個方向，李景星對贊語中所呈現的《史記》資料來源的分析，也由這三個方向展開。

1. 書面文獻

關於司馬遷所見以及援用的書面文獻，可參考盧南喬〈論司馬遷及其歷史編纂學〉、〔註67〕金德建《司馬遷所見書考》、〔註68〕張大可《史記研究・史記取材》，〔註69〕此處不以探究《史記》引用的全部資料為主要目的，而是歸納李景星《史記評議》特別指出的司馬遷在贊語中提到的述史根據。

〈殷本紀贊〉開頭便說明殷商始祖契的事蹟來自《詩經・商頌》，商湯以後的歷史則以《詩經》與《書經》的記載為根據：

> 余以《頌》次契之事。自成湯以來，采於《書》、《詩》。〔註70〕

李景星評論〈殷本紀贊〉說：

> 贊語「余以《頌》次契之事」云云，自著其作本紀原本，此又一法也。〔註71〕

李氏主張，注明所述歷史的原始資料與根據，也是司馬遷述史的手法之一。此處「自著」同「自注」，類似現代學術著作的規範，注明出處表示敘述有所

〔註66〕 張大可：《史記論贊輯釋》，頁6～9。

〔註67〕 盧南喬：〈論司馬遷及其歷史編纂學——紀念司馬遷誕生二千一百周年〉，載於《文史哲》（濟南：山東人民出版社，1955年第十一期），頁9～19，總2043～2053。

〔註68〕 金德建：《司馬遷所見書考》（上海：上海人民出版社，1963年2月第一版第一次印刷）。

〔註69〕 張大可：〈《史記》取材〉，《史記研究》（北京：商務印書館，2011年2月第一版北京第一次印刷），頁238～271。

〔註70〕 《史記會注考證》卷三，頁35。

〔註71〕 《四史評議》，頁8。

本，不但禁得起檢閱查驗，也能提供延伸閱讀的線索。

另一篇特別指出「作傳之原本」的是〈仲尼弟子列傳贊〉，司馬遷說：

> 學者多稱七十子之徒，譽者或過其實，毀者或損其眞，鈞之未覩厥
> 容貌。則論言《弟子籍》，出孔氏古文近是。**余以弟子名姓文字悉取**
> **《論語》弟子問并次爲篇，疑者闕焉。**〔註72〕

〈仲尼弟子列傳〉主要取材自《弟子籍》與《論語》，由於《論語》記載了
孔子與弟子、弟子與弟子之間的問答，由孔子弟子與再傳弟子整理成書，因
此孔子弟子的籍貫、性情、事蹟的記載較爲可靠。對此，李景星評論說：

> 〈仲尼弟子列傳〉不盡〔僅〕有事可書，則根據《弟子籍》，雜引
> 《論語》各書以足成之，其好處亦可以二語括之，曰「信則傳信，
> 疑則傳疑」。且全部《史記》不過七十傳，而是傳所列乃至七十七
> 人之多，其三十五人之有事迹者，則以事迹敘；其四十二人之无
> 事迹者，則以姓氏名字敘。……**贊語只數句，作傳之原本及裁擇**
> **之用意一齊俱見，可當「簡質」二字。**〔註73〕

李景星認爲，由於學者對孔子七十二弟子沒有全面瞭解，評價往往有所偏
頗，因此司馬遷根據出自孔壁的古文《弟子籍》中的資料，與《論語》比對，
將更貼近孔門七十二弟子的眞實面貌。另外，〈仲尼弟子列傳贊〉還揭示了
辯證方法與選擇材料的原則（「裁擇之用意」）：以「詳」與「愼」的原則評
估和運用史料，將可信度較高的文獻互相對照，「疑者闕焉」，摒除學者言過
其實的褒貶，只存錄比較可靠的資料。趙生群《史記編纂學導論》解釋「闕
疑」是割捨不可據信的史料：

> 有時雖有史料，但作者經過鑑別，認爲明顯不可據信，也只好斷然
> 割捨，這便是闕疑。〔註74〕

雖然無法確知司馬遷曾參考哪些有關孔門弟子的資料、又割捨了哪些學者對
孔子七十二弟子的評價，就文獻保存的角度來說比較可惜。近年來，先秦文
獻陸續出土，其中不乏司馬遷未見過的資料，而司馬遷既然已明言其述作〈仲
尼弟子列傳〉的根據與方法，後人便有將〈仲尼弟子列傳〉與新文獻互相參

〔註72〕《史記會注考證》卷六十七，頁53。
〔註73〕《四史評議》，頁64。
〔註74〕趙生群：《史記編纂學導論》，（南京：鳳凰出版社，2006年11月第一版第一
　　　　次印刷），頁139。

照的標準。

出自孔氏壁的古文《弟子籍》與《論語》記載了孔子弟子的姓名、籍貫、生平與事蹟的原始資料，以此爲基礎，盡量記載七十二子的事蹟，相關資料比較缺乏者則抄錄姓名與籍貫。信則傳信，疑則傳疑，司馬遷保存了他所能掌握的可靠資料，且「知之爲知之，不知爲不知，是知也」，〔註75〕不使後世學者的讕言模糊了人物的眞實面貌，這不僅是爲學之道，也是作史圭臬。

2. 遊歷所得

司馬遷在贊語中舉出遊歷所得，由此引發感慨與議論，而最受《史記評議》推重的是〈魏公子列傳贊〉，李景星說：

> 贊語從憑弔著筆，冷妙之極。「天下諸公子亦有喜士者矣」，隱然貶過孟嘗等三人；「有以也」、「不虛耳」，實坐得妙。「高祖每過之」二句，虛托得尤妙。〔註76〕

司馬遷二十歲時展開壯遊，曾參訪戰國時期魏國都城大梁遺址，觸發對信陵君不恥下交、知人納諫的敬慕。〈魏公子列傳贊〉：

> 吾過大梁之墟，求問其所謂夷門。夷門者，城之東門也。天下諸公子亦有喜士者矣，然信陵君之接巖穴隱者，不恥下交，有以也。名冠諸侯，不虛耳。高祖每過之，而令民奉祀不絕也。〔註77〕

「好客」是戰國諸侯、權貴的風尚，而眞正愛才、能發揮客的才華與功能的第一人當屬信陵君，在其賓客中，首先爲信陵君博得「長者能下士」美名的是夷門監者侯嬴。〈魏公子列傳〉裡最爲人津津樂道的一段是信陵君親自駕車馬去接侯嬴赴宴，奉爲上客，並在宴會中向滿座貴賓介紹侯嬴。李師偉泰在〈《史記·魏公子列傳》四題〉一文中指出，公子自迎侯生一段（自「魏有隱士曰侯嬴」至「侯生遂爲上客」），〔註78〕是「一幕精彩的政治表演」：

> 公子折節親迎侯生，顯然有意表現出禮賢下士的氣度。侯生默會其意，就以種種不近情理的舉動加碼配合。於是就在公子與侯生的高度默契下演出這一齣戲，成功的爲公子博得「長者能下士」的令名。

〔註75〕　朱熹：《四書章句集注》（臺北：大安出版社，2007年10月第一版第八刷），頁76。

〔註76〕　《四史評議》，頁72。

〔註77〕　《史記會注考證》卷七十七，頁16。

〔註78〕　《史記會注考證》卷七十七，頁3～5。

　　據此，所以個人認爲這一節可以視爲一幕精彩的政治表演。〔註79〕
此處所謂「政治表演」，並非純從負面解釋信陵君與侯嬴的用心只爲博得令
名；戰國末年群雄相爭，信陵君既要保護魏國，又要使東方六國免於秦國的
侵害，不論在內政、外交、軍事方面，確實都有用人的需求，而爲信陵君塑
造禮賢下士的形象不啻爲最有效的宣傳。與信陵君親迎侯生的手法相似，燕
昭王禮遇郭隗的起因與效應可爲「政治表演」有其必要之有力旁證。〈燕召
公世家〉記載：

> 燕昭王於破燕之後即位，卑身厚幣，以招賢者。謂郭隗曰：「齊因孤
> 之國亂，而襲破燕。孤極知燕小力少，不足以報；然誠得賢士以共
> 國，以雪先王之恥，孤之願也。先生視可者，得身事之。」郭隗曰：
> **「王必欲致士，先從隗始；況賢於隗者，豈遠千里哉？」**於是昭王
> 爲隗改築宮而師事之。樂毅自魏往，鄒衍自齊往，劇辛自趙往；士
> 爭趨燕。燕王弔死問孤，與百姓同甘苦。二十八年，燕國殷富，士
> 卒樂軼輕戰。於是遂以樂毅爲上將軍，與秦、楚、三晉合謀以伐齊。
> 齊兵敗，湣王出亡於外。燕兵獨追北，入至臨淄，盡取齊寶，燒其
> 宮室宗廟。齊城之不下者，獨唯聊、莒、即墨，其餘皆屬燕。〔註80〕

郭隗備受禮遇的例子，吸引大量人才匯聚至燕國，於是燕昭王得報齊國殺父
破國之仇。郭隗與燕昭王的合謀與表演有其正面意義：燕昭王能強國、報仇，
四方來歸的士與客也有一展長才的機會，其成效是共創雙贏局面。信陵君與
侯嬴的「政治表演」也是如此。〈魏公子列傳〉開頭便說信陵君「爲人仁而下
士，士無賢不肖，皆謙而禮交之，不敢以其富貴驕士，士以此方數千里爭往
歸之，致食客三千人」，〔註81〕可見信陵君已經擁有養士的名聲與規模，他所
迫切需要的不是虛名，而是施展抱負時實際可用的人才。信陵君與侯嬴的默
契也的確收到效果：以招攬人才而言，透過侯生引薦的朱亥、毛公與薛公、
進兵法予信陵君的諸侯之客等，都對魏國、信陵君和他的事業有所貢獻；信
陵君懂得用人，讓門客各自發揮才華，而爲信陵君樹立「能急人之困」的形
象，〔註82〕無形中推遲了趙國、魏國、甚至東方六國爲秦國吞滅的時間。主

〔註79〕 李師偉泰：〈《史記‧魏公子列傳》四題〉，收錄於張大可等主編：《史記論叢》
　　　　 第八集（北京：中國文史出版社，2011 年 4 月），頁 620。
〔註80〕 《史記會注考證》卷三十四，頁 17～19。
〔註81〕 《史記會注考證》卷七十七，頁 2。
〔註82〕 《史記會注考證》卷七十七，頁 6。

客彼此拉抬，相輔相成。以侯嬴爲例，信陵君將一位年老的守門人奉爲上賓，使其盡享榮華；侯嬴出謀畫策，信陵君才能夠在秦軍包圍邯鄲時，成就奪符救趙的功業。李景星說：「贊語從憑吊著筆，冷妙之極。」又說：「魏公子一生大節在救趙却秦，成救趙却秦之功，全賴乎客。而所以得客之力，實本于公子之好客。」〔註83〕信陵君救趙得力於客，而客願意以性命相交、成其功業，是由於信陵君願意接納有才華和能力、但社會地位不高的人士，例如夷門守門人侯嬴。這是以憑弔夷門引發感慨的妙處，姚祖恩《史記菁華錄》也說：

> 深愛其人，獨神往夷門枉駕一節，傾倒至矣。〔註84〕

至於冷處，一方面是因爲大梁城已在秦王政二十二年（西元前 225 年）被秦軍以黃河水倒灌淹沒，另一方面則是深嘆賢人已往矣，不復見其人翩翩風采與好客的胸懷；人事景物皆非，豈能不令人惆悵。

3. 親見其人與口述歷史

司馬遷遊歷南北爲作《史記》蒐羅資料時，往往面訪當地耆老故舊，他的交遊中也有不少能提供關於歷史或當代之人物與事件的第一手情報，就是《史記》人物中也有幾位是司馬遷本身曾親見甚至來往的，這些親見其人的經歷與口述歷史都是重要的《史記》史料來源，豐富了人物形象，使事件的情節更眞實、完整。必須注意的是，《史記》原是司馬談、司馬遷父子的心血結晶，由司馬遷整合完成，從時間點推測，有部分史料與記載來自司馬談之親見與交游所得，而非司馬遷；若遇此處，筆者將隨文交代，並於這一小節的最後詳細論述。

以〈游俠列傳〉爲例，司馬遷記載了漢興以來幾位「其言必信，其行必果，已諾必誠，不愛其軀，赴士之阨困」〔註85〕的游俠，其中篇幅最廣、敘述最細膩的是郭解。原因除了郭解距離司馬遷的時代最近、所以資料最多以外，更因爲司馬遷曾親見、接觸過這位影響力非凡的地方豪傑（或者說是角頭）。〈游俠列傳贊〉說：

> 吾視郭解，狀貌不及中人，言語不足採者。然天下無賢與不肖、知
> 與不知，皆慕其聲；言俠者，皆引以爲名。諺曰：「人貌榮名，豈有

〔註83〕《四史評議》，頁 72。
〔註84〕姚祖恩：《史記菁華錄》，頁 122。
〔註85〕《史記會注考證》卷一百二十四，頁 3。

既乎？」於戲！惜哉！〔註86〕

郭解其貌不揚，也無文化素養，司馬遷卻對他印象深刻，爲其作傳，使後世讀者也能感受郭解的獨特魅力、歎惜他戲劇化的人生。李景星認爲，由於司馬遷曾親見郭解，對郭解所知甚於對其他傳主，因此郭解蒙冤而死的下場不但使司馬遷格外歎噓，也觸動其身世之感，贊語便以郭解爲中心抒發感慨：

> （〈游俠列傳〉）所舉游俠之徒，有朱家、田仲、王公、劇孟、郭解諸人，而敘郭解獨詳者，以史公親見其人，深悲其死之冤，故言之津津，不勝感慨。篇雖簡短，純是一團精神結聚，自是史公極用意文字。贊語獨舉郭解，其推重可知。「于〔於〕戲！惜哉！」爲郭解傷，并以自傷也。〔註87〕

就郭解其人行事而言，「報仇藏命」、「鑄錢掘冢」、〔註88〕睚眥必報、動用私刑、放任手下爲所欲爲，郭解有罪當死，不算清白蒙冤，卻往往因爲大赦而能免於一死。他的勢力無遠弗屆，從庶民到將軍衛青都有交情，這對統治者的權威而言不啻爲極大的威脅。而後郭解的手下或崇拜者爲其報仇，連殺二人，又因爲儒生批評郭解，再殺儒生、斷其舌，種種無視王法的行徑終於引來禍患。雖然殺人兇手不是郭解，但他的追隨者與崇拜者已經形成一股惡勢力，對統治者或百姓來說都是危險的存在，統治者必須殺雞儆猴，以儆效尤，所以郭解不得不死，又被滅族，這是他的冤屈所在。李景星注意到郭解之冤與司馬遷身世之感的關係：統治者爲殺一儆百而族滅郭解，而武帝將司馬遷下獄，也達到嚇阻朝臣爲李陵辯護的目的。所以李景星認爲司馬遷爲故人冤死感傷，帶動了對自身無辜受辱的悲痛。

〈衛將軍驃騎列傳贊〉則藉由衛青舊部蘇建口述他與衛青之間的談話，呼應傳文中對衛青「爲人仁善退讓，以和柔自媚於上」的描述：〔註89〕

> 蘇建語余曰：「吾嘗責大將軍至尊重，而天下之賢士大夫毋稱焉，願將軍觀古名將所招選擇賢者，勉之哉。大將軍謝曰：『自魏其、武安之厚賓客，天子常切齒。彼親附士大夫，招賢絀不肖者，人主之柄也。人臣奉法遵職而已，何與招士。』」驃騎亦放此意。其爲

〔註86〕《史記會注考證》卷一百二十四，頁 17。
〔註87〕《四史評議》，頁 116～117。
〔註88〕《史記會注考證》卷一百二十四，頁 10。
〔註89〕《史記會注考證》卷一百十一，頁 31。

將如此。〔註90〕

衛青的退讓不只是對朝堂同僚，也是對武帝。身爲外戚，他的地位與功勳來自武帝的拔擢，因此他認爲自己的職責是執行武帝的命令，遵守朝廷法度，而有鑑於武帝對竇嬰和田蚡廣納賓客的不滿，衛青瞭解到爲國家招選人才、罷黜不適任者是君王的權力，臣子不應越俎代庖，如果國家有棟樑之材，也該歸功於武帝有識人之能。衛青和霍去病兵權在握，已足以受武帝猜忌，身爲人臣而養客招士，有僭越之嫌，更必須避免。梁玉繩《史記志疑》主張衛青也曾招士，只是「所招之士，不皆賢耳」：

> 此青謝蘇建語如此，汲黯爲揖客，大將軍益賢之，又進言田仁爲郎中，言減宣于上爲大廐丞，言主父偃于上，爲上言郭解不中徙茂陵，則未嘗不招士也。但所招之士，不皆賢耳。〔註91〕

李景星評論說：

> 贊語別記大將軍一段議論，亦是變體。劉氏知幾曰：「敍事之體，有假贊論而自見者。如〈衛青傳〉後，太史公曰：『蘇建嘗責大將軍不薦賢招士。』此則紀之與傳并所不書，而史臣發言，別出其事，所謂假贊論而自見者」也。〔註92〕

蘇建與衛青的對話，是最寶貴的第一手資料，司馬遷紀錄了蘇建的口述歷史，使學者能從另一個角度認識衛青的處世態度，但將這段資料置於贊語，很顯然如李景星引述劉知幾的說法，是藉他人之口說自己心事。但換個角度思考，衛青出身微賤，只因衛皇后的緣故，武帝愛屋及烏，衛青才受到寵幸與重用，試想衛青的立場：色衰而愛弛，有朝一日若衛皇后不再受寵，便難保衛青的榮華富貴、甚至性命，而衛青爲人處事若稍有差錯，落人口實，也會對衛皇后造成負面影響。所以衛青必須格外謹愼，「和柔媚上」可能出於本性，也可能是明哲保身之道。而且帝王最怕群臣結黨、互相傾軋，導致朝廷動盪，甚至危及主上，再加上武帝性格多疑，衛青恐怕不敢以薦賢招士爲自己博得好名聲。推舉人才或可爲之，招士爲羽翼則容易侵犯人主的權柄。同爲外戚的霍去病也懂得這個道理，雖有可議之處，但揆之人情，亦不忍苛責。

司馬遷與田叔之子田仁有交情，所以司馬遷附傳田仁於田叔傳後，而在

〔註90〕《史記會注考證》卷一百十一，頁43～44。
〔註91〕梁玉繩著，賀次君點校：《史記志疑》，頁1400。
〔註92〕《四史評議》，頁103。

〈田叔列傳贊〉中再度申明之：

> 孔子稱曰：「居是國，必聞其政。」田叔之謂乎？義不忘賢，明主之
> 美以救過。**仁與余善，余故并論之。**〔註93〕

田叔爲趙王張敖郎中，趙相貫高與趙午謀反，波及張敖與群臣，張敖遭逮捕後，只有田叔與孟舒等十多人冒著受牽連的危險，扮作張敖奴僕隨之進京；隨後田仁進言文帝，爲孟舒爭取到重任雲中守的機會；梁孝王派人殺袁盎，田仁調查後還報景帝，勸景帝念在竇太后與梁孝王骨肉親情，不再追究；爲魯相後，使魯王償還自民間奪取的財物，減少大獵的次數。司馬遷稱讚田叔以忠義事君，體察人情，知人善任，又能輔佐主君走上正軌，李景星則評論爲「可謂善處人骨肉之間」、「可謂善事驕主」。〔註94〕而「仁與余善」，〈田叔傳〉的資料來源，想必有部分來自田叔之子田仁的口述；至於〈田仁傳〉，除了司馬遷親見其人，且時代相同，事蹟歷歷可考以外，田仁必定也曾夫子自道，給予司馬遷更多可靠的消息，從而提高〈田叔列傳〉的可信度。李景星評論〈田叔列傳〉說：

> 贊語平寫中見波折，「仁與余善」四字，尤見含蓄，所謂滿腹牢騷，
> 盡在不言中也。〔註95〕

司馬遷說田叔「爲人刻廉自喜」，〔註96〕田仁也繼承了這一項美德；田叔死後，魯王欲以百金祀田叔，田仁拒絕，理由是不能爲此損傷先人廉潔的美名。而後在巫蠱案時，田仁受命閉守城門卻放行衛太子，遭到族滅。事關武帝家事，司馬遷沒有任何評論，只說由於彼此有交情，所以在田叔傳後附傳田仁。李景星則指出，「仁與余善」四字並不單純，其中有哀痛、有憐惜，也隱含了對巫蠱案、對武帝的憤懣與責難。

在取材的過程中，訪問傳主故鄉的當地人與傳主故舊也是非常重要的方法，可以藉由傳主的背景、生活與軼事，提取更貼近眞實的樣貌。例如《史記》裡在敘述劉邦崛起的過程與漢朝開國功臣的事蹟時，樊噲的孫子樊他廣就提供了詳盡的素材，〈樊酈滕灌列傳贊〉說：

> 吾適豐沛，問其遺老，觀故蕭、曹、樊噲、滕公之冢，及其素，異

〔註93〕《史記會注考證》卷一百四，頁8。
〔註94〕《四史評議》，頁95。
〔註95〕《四史評議》，頁95。
〔註96〕《史記會注考證》卷一百四，頁2。

哉所聞！方其鼓刀屠狗、賣繒之時，豈自知附驥之尾，垂名漢庭，

德流子孫哉？余與他廣通，爲言高祖功臣之興時若此云。〔註97〕

身爲當事人的子孫，對於人物的個性與事件的內幕會有更清楚的認識，而其家族中所流傳的故事大多不爲世人所知，所以更顯珍貴。像是楚漢戰爭時，劉邦爲了逃命而幾次將子女推下車，夏侯嬰又停車收載，氣得劉邦幾乎要殺死夏侯嬰，以及樊噲流淚勸諫劉邦不要因爲寵幸宦官而疏遠大臣，都是外人無法得知的私事，經由樊他廣說出來，不但可信，而且使歷史人物有了血肉與靈魂。對此，李景星評論道：

贊語曲折縹渺，意在言外。「余與他廣通」二句，是作此傳根據。

〔註98〕

在官方文獻中，可能不會提及開國功臣的出身背景，故藉由親訪其故里、遺老，與其親戚故舊的口述歷史，方能發掘人物的本來面貌。劉邦成爲皇帝後，和他一同打天下的人都成爲漢朝開國功臣，不但名垂千古，且澤被子孫，李景星認爲，〈樊酈滕灌列傳贊〉表面上感嘆命運的神奇，其實隱含對功臣們「一人得道，雞犬升天」的諷刺。而傳中論及樊噲、酈商、夏侯嬰、灌嬰等人與劉邦或漢室之間的隱私，多有貶抑，於是在贊語裡表示本傳是以樊他廣的說法爲資料來源，不僅證明記載可信，同時也爲作傳的司馬氏父子提供了保護傘。此處「與他廣通」之「余」，根據王國維、顧頡剛、趙生群的研究，應爲司馬談，詳見後文。

以活動年代來看，平原君朱建之子是司馬談爲漢朝開國前後出使諸侯、締結外交有功的酈食其、陸賈、平原君朱建立傳的根據之一。〈酈生陸賈列傳贊〉：

世之傳酈生書，多曰漢王已拔三秦，東擊項籍，而引軍於鞏、洛之間，酈生被儒衣往說漢王，迺非也。自沛公未入關，與項羽別而至高陽，得酈生兄弟。余讀陸生《新語》書十二篇，固當世之辯士。

至平原君子與余善，是以得具論之。〔註99〕

酈食其和陸賈都是以口才與外交才能隨侍於劉邦身旁，對於幫助劉邦平定天下有功，平原君朱建則是以「辯士」身分附傳於此，前已言之。然而，關於

〔註97〕《史記會注考證》卷九十五，頁35。
〔註98〕《四史評議》，頁87。
〔註99〕《史記會注考證》卷九十七，頁28～29。

酈食其和陸賈的故事，在當世有些誤傳之處，司馬談作傳時便糾正了這些錯誤，並且在贊語中特別提醒學者。平原君朱建和陸賈交情好，所以平原君之子能夠得知當時的真實情況；平原君之子與司馬談也有私交，因此提供了第一手的相關訊息。李景星評論〈酈生陸賈列傳贊〉說：

> 贊語蕭疏可喜。「平原君子與余善，是以得具論之。」此二語尤見身分。〔註100〕

李氏推崇司馬遷（應該是司馬談）能夠掌握最可靠的資料來源，把事實記錄下來，而這些曾推進歷史進程、影響及於後世的人物，其家族中的秘史也藉由《史記》流傳下來，成為後代學者與讀者共同的歷史記憶。

李景星評論〈刺客列傳贊〉時只點出贊語呼應傳文，以荊軻為描寫的重心，並未關注贊語所提示的關於〈荊軻列傳〉的資料來源：

> 贊語謂「立意較然，不欺其志」，便為刺客估身分。其獨詳荊軻，亦復與傳相應。〔註101〕

〈刺客列傳〉中記載了曹沫、專諸、豫讓、聶政、荊軻五人，時間跨度有四百餘年，其中以荊軻的活動時代最接近漢朝，留下的資料與傳說也最多，因此在〈刺客列傳〉裡篇幅最廣。然而即使時代最近，荊軻刺秦的前因後果仍眾說紛紜，多有舛誤。幸而目擊現場的秦王侍醫夏無且將發生經過告訴他的朋友公孫季功與董生，公孫季功與董生再告訴司馬談，有賴於這三人的口述歷史才能還原現場並破除傳言，〈刺客列傳贊〉說：

> 世言荊軻，其稱太子丹之命，天雨粟，馬生角也，太過。又言荊軻傷秦王，皆非也。**始公孫季功、董生，與夏無且游，具知其事，為余道之如是。**自曹沫至荊軻五人，此其義或成，或不成，然其立意較然，不欺其志，名垂後世，豈妄也哉？〔註102〕

排除怪力亂神的傳言與加油添醋的臆測，是一場真實感十足、驚心動魄的刺殺行動。荊軻手持焠以毒藥、「血濡縷，人無不立死者」的匕首，〔註103〕若真傷了秦王，秦王必死無疑，歷史也將改寫；事實是侍醫夏無且在荊軻追逐秦王的危急時刻，「以其所奉藥囊提荊軻也」，〔註104〕才給了秦王喘息與反擊荊

〔註100〕《四史評議》，頁 89。
〔註101〕《四史評議》，頁 79。
〔註102〕《史記會注考證》卷八十六，頁 39～40。
〔註103〕《史記會注考證》卷八十六，頁 31。
〔註104〕《史記會注考證》卷八十六，頁 35。

軻的時間，導致荊軻暗殺失敗。至於傳言秦王過去為了刁難在秦國當人質的
燕太子丹，不讓他返國，提出「天雨粟，馬生角」的條件，而上天聽見了燕
太子丹的嘆息，竟然真的發生奇蹟，使秦王不得不放燕太子丹回國，《燕丹子》
中記載：

> 燕太子丹質於秦，秦王遇之無禮，不得意，欲求歸。秦王不聽，謬
> 言：「令烏白頭，馬生角，乃可許耳。」丹仰天嘆，烏即白頭，馬生
> 角。秦王不得已而遣之，為機發之橋，欲陷丹；丹過之，橋為不發。
> 夜到關，關門未開，丹為雞鳴，眾雞皆鳴，遂得逃歸。〔註105〕

然而回想〈刺客列傳〉中燕太子丹的形象：失言逼死田光；表面上憐惜亡秦
來奔的樊於期，明知荊軻有意取他首級作為接近秦王的手段，卻沒有具體行
動保護樊於期，無異於借刀殺人；催促荊軻前往秦國執行任務，由於荊軻缺
乏有力助手，最終導致刺秦失敗。如此心機深沈卻無遠見的人，怎麼能受到
上天的庇佑？應劭《風俗通義·正失》認為，太子燕丹好士，養客慷慨，鄉
野中人出於憐惜而誇張其詞，他說：

> 謹按：《太史記》：「燕太子質秦，始皇遇之益不善，丹恐而亡歸；歸
> 求勇士荊軻、秦舞陽，函樊於期之首，貢督亢之地圖，秦王大悅，
> 禮而見之，變起兩楹之間，事敗而荊軻立死。始皇大怒，乃益發兵
> 伐燕，燕王走保遼東，使使斬丹以謝秦，燕亦遂滅。」丹畏死逃歸
> 耳，自為其父所戮，手足圮絕，安在其能使（天）雨粟，其餘云云
> 乎？原其所以有茲語者，丹實好士，無所愛惜也，故閭閻小論飾成
> 之耳。〔註106〕

以現代的眼光來看，這是一則捏造或者過分誇大的傳言，而夏無且的說法能
夠帶領讀者回歸歷史真相，不沈溺於怪力亂神的傳說。

　　必須注意的是，〈樊酈滕灌列傳〉中的樊噲孫子樊他廣、〈酈生陸賈列傳〉
中的平原君子、〈刺客列傳〉中的公孫季功與董生，他們口述歷史的對象，即
記錄訪談內容的人，究竟是司馬談、還是司馬遷？王國維在〈太史公行年考〉
一文中主張，這三條資料可能是司馬遷追記司馬談的說法：

〔註105〕《燕丹子》（臺北：中華書局，1965年，中華書局據平津館本校刊），頁1～2。
　　　　書中秦王對燕太子丹的要求是「烏白頭，馬生角」，與〈刺客列傳〉所言「天
　　　　雨粟，馬生角」有異。
〔註106〕應劭著，王利器校注：《風俗通義校注》（臺北：明文書局，1982年4月初版），
　　　　頁92。

> 考荊軻刺秦王之歲，下距史公之生，凡八十有三年，二人（公孫季
> 功與董生）未必能及見史公道荊軻事。又樊它廣及平原君子輩行，
> 亦遠在史公前。然則此三傳所紀，史公或追紀父談語也。〔註107〕

荊軻刺秦在秦王二十年（西元前 227 年），司馬遷生年在景帝中元五年（西
元前 145 年），相距八十三年，公孫季功與董生恐怕來不及見到司馬遷、爲
他解說荊軻刺秦的眞實情形。所以王國維、顧頡剛、趙生群都認爲訪查公孫
季功、董生而能具知荊軻刺秦始末的人，應該是司馬談。〔註108〕不過，張
大可說：

> 設若公孫季功及董生與夏無且爲逮及的忘年之交，二人與司馬遷
> 亦爲相接的忘年之交，司馬遷仍有可能從二人游。此當存疑待考。
> 〔註109〕

兩種主張都有其道理，但以人類平均年齡與機率衡量，張說可能性很小。在
有更明確的證據出現之前，暫且兩說並存。

由此議題延伸而出的發現是，李景星從未困惑於是否該分析《史記》篇
章中哪些部分成於司馬談之手、哪些又是司馬遷的筆墨；《史記評議》中常用
敬稱「史公」與「太史公」稱呼《史記》作者，偶見「司馬遷」與「史遷」，
幾乎不見司馬談的蹤跡。李景星似乎將《史記》視爲司馬遷一人的著作，他
在評論〈太史公自序〉時說：

> 《史記》一書，太史公司馬遷所言也，篇末仍以史遷結，如一百三
> 十篇而終于〈自序〉是。蓋〈自序〉非他，即史遷自作之列傳也。

> 無論一部《史記》總括于此，即史遷一人本末，亦備見于此。〔註110〕

沒有明確證據，筆者只能大膽猜測，在李景星看來，司馬氏父子的成就早已
合而爲一，無法也毋須分別；重點不在司馬氏父子各自完成多少，而在於他
們已形成一種系統的蒐集資訊、分析史料、表達史識與展現文采的方式，父
子倆共同完成這部震爍古今的史學巨著，也共享榮耀。

司馬談和司馬遷同爲《史記》作者，書中的史料不論來自書面文獻、遊

〔註107〕王國維：〈太史公行年考〉，《定本觀堂集林》（臺北：世界書局，1964 年 9 月
　　　　　再版），頁 509。

〔註108〕見顧頡剛：〈司馬談作史〉，《史林雜識初編》（北京：中華書局，1963 年 2 月
　　　　　1 日初版），頁 226；以及趙生群：〈司馬談作史考述〉，《太史公書研究》（西
　　　　　安：陝西人民出版社，1994 年 6 月第一版第一次印刷），頁 84～86。

〔註109〕張大可：《史記論贊輯釋》，頁 284。

〔註110〕《四史評議》，頁 123。

歷所得、親見其人與口述歷史，是他們用自己的雙眼看過、雙腳走過、親身驗證而匯集成的心血結晶，這不僅提示了作史的方法，也是作史者該有的態度與精神。

（二）選擇材料的原則

由《史記》論贊分析司馬遷選擇與剪裁史料的原則，李景星特別褒獎的有三點：首先，如資料充足，敘事則盡量詳盡，若對材料的真實性有所懷疑，則存而不論，是抱持「詳」、「慎」的態度；次之，人物著作若已普遍傳世，作傳時就不再論述其著作內容，而以軼事為主，藉此瞭解人物的處事風格；此外，取材力求真實與合理，不採用怪力亂神的記載。

在〈三代世表序〉中，司馬遷大力讚揚孔子述作《春秋》與《尚書》時展現了詳實記載與謹慎著錄的態度：

> 五帝三代之記尚矣，自殷以前，諸侯不可得而譜；周以來，乃頗可著。孔子因史文次《春秋》，紀元年，正時日月，蓋其詳哉！至於序《尚書》則略，無年月；或頗有，然多闕，不可錄。故疑則傳疑，蓋其慎也。余讀牒記，黃帝以來皆有年數。稽其歷譜諜終始五德之傳，古文咸不同，乖異。夫子之弗論次其年月，豈虛哉！於是以《五帝繫諜》、《尚書》，集世紀黃帝以來訖共和為世表。〔註111〕

孔子依據文獻作《春秋》，以年、月、日為順序記事，糾正錯誤日期，由於文獻資料比較豐富齊全，所以《春秋》記載較為詳盡。至於《尚書》的內容，據屈萬里《尚書集釋》考論，《虞夏書》與《商書》多為戰國人追述古事之作，〈盤庚〉可能是殷末人或西周時宋人述古之作（說詳見本論文第七章第一節），《周書》以周初武王、成王、周公、召公的誥命、書辭、當時史官記錄為主，其他文書記載最晚可到秦穆公時期；《尚書》所載史事年代較早，事件又少，因此關於年、月的記載與資訊往往有所缺漏而啟人疑竇，孔子對此採取存而不論的方式。司馬遷繼承孔子「詳」、「慎」處理史料的精神，在〈三代世表〉中只能大略推論五帝三代的世次，共和以後除了世系比較清楚，諸侯傳位與封邑的情形也有明確記載。因此李景星認為，司馬遷在〈三代世表序〉中所言孔子述作的優點，也是司馬遷本身作史的原則：

> 〈三代世表〉，所以表明三代之世次也。著世而不著年，紀遠從略之

〔註111〕《史記會注考證》卷十三，頁3～4。

義也。表明三代，而實敘上及五帝者，詳三代所自出也。自周以來
兼譜諸侯，志三代所由弱也。譜諸侯而不及夏、殷者，表序所謂「自
殷以前，諸侯不可得而譜；周以來，乃頗可著」也。序中「詳」、「慎」
二字，已將作意提出，其當詳者不能不詳，其不當詳者，又不敢不
慎也。〔註112〕

此處「作意」不是指作傳的主旨或欲傳達的主張，而是一種態度與方法，即
「信則傳信，疑則傳疑」，充分利用可靠的史料，謹慎處理尚有疑慮的文獻。

　　司馬遷為古今人物作傳，探討人物在歷史上的作用與影響，有時也評論
其著作或學說，但若人物的著作已經普遍傳世，廣受討論，司馬遷往往只於
篇中帶敘其著作情形，而更關注人物的軼事，藉此彰顯其性格。如〈管晏列
傳贊〉說：

吾讀管氏〈牧民〉、〈山高〉、〈乘馬〉、〈輕重〉、〈九府〉，及《晏子春
秋》，詳哉其言之也。既見其著書，欲觀其行事，故次其傳；至其書
世多有之，是以不論，論其軼事。管仲世所謂賢臣，然孔子小之，
豈以為周道衰微，桓公既賢，而不勉之至王，乃稱霸哉？語曰：「將
順其美，匡救其惡，故上下能相親也。」豈管仲之謂乎？方晏子伏
莊公尸哭之，成禮然後去，豈所謂「見義不為無勇」者邪？至其諫
說犯君之顏，此所謂「進思盡忠，退思補過」者哉！假令晏子而在，
余雖為之執鞭，所忻慕焉。〔註113〕

著作與學說最能展現一個人的思想與價值觀，從《管子》與《晏子春秋》可
見管仲與晏嬰的思想體系，若要進一步探討其學術背景與為人，則須從人物
的軼事著手。此處可以看出司馬遷篩選史料的過程：先研究文獻，再深入人
物事蹟；在世人的各種評論之外，發前人所未發，提出不同的材料與觀點，
重新為人物定位。然而軼事的功能，不只在充實文獻，更重要的是將人物塑
造得更傳神，使讀者見微知著。李景星評論〈管晏列傳〉說：

〈伯夷列傳〉以誕勝，〈管晏列傳〉以逸勝。驚天事業，只以輕描淡
寫之筆出之，如神龍，然露一鱗一爪，而全神皆見，豈非絕大本領！
傳贊「是以不論，論其軼事」二句，是全篇用意。……至于管仲器
小，晏子哭莊公等事，他人所視為定論、視為大節者，此只于贊中

〔註112〕《四史評議》，頁18。
〔註113〕《史記會注考證》卷六十二，頁9～11。

輕點之。馭繁以簡，好整以暇，是太史公極出神文字，不可草草讀
過。贊語先總後分，極抑揚曲折之致。其連引成語而不見複，亦正
由其用筆之妙故也。〔註114〕

管仲、晏嬰相齊，使齊國的實力與聲望達到顛峰，這些事蹟詳載於其他篇章，
傳記便不贅述，而以管仲與鮑叔牙之間的相知相惜、管仲輔佐齊桓公的三件
事，表現管仲「善因禍而為福，轉敗而為功」的柔軟身段和靈活手腕；〔註115〕
以越石父求去與御者之妻的評論，刻畫晏嬰知人納諫、謙虛退讓的風骨。世
間既流傳有管、晏的著作，學者自有衡量的尺度，司馬遷寄筆墨於其軼事，
從而探究他們的行事風格，不僅有助於學者認識傳主的獨特面貌，與其著作
兩相對照，更能夠理解傳主之思想脈絡、在歷史長流中的獨特地位與影響。

　　若不同的文獻或史料之間記載有所出入，且事涉玄怪，則敘述以不違背
《六經》為原則，如〈大宛列傳贊〉說：

　　　《禹本紀》言：「河出崑崙。崑崙其高二千五百餘里，日月所相避隱
　　　為光明也。其上有醴泉、瑤池。」今自張騫使大夏之後也，窮河源，
　　　惡睹本紀所謂崑崙者乎？故言九州山川，《尚書》近之矣。至《禹本
　　　紀》、《山海經》所有怪物，余不敢言之也。〔註116〕

《禹本紀》說黃河出自崑崙，但未明言崑崙位在何處；〈大宛列傳〉正文中說
漢武帝「案古圖書，名河所出山曰崑崙云」，也沒有明確的地理方位；〔註117〕
張騫曾指出于寘「其南則河源出焉」，並未表示于寘與崑崙的關係。〔註118〕
張騫出使大夏，窮究河源，仍未解開黃河源頭之謎，崑崙也還是一個傳說中
的地名。司馬遷曾考察大江南北，他認為《尚書》對於中國山川地理的記載，
還是比較接近事實；至於《禹本紀》與《山海經》中使人心怪目驚的種種譌
言，一則沒有真憑實據，二來有違《六經》的敘述，因此「子不語怪力亂神」，
不應載於注重實證的史書當中。李景星認為，〈大宛列傳贊〉以鑿空無益於探
究真相與國計民生，隱含司馬遷對武帝與張騫的不滿：

　　　贊語只拈窮河源一事以辨《禹本紀》所指崑崙之疑，而張騫鑿空之

〔註114〕《四史評議》，頁60。
〔註115〕《史記會注考證》卷六十二，頁5。
〔註116〕《史記會注考證》卷一百二十三，頁43～46。
〔註117〕《史記會注考證》卷一百二十三，頁29～30。
〔註118〕《史記會注考證》卷一百二十三，頁7。

非，及武帝好奇之過，隱然自見于言外，意境高絕。〔註119〕
張騫出使西域是出於締結邦交以打擊匈奴的需要，「且誠得而以義屬之，則
廣地萬里，重九譯，致殊俗，威德徧於四海」，〔註120〕同時滿足武帝征服四
方的野心，本來並不是爲了擴充或驗證經典所言的地理知識，甚至爲人民生
計而開疆闢土。然而卻因武帝「好奇」（後來演變爲好面子），鑿空之舉引發
「天下騷動」的後果，〔註121〕雖然取得大宛汗血寶馬，也增加了漢帝國與
西方國家的互動，但是並未達成聯合西域諸國對抗匈奴的目的，徒然虛耗國
力。李景星指出，司馬遷不能明言武帝之非，於是藉由找不到崑崙影射帝國
聲威的失落，暗諷張騫的阿諛上意與武帝的好大喜功。而就史料的選擇與去
取的原則來看，司馬遷同樣「好奇」，因此不論是《禹本紀》與《山海經》，
以及其他對九州山川的敘述，想必都蒐羅淨盡了，卻在〈大宛列傳贊〉表示
對《禹本紀》與《山海經》的記載存疑，而以《尙書》所言爲依歸。筆者認
爲，此舉不僅是爲後世學者揭示其「考信於《六藝》」的取捨史料的原則，
同時也是「信則傳信，疑則傳疑」原則的另一具體例證，司馬遷在此留下一
個尙未解決的歷史之謎，等待「後世聖人君子」考察地理與文獻的眞相。

（三）辯證俗說並提出解釋

《史記》被稱爲「信史」、「實錄」，是由於司馬遷在記錄歷史事件與人
物時盡可能重現當時的情勢與對話；「其文直，其事核，不虛美，不隱惡」，
〔註122〕因此也記錄了歷史人物本身所犯的錯誤，對此，司馬遷往往在贊語
中指出，同時更正世人對人物與事件的誤傳。以漢初定都之議以來對西周都
城的誤解爲例，〈劉敬叔孫通列傳〉紀錄了漢初眾臣與劉邦認爲西周定都洛
陽的錯誤，而司馬遷在〈周本紀贊〉中指出周朝本都於豐、鎬的事實。〈劉
敬叔孫通列傳〉記載：

> 婁敬說曰：「陛下都洛陽，豈欲與周室比隆哉？」上曰：「然。」婁
> 敬曰：「陛下取天下，與周室異。周之先自后稷，堯封之邰，積德累
> 善，十有餘世。公劉避桀居豳，太王以狄伐故去豳，杖馬箠居岐，
> 國人爭隨之。及文王爲西伯，斷虞、芮之訟，始受命，呂望、伯夷

〔註119〕《四史評議》，頁115～116。
〔註120〕《史記會注考證》卷一百二十三，頁17。
〔註121〕《史記會注考證》卷一百二十三，頁36。
〔註122〕班固著，王先謙補注：《漢書補注》，頁4371。

自海濱來歸之。武王伐紂，不期而會孟津之上，八百諸侯皆曰：『紂可伐矣。』遂滅殷。**成王即位，周公之屬傅相焉，迺營成周洛邑，以此爲天下之中也。**諸侯四方納貢職，道里均矣。有德則易以王，無德則易以亡。凡居此者，欲令周務以德致人，不欲依阻險，令後世驕奢以虐民也。及周之盛時，天下和洽，四夷鄉風，慕義懷德，附離而竝事天子，不屯一卒，不戰一士，八夷大國之民，莫不賓服效其貢職。及周之衰也，分而爲兩，天下莫朝，周不能制也。非其德薄也，而形勢弱也。今陛下收豐、沛，起卒三千人，以之徑往，而卷蜀漢、定三秦，與項羽戰滎陽、爭成皋之口，大戰七十，小戰四十，使天下之民肝腦塗地，父子暴骨中野，不可勝數。哭泣之聲未絕，傷痍者未起，而欲比隆於成、康之時，臣竊以爲不侔也。且夫秦地被山帶河，四塞以爲固，卒然有急，百萬之衆可具也，因秦之故，資甚美膏腴之地，此所謂天府者也。陛下入關而都之，山東雖亂，秦之故地可全而有也。夫與人鬭，不搤其亢、拊其背，未能全其勝也。今陛下入關而都，案秦之故地，此亦搤天下之亢而拊其背也。」高帝問羣臣，**羣臣皆山東人，爭言：「周王數百年，秦二世即亡，不如都周。」**上疑未能決，及留侯明言入關便，即日車駕西都關中。於是上曰：「本言都秦地者婁敬；婁者乃劉也，賜姓劉氏，拜爲郎中，號爲奉春君。」〔註123〕

婁敬的說法首重形勢：自后稷以來，周朝先人歷經十餘世的耕耘，得人心而後得天下，成爲共主，建都於無天險可依恃的洛陽，是期望後繼者能以德服人；劉邦起於草莽，立國基礎相對薄弱，若無關中的山河之固，不但無法制衡關東諸侯勢力，也難以保全漢家天下。以邏輯來說，婁敬所言很有道理，但這段話裡有幾個問題：首先，根據〈周本紀〉所言，避桀而奔戎狄，始自不窋，而非其子公劉，居豳才始於公劉；再者，西伯姬昌「作豐邑，自岐下徙都豐」，〔註124〕武王繼位後遷都鎬，〔註125〕周朝便以豐、鎬爲主要根據地；

〔註123〕《史記會注考證》卷九十九，頁2～6。
〔註124〕《集解》：「徐廣曰：『豐，在京兆鄠縣東，有靈臺；鎬，在上林昆明北，有鎬池，去豐二十五里，皆在長安南數十里。』」《正義》云：「《括地志》云：『周豐宮，周文王宮也，在雍州鄠縣東三十五里。鎬，在雍州西南三十二里。』」則豐、鎬二京相近。《史記會注考證》卷四，頁15。

其次，武王伐紂後還至鎬京，「武王至于周，自夜不寐」，〔註126〕命周公「營周居于雒邑而後去」，〔註127〕營建雒邑是為了將殷遺民遷居於此，便於控制，並非以洛陽為國都。張崇文說：

> 周公東征勝利後，為了遏制商朝殘餘勢力的復辟，因而將所謂「殷頑民」西遷于離周都鎬京較近的東都洛邑（洛陽），亦即「成周」，以便于嚴格控制。于是，把原來的鎬京改稱「宗周」。這樣，周王朝就有了兩座都城。同時在成周之西 30 里處修築了一座王城，以管轄成周；又派了八師（一師為兩千五百人）兵力駐守成周，監視「殷頑民」。周王朝的政治從此得到了進一步的鞏固。〔註128〕

營建雒邑的工程自武王時期開始，歷經武王崩、成王繼位而周公代政、周公東征平定管蔡之亂，直到周公歸政於成王以後。〈周本紀〉記載：

> **成王在豐**，使召公復營洛邑，如武王之意。

> **成王自奄歸，在宗周**，作〈多方〉。既絀殷命，襲淮夷，**歸在豐**，作〈周官〉。

> 康王命作策，畢公分居里，成周郊，作〈畢命〉。

> 平王立，東遷于雒邑，避戎寇。〔註129〕

「在豐」、「在宗周」，可知西周都城與政治中心始終位在豐、鎬之間，未曾以雒邑為首府；直到申侯聯合繒、西夷、犬戎攻幽王，殺幽王於驪山下，申侯與諸侯立幽王太子宜臼為平王，於是撤離戰火之後滿目瘡痍的豐、鎬二京，遷都雒邑，展開東周。

〈劉敬叔孫通列傳〉敘述婁敬建議劉邦定都關中，傳文主旨不在辨析西周定都於何處，所以司馬遷如實記載婁敬說辭而不加以駁斥；而〈周本紀〉記事以周朝發跡以至殞落的過程為中心，司馬遷在正文中概述周朝自初期到

〔註125〕《詩‧大雅‧文王有聲》：「考卜維王，宅是鎬京。維龜正之，武王成之。武王烝哉。」又曰：「鎬京辟廱。」《傳》：「武王作邑於鎬京。」屈萬里：《詩經詮釋》（臺北：聯經出版事業股份有限公司，1983 年 2 月初版，2002 年 10 月初版第十四刷），頁 480。

〔註126〕《正義》：「周，鎬京也。武王伐紂還至鎬京，憂未定天之保安，故自夜不得寐也。」《史記會注考證》卷四，頁 33。

〔註127〕《史記會注考證》卷四，頁 36。

〔註128〕張崇文：《史記列傳圖志》（西安：陝西人民教育出版社，2006 年 9 月第一版第一次印刷），頁 6。

〔註129〕《史記會注考證》卷四，頁 39、40～41、42、66。

東周之間國都遷徙的情形，並於贊語中再次強調，漢初時，婁敬等大臣與劉邦以洛陽爲西周都城是錯誤的認知。〈周本紀贊〉曰：

> 學者皆稱周伐紂，居洛邑；綜其實，不然。武王營之，成王使召公卜居，居九鼎焉，而周復都豐、鎬。至犬戎敗幽王，周乃東徙于洛邑，所謂「周公葬我畢」；畢，在鎬東南杜中。秦滅周。漢興九十有餘載，天子將封泰山，東巡狩至河南，求周苗裔，封其後嘉三十里地，號曰周子南君，比列侯，以奉其先祭祀。〔註130〕

「周都雒邑」的觀點恐怕不只是婁敬與眾臣的錯誤認識，可能自漢初一直流傳到司馬遷的年代。事實上，從西伯姬昌與武王姬發開始，周便定都於豐、鎬，而營建雒邑的工程由西伯時代延續到成王才完成，整個西周朝從未定都或遷都雒邑，司馬遷對此不能不予以糾正。李景星評論〈周本紀〉說：

> 贊語辨居洛及封周事，則又以淡遠勝矣。〔註131〕

說明司馬遷在贊語中辨證雜說，提出解釋，向讀者揭示其處理材料的態度：即使有些說法幾乎積非成是，然爲學與作史仍須秉持實事求是的精神，追求真相。

　　前一小節提到的〈酈生陸賈列傳〉也是司馬遷在贊語中辨證俗說的一例。李景星評論說：

> 贊語蕭疏可喜。「平原君子與余善，是以得具論之。」此二語尤見身分。〔註132〕

前面說到「親見其人」是司馬氏父子取材的重要來源，這些最貼近歷史人物本身的資料使人物形象更鮮明、立體，也是糾正謬說的最強有力證據。以〈酈生陸賈列傳〉來說，司馬遷認識平原君朱建之子，從而得知酈食其、酈商兄弟在劉邦入關前便投入漢軍陣營，而非如世人傳言，直到劉邦還定三秦、出擊項羽後才得到酈氏兄弟的輔佐。〈酈生陸賈列傳贊〉說：

> 世之傳酈生書，多曰漢王已拔三秦，東擊項籍，而引軍於鞏、洛之間，酈生被儒衣往說漢王，迺非也。自沛公未入關，與項羽別而至高陽，得酈生兄弟。余讀陸生《新語》書十二篇，固當世之辯士。至平原君子與余善，是以得具論之。〔註133〕

〔註130〕《史記會注考證》卷四，頁96～97。
〔註131〕《四史評議》，頁9。
〔註132〕《四史評議》，頁89。
〔註133〕《史記會注考證》卷九十七，頁28～29。

則資料雖多且眾說紛紜，仍應辨證並採取最可靠的資料。傳文以敘述人物事蹟與事件發展爲主，贊語則是司馬遷糾謬、提出解釋的空間，肩負破除傳言、澄清事實眞相的重責大任。

第五節　小　結

　　歸納李景星的研究，《史記》「太史公曰」的內容與作用表現在四方面。首先是總括紀傳的大意，可視爲摘要全文的結語，並與紀傳正文前後呼應，點明作傳主旨，加強傳主形象。次之，是說明司馬遷（與司馬談）處理史料的原則，包括自著史料來源是書面文獻、遊歷所得、親見其人，或來自相關人物的口述歷史。選用史料時，抱持著「信則傳信，疑則傳疑」的態度，詳盡敘述可信的記載，若對材料的眞實性有所懷疑，則存而不論，是既「詳」且「愼」的作法。俗說或有積非成是的情況，司馬遷從細節著手，更正世人對人物與事件的誤解。復次，論贊能補充紀傳中無暇道及的軼事，發揮「後記」與「外傳」的功能，延伸歷史記載的觸角，爲文章增色。再次，在述史之餘，論贊提供司馬遷一處獨立且無干擾正文記載疑慮的空間，藉由讚嘆祖先德澤庇蔭後代，勸喻世人積德行善，對後世產生積極的道德影響。此外，筆者也發現，李景星似乎將《史記》視爲司馬遷一人的著作，並未就活動年代探討《史記》有哪些篇章的部分內容出自司馬談手筆。對李景星而言，司馬氏父子的成就已合而爲一，似乎沒有分別的必要，畢竟他們共同建立了蒐集資訊、分析史料、表達史識與展現文采的獨特系統，二人著作比例於《史記》中如何，都不影響此曠世巨作在中華文化中的意義與地位。

第六章　對「《史記》十篇有錄無書說」的看法

　　據〈太史公自序〉，《史記》全書共一百三十篇，五十二萬六千五百字：

> （《史記》）凡百三十篇，五十二萬六千五百字，爲《太史公書序略》。

> 以拾遺補藝，成一家之言，厥協六經異傳，整齊百家雜語，藏之名山，副在京師，俟後世聖人君子，第七十。

> 太史公曰：余述歷黃帝以來至太初而訖，百三十篇。

在短短八十一字中重複提到《史記》篇數，並估計全書字數，語氣肯定，可知司馬遷當時必定已完成整部著作，並將正本上呈皇帝，納入帝王書庫（藏之名山），將副本留在京師家中（副在京師）。至宣帝時，才由其外孫楊惲宣布，《漢書・司馬遷傳》說：

> 遷既死，後其書稍出。宣帝時，遷外孫平通侯楊惲祖述其書，遂宣布焉。[註1]

楊惲「宣布」的情況爲何，王國維認爲「蓋上之於朝，又傳寫以公於世也」：

> 其所謂「宣播」者，蓋上之於朝，又傳寫以公於世也。《七略・春秋類》有《太史公》百三十篇。〈宣元六王傳〉：「成帝時，東平王宇來朝，上書求《太史公書》。」是漢秘府有是書也。《鹽鐵論・毀學篇》：「大夫曰：司馬子有言，天下攘攘，皆爲利往（見〈貨殖列傳〉）。」此桓寬述桑宏羊語。考桑宏羊論鹽鐵，在昭帝始元六年，而論次之之桓寬，乃宣帝時人。此引《貨殖傳》語，即不

〔註1〕班固著，王先謙補注：《漢書補注》，頁 4370。

出宏羊之口，亦必爲寬所潤色。是宣帝時民間亦有其書。嗣是馮商、褚先生、劉向、揚雄等均見之。蓋在先漢之末，傳世已不止一二本矣。〔註2〕

若是如此，則楊惲再次將《太史公書》上呈皇帝，並且傳寫其書以公布於世人面前，這應該是《史記》向民間傳播的開始。至此，司馬遷所上之本、楊惲所上之本、以及楊惲傳寫以公於世之本，最少已有三個本子。上呈皇帝的本子必然納入秘府（帝王書庫），能夠閱讀批覽者不多，而能一睹楊惲「傳寫以公於世」之本的人恐怕更在少數，王國維所舉例的馮商、褚少孫、劉向、揚雄都是宮廷中的高級官員，顯見《史記》在西漢末年的流傳仍然不廣。

至少在皇室親王之中，已難以一窺《史記》，如《漢書・宣元六王傳》曰：

（東平王劉宇）後年（成帝建始五年，）來朝，上疏求諸子及《太史公書》，上以問大將軍王鳳，對曰：「……《太史公書》有戰國縱橫權譎之謀，漢興之初謀臣奇策，天官災異，地形阸塞，皆不宜在諸侯王。不可予。」……對奏，天子如鳳言，遂不與。〔註3〕

東平王劉宇上疏求諸子及《太史公書》，若成帝應允，必然會由專門的官吏爲其抄寫，而抄寫洋洋五十二萬餘言並不是一件容易而且可以在短時間內完成的事，宮內如此，傳播於世的《太史公書》，傳抄的難度必定加倍。同樣地，以諸侯之尊求書，尚且不可得見，更何況民間知識分子？再加上竹簡不利於保存，這些因素都對《太史公書》的流傳造成相當大的影響。因此張大可認爲：

直到成帝之世，諸侯王欲讀《史記》，只能向皇帝呈請，由此可見，《史記》在西漢之世傳布未廣，故爾殘缺，必然之勢。〔註4〕

不過，使《史記》殘缺成爲必然之勢的原因，「傳布未廣」還有另一層解釋，就是《史記》一百三十篇往往有以單篇形式抄錄流傳的情形。王國維《太史公行年考》說：

漢世百三十篇往往有寫以別行者，《後漢書・竇融傳》：「光武賜融以太史公〈五宗〉、〈外戚世家〉、〈魏其侯列傳〉。」又〈循吏傳〉：「明

〔註2〕王國維：〈太史公行年考〉，《定本觀堂集林》，頁512。

〔註3〕班固著，王先謙補注：《漢書補注》，頁5079～5080。

〔註4〕張大可：〈《史記》殘缺與補竄〉，收錄於張大可、安平秋、俞樟華主編：《史記研究集成》第十一卷《史記文獻與編纂學研究》，頁109。

帝賜王景〈河渠書〉。」是也。〔註5〕

皇帝賜書以單篇，民間傳抄也可能是以單篇進行。賜書是出於政治的考量，民間傳抄則有更多可能性，或許是出於個人興趣、文章的趣味性、或個別篇章的知名度，不可得知，但這種以單篇抄錄、流傳的情況很有可能逐漸演變成《史記》有所散佚的結果。

第一節　《史記》亡書說的提出

《史記》著錄始於《漢書・藝文志》，然自著錄之始已有亡書。《漢書・藝文志》春秋類著錄「《太史公》百三十篇」，班固自注：「十篇有錄無書。」〔註6〕〈司馬遷傳〉說明十篇缺亡的狀態是「有錄無書」：

> 凡百三十篇，五十二萬六千五百字，爲《太史公書》。……遷之自敘云爾。**而十篇缺，有錄無書。**〔註7〕

《後漢書・班彪傳》也記載：

> 其（班彪）略論曰：「孝武之世，太史令司馬遷采《左傳》、《國語》，刪《世本》、《戰國策》，據楚、漢列國時事，上自黃帝，下訖獲麟，作本紀、世家、列傳、書、表，**凡百三十篇，而十篇缺焉。**」〔註8〕

則在班彪活動年代，《史記》一百三十篇中已經有十篇殘缺。

班彪、班固父子均謂司馬遷所著書凡一百三十篇，其中十篇缺，有錄無書。「錄」，是指〈太史公自序〉後半的小序，「書」是指正文；班固謂《史記》「十篇有錄無書」，恐怕他當時所見的《史記》一百三十篇裡有十篇沒有正文，只有各篇小序還存在〈自序〉中。對此，許多後世學者抱持疑問並試圖提出解答，而「十篇缺」的篇目、亡失情形是否眞爲「有錄無書」，或只是部分殘缺，至今爭論不休。《漢書・藝文志》係根據劉向、劉歆父子的著作《別錄》、《七略》撮取而成，凡有部類調整、篇目增省、無不一一注明，「十篇有錄無書」並不是《別錄》、《七略》原文，而發自班氏父子，因此，保守地說，至少在在西漢末年到東漢初年之間，《史記》已有十篇不完整。

〔註5〕王國維：〈太史公行年考〉，《定本觀堂集林》，頁512～513。
〔註6〕班固著，王先謙補注：《漢書補注》，頁2933。
〔註7〕班固著，王先謙補注：《漢書補注》，頁4350。
〔註8〕《後漢書・班彪傳》，武英殿版《後漢書》（臺北：新陸書局，1964年1月），頁564。

第二節　有錄無書的篇目

　　班氏父子指出《史記》有十篇「有錄無書」，卻未說明十篇篇名。〈太史公自序〉裴駰《集解》引衛宏《漢書（書字衍）舊儀注》說，謂景、武二帝紀已爲武帝所削：

> 司馬遷作〈景帝本紀〉，極言其短，及武帝過，武帝怒而削去之。後坐舉李陵，陵降匈奴，故下遷蠶室。有怨言，下獄死。〔註9〕

魏・王肅也主張武帝削書說，《魏書・王肅傳》：

> 漢武帝聞其述《史記》，取〈孝景〉及己本紀覽之，於是大怒，削而投之。於今此兩紀有錄無書。〔註10〕

　　而余嘉錫在〈太史公書亡篇考・景紀第三〉中指出，衛宏所言〈孝景本紀〉與〈孝武本紀〉亡佚的原因未必可信：

> 衛宏東漢初人，作《漢舊儀》四篇，以載西京雜事。其時班氏父子書未成，楊雄等續《太史公書》蓋亦傳播未廣，宏無所據依，故其所著書，頗載里巷傳聞之辭。如所作〈詔定古文《尚書》序〉，謂伏生使其女傳言教晁錯《尚書》，及此所記司馬遷事皆是也。考之《漢書》，遷之得罪，坐救李陵耳，未嘗舉以爲將，亦無下獄死之事。則其言武帝怒削本紀，自屬訛傳，不可以其漢人而信之也。〔註11〕

衛宏的說法有三點錯誤，第一，李陵入仕並非由司馬遷舉薦；第二，李陵投降匈奴後，朝廷中唯有司馬遷「推言陵功」，〔註12〕於是「上以遷誣罔，欲沮貳師，爲陵游說，下遷腐刑」，〔註13〕司馬遷下蠶室是由於爲李陵辯護，而非舉薦李陵；第三，司馬遷受刑後「爲中書令」，〔註14〕並未死於獄中。不到五十字間已有三點錯誤，武帝是否曾怒而削書仍須再議，唯衛宏當時已不見〈景帝本紀〉與〈武帝本紀〉，值得注意。衛宏所言〈景〉、〈武〉二紀亡書原因雖未必可信，但在東漢初年時二紀已佚則當屬事實，而王肅的說法承襲自衛宏，證實曹魏時二紀均「有錄無書」，今本《史記》二紀俱在，必

〔註9〕　《史記會注考證》卷一百三十，頁65。

〔註10〕　魏收著，孫人龍考證：《魏書》一三〇卷附考證（景印文淵閣四庫全書第261冊），頁824。

〔註11〕　余嘉錫：〈太史公書亡篇考〉，收錄於《余嘉錫論學雜著》（北京：中華書局，1963年1月第一版，2007年11月第二版北京第三次印刷），頁17～18。

〔註12〕　〈報仁少卿書〉語，見班固著，王先謙補注：《漢書補注》，頁4359。

〔註13〕　〈李廣蘇建傳〉附〈李陵傳〉，班固著，王先謙補注：《漢書補注》，頁3959。

〔註14〕　班固著，王先謙補注：《漢書補注》，頁4353。

非原書。

　　第一個列出《史記》十篇亡書篇目的是魏代張晏，《漢書‧司馬遷傳》顏師古注引張晏說：

> 張晏曰：「遷沒之後，亡〈景紀〉、〈武紀〉、〈禮書〉、〈樂書〉、〈兵書〉、〈漢興以來將相年表〉、〈日者列傳〉、〈三王世家〉、〈龜策列傳〉、〈傅靳列傳〉。元、成之間，褚先生補缺，作〈武帝紀〉、〈三王世家〉、〈龜策〉、〈日者傳〉，言辭鄙陋，非遷本意也。」〔註15〕

值得注意的是，張晏特別指出褚先生補缺四篇，沒有提及其他六篇有他人補缺，可知在張晏之時，其他六篇恐怕還沒有他人補缺之作。

　　由班彪、班固提出、張晏補充而形成的「十篇有錄無書」之說，長期以來無人質疑，到了宋代呂祖謙主張只有〈武帝本紀〉一篇亡佚，〔註16〕張說遂成疑案。清儒群起考辨，人自為書，家自為說，莫衷一是。有鑑於此，余嘉錫發憤著成〈太史公書亡篇考〉，全文約六萬字，證明「十篇有錄無書說」確當無疑，可視為歷代關於《史記》亡篇缺補問題研究的總結。

第三節　李景星對「《史記》十篇有錄無書說」的看法

　　李景星（1876～1934）與余嘉錫（1883～1955）同時而略早，余氏〈太史公書亡篇考〉文前有序，時在一九四一年十月，故李景星未及參閱余氏研究成果，他對《史記》「十篇有錄無書說」的反駁往往過於武斷與一廂情願。《史記評議‧凡例》第六條說：

> 《史記》一書，據史遷自稱，原無不足之處。緣班彪、王肅之徒妄肆攻擊，或以為十篇獨闕；或以為兩紀無書。考其所言，都無確證。然疑竇既開，愈演愈甚，貽誤後人，正自不少。本書遇此等處，必極為剖析。〔註17〕

他認為，司馬遷既已為百三十篇作序（即〈自序〉後半為各篇略述旨意的小序），表明百三十篇其書俱在，並無脫漏缺亡，班彪提出「凡百三十篇，而

〔註15〕班固著，王先謙補注：《漢書補注》，頁 4352。

〔註16〕呂祖謙：《大事記解題》（景印文淵閣四庫全書第 324 冊，臺北：臺灣商務印書館，1983 年，據國立故宮博物院藏本影本），卷 10，頁 112 上～112 下。呂氏另有專篇〈辨《史記》十篇有錄無書〉，其文較詳，而大義無殊，收錄於《東萊別集》（版本同上），卷 14，頁 5 上～8 下。

〔註17〕《四史評議》，頁 3。

十篇缺焉」以來至張晏時所成形的「十篇有錄無書」之說乃有心人士的妄肆攻擊。爲了避免《史記》讀者受此妄說影響,李景星評議這十篇時,必以己意推論其書之不亡。

李景星反駁《史記》「十篇有錄無書」說的方向主要有三:(一)該篇爲司馬遷「另一格文字」或「變格文字」;(二)該篇爲司馬遷「未完之書」或「未定之稿」;(三)該篇爲《史記》「原文」。以下分類列述之。

(一)〈孝景本紀〉、〈律書〉、〈三王世家〉、〈傅靳蒯成列傳〉:司馬遷變格文字

李景星認爲〈孝景本紀〉、〈律書〉、〈三王世家〉、〈傅靳蒯成列傳〉四篇之所以被疑爲其書已亡,是因爲在體例、格式、與文字風格方面與他篇殊異,學者以爲不像司馬遷的手筆,於是妄生議論,啓人疑竇,但在李氏看來,《史記》多元化的風貌正表展現出司馬遷的識見超群與才華卓越。以〈孝景本紀〉來說,李景星認爲此紀書法是司馬遷「另一格文字」:

> 〈孝景本紀〉,班固以爲有錄無書,衛宏以爲諸先生所補,茅坤以爲太史公未定之書,柯維騏以爲紀闕而贊存。余以爲四家之説,皆非也。是紀之用筆,以簡嚴勝,而書法尤爲不苟,在史公爲另一格文字,實後來作本紀者之正例也。元年書「爲孝文帝立太宗廟」而不詳敍,此事已詳〈文紀〉之末,故此處只書其綱,無庸再詳。書「天子爲誅晁錯,遣袁盎諭告,不止」,所以著其誅錯之失也。本紀體例,書封王不書封侯,而此書封趙綰等五侯,所以著錄其討吳楚之功也。故御史大夫周苛孫平,故御史大夫周昌子左車亦以封侯書者,所以著錄其忠臣之後也。「置德陽宮」,景帝自作廟也,書之所以著失德也。立太子、立皇子徹必連書之者,所以爲後來廢立伏案也。凡此皆所謂書法也。至于七國之反,關係國家安危,是孝景時第一大事,故紀中既載之,而贊語復論及之。「卒以安」三字,娟峭之至。末後結出「謀」字,尤有無窮感慨。[註18]

李氏立論吸收了清代梁玉繩的說法,梁玉繩《史記志疑》主張〈孝景本紀〉是本紀中的另一體格,後世史家作帝紀時大多遵循這種體例:

> 今讀〈孝景紀〉,所書惟大事,另一體格,後世史家作帝紀,多祖此

[註18]《四史評議》,頁16。

例，且有《漢書》所無者。宋眞德秀錄〈景紀論〉於《文章正宗》，
亦以爲史公之筆，夫豈他人所能僞哉？〔註19〕

〈景紀〉「所書惟大事」，即李景星評論中舉出爲文帝立太宗廟而不詳述、遣
袁盎諭告誅晁錯、破格書封侯的用意、景帝自作廟、連書立太子與立皇子徹、
正文與贊語都提及七國之亂等事，梁氏認爲後世史書的帝紀多以這種舉要而
除其枝蔓的筆法爲之。李氏進一步闡述，認爲今本〈景紀〉詳略得宜，以簡
馭繁，其中特別關注七國之亂，因爲這是景帝時代最重要的大事，關係國家
存亡，不但於本文載之、在贊語反復論之，還打破《史記》本紀「書封王不
書封侯」的體例，記載討伐吳楚叛軍的趙縮等五人受封爲侯一事以表揚其功
勞。李景星認爲此紀之所以成爲後世本紀之正例，除了上述書法以外，「元
年書『爲孝文帝立太宗廟』而不詳敍」一句提示〈景紀〉「以編年紀事」特
別嚴整，成爲後代帝紀的規範，陳仁錫的說法更爲具體：

> 〈景紀〉用編年例，惟書本事而已，此必太史公本書，非後人所補
> 也。〔註20〕

《春秋》開編年體史記之先河，司馬遷既以繼承《春秋》爲目標，並創立紀
傳體，《史記》可說是編年與紀傳並行互補，使人、事、時、地的訊息面面
俱到，《史記》裡廣泛運用了編年記事，本紀中的〈秦始皇本紀〉、〈項羽本
紀〉、〈高祖本紀〉都是明顯的例子。本紀以外，李景星在評論〈孔子世家〉
時也說「孔子無位，則以本身之年紀」，〔註21〕藉此讚揚司馬遷以編年體爲
孔子作傳的眼光與膽力是漢唐以來學者不可及的。用編年例、惟書本事是《史
記》中普遍使用的書法，後世史家作帝紀時也多仿此，不足以作爲判斷特定
作者的依據。是故，主張〈孝景本紀〉純用編年記事在《史記》中顯得獨特
則可，以此爲證據斷定今本〈孝景本紀〉是司馬遷原書則不可。

李景星認爲〈律書〉是司馬遷「變格文字」：

> 〈律〉、〈歷〉二書，是太史公變格文字，在文家謂之正文外兼附載
> 法。或謂系褚氏所補：又謂〈律書〉自「有德君子者邪」上，〈歷書〉
> 自「夜半朔旦冬至」上爲《史記》原書，餘皆褚氏所補，此俱非也。

〔註19〕梁玉繩著，賀次君點校：《史記志疑》卷七〈今上本紀第十二〉「孝武皇帝者，
孝景中子也」條下，頁279。

〔註20〕陳仁錫說見凌稚隆輯校，李光縉增補，有井範平補標：《補標史記評林》，頁
377。

〔註21〕《四史評議》，頁49。

蓋紀律歷與紀禮樂又不同，紀禮樂可雜述議論；紀律歷必并載法術，
而法術質白煩碎，不便板敍于正文中，則惟有于正文總括大意，而
附載法術于後，使後之讀者參互考證，以得其眞，乃史公作書之旨
也。是篇以「律」名書，而兼言兵者，以兵律本相通。于〈律書〉
言兵，正得制律之本意與吹律之精微；且借律以探用兵之原，隱諷
武帝之不當黷武也。贊語推重文帝，正爲武帝作反照。自「《書》曰」
至末，皆附載律之法術，而于末後重加「太史公曰」云云者，以前
讚美孝文，是專就不輕用兵言，末及于律，至此乃歸之于律，以作
一篇結束也。〔註22〕

李氏提出三點主張，首先，由於論音律、歷法必須兼及技巧（所謂「法術」），
所以正文敍述理論在先，附論技巧在後，使讀者能理解活用；第二，音律與
兵法相通，兵法之制定源於音律，其變化則肇於音律之精微，篇名不直言〈兵
書〉而名〈律書〉，隱含對武帝窮兵黷武的諷刺；第三，〈律書〉中有兩段「太
史公曰」，一在正文敍述理論之後，旨在推崇文帝不輕言用兵，一在附論音
律技巧之後，作用是收束全文。律、歷之性質不同於禮、樂，所以史公另創
適用於梳理律、歷之作文結構。根據以上三點，李景星主張司馬遷有爲適應
主題而另立一格的理由，認爲格式不協調不代表內容不是司馬遷原文。

　　〈孝景本紀〉是史公作本紀另一格，〈律書〉是史公作書之變格，史公於
世家一體亦有特創，李景星評論〈三王世家第〉說：

〈三王世家〉，班固謂「有錄無書」，褚少孫謂「求其世家不可得」，
是皆非也。蓋三王封后諸事，太史公俱未之見，而按之作書體例，
又不能于此篇獨遺，故只以奏議詔策編綴成篇，則三王受封之本始
具矣。受封之本始既具，後來紹封之次第均可由此而推。其當日之
實情如此，故史公爲文亦不得不如此。格局既系特創，所載文辭又
古質雅馴；不但爲世家中傑作，即在全書中亦是出色文字。宋王荊
公謂蘇軾〈表忠觀碑〉文，即是仿此而作，細繹之，良然。贊語曰：
「文辭爛然，甚可觀也，是以附之世家。」與〈自序〉所云「三子
之王，文辭可觀」正同，然則讀者之于此篇可無疑矣。「褚先生曰」
以下，文筆既卑，且以《漢書·武五子傳》等篇較之，字句之間亦

多有同異。但可存之備考而已，不足深論也。〔註23〕

李景星認爲司馬遷特創〈三王世家〉格局，是因未得見三王受封以後諸事，然於世家體例又不能獨缺此篇，於是詳錄受封本始，由此可推後來紹封次第。而贊語曰「文辭爛然，甚可觀也」，文意同於〈自序〉所言「三子之王，文辭可觀」，由此推知〈三王世家〉並未亡佚，讀者可以相信本篇是司馬遷原書無疑。

　　至於〈傅靳蒯成列傳〉，李景星認爲這種平正無奇、如公文般的文章是《史記》中的特殊風格，正好呼應傳主氣質：

> 傅寬、靳歙、蒯成侯周緤，亦以近幸合傳，與〈樊酈滕灌傳〉略同。
> 樊、酈、滕、灌俱是開張一路人，故寫來亦極開張；傅、靳、蒯成
> 俱是平正一路人，故寫來亦極平正。通篇按部就班，不矜奇，不立
> 異，而敘述簡明，安頓妥帖，絕似一首公牘文字，《史記》中又一體
> 也。〈傅傳〉曰：「以魏五大夫騎將從，爲舍人。」〈靳傳〉曰：「以
> 中涓從。」〈蒯成傳〉曰：「常爲高祖驂乘，以舍人從。」此其合傳
> 之由。而〈蒯成傳〉又特寫其操心堅正：曰「軍乍利乍不利，終無
> 離上心」；曰「蒯成侯泣曰」云云，活畫出一種謹厚可靠情狀。贊語
> 曰「身不見疑」，曰「此有傷心者」，又隱隱爲韓信、彭越、黥布等
> 作一反射，見漢高固是寡恩，彼韓信等亦不如傅、靳等之善處也。
> 嗚呼，此太史公之微意也！〔註24〕

史公根據傳主的行事與個性而刻意以平正之筆寫來，不好奇立異，直述傅寬、靳歙、周緤跟隨劉邦起義與建功封侯事，而這種筆法正適合周緤等人「謹厚可靠」的形象。李氏進一步指出，贊語在讚美周緤「操心堅正，身不見疑」的同時，也反襯出韓信、彭越、黥布等人對漢帝國的潛在威脅，表現了司馬遷的微言大義，此篇亦爲史公手筆無疑。然而，李景星單從文筆考量，即如他評論〈商君列傳〉所言：「在天地間既有此一種人物，而太史公即有此一副筆墨以寫之。」〔註25〕此說容易造成主觀情感混淆客觀論斷的情況，李景星就據此臆測出種種司馬遷的特殊風格，忽略司馬遷在〈自序〉中提示此傳乃爲使人「詳知秦、楚之事」而作；〔註26〕傳文簡述傅寬、靳歙、周緤攻城野

〔註23〕《四史評議》，頁58。
〔註24〕《四史評議》，頁89～90。
〔註25〕《四史評議》，頁64～65。
〔註26〕《史記會注考證》卷一百三十，頁53。

戰之功、受封食邑大小、傳世，與劉邦間的互動作爲點綴，其中並無任何秦、楚之際的秘辛，顯然不符司馬遷作傳本意。

（二）〈孝武本紀〉、〈漢興以來將相名臣年表〉：司馬遷未定之稿

雖然李景星在〈凡例〉中稱《史記》一書「原無不足之處」，但於閱讀《史記》與整理讀書心得以成《史記評議》時，他主張《史記》百三十篇中有史公尚未定稿之作，即〈孝武本紀〉與〈漢興以來將相名臣年表〉；李景星認爲，司馬遷已詳錄作書所需資料，只是不及修訂，致使兩文頗有不及刪潤之跡，而非學者所謂「有錄無書」的結果。

李景星以司馬遷卒於武帝之前，無法總紀武帝行事，主張〈孝武本紀〉說明尚未完稿：

> 〈孝武本紀〉，太史公未完之書也。武帝之崩，在後元二年。史公卒年，諸書無考，然按《史記》所載，僅及于征和之初，而其〈報任安書〉亦在任安被罪之後，其書內所言，有「薄從上雍」一語。考征和三年正月，武帝行幸雍，〈報任安書〉所言即指此無疑。此後史公之事更無所見，想其卒即在此時矣。史公既卒于武帝之前，其于武帝行事自不能總紀其全。而封禪等條系當時朝廷所尚，又其身之所親經，詳以錄之，作爲底本以備一帝統系而待將來刪潤，揆之情理，亦固其宜。不幸而先卒，使此紀懸爲千載疑案。後人無識，又不能論世知人以表傳當日之情狀，此固史公所無可如何者也。至于標題爲〈孝武本紀〉，而敘述之間一則曰「孝武皇帝者」，再則曰「孝武皇帝初即位」，此皆後人所定，確非史公原文。以〈自序〉「今上本紀」證之可見，其紀事雖純用〈封禪書〉，而字句有增有減，比而觀之，更覺明晰。凡此，皆讀是紀者所當知也。〔註27〕

根據《史記》記載之下限與〈報任安書〉中提及史公從武帝幸雍事，李景星推論司馬遷之卒早於武帝。既然司馬遷在作此紀時武帝未崩，未見全貌便無法蓋棺論定，不過武帝致力於封禪卻是司馬遷所親見的，封禪不僅是武帝的終身事業，也是朝臣眾望所歸，對當時政策與風尚有舉足輕重的影響，可視爲武帝朝政事的骨架，所以取〈封禪書〉作底本，佐以其他資料，有待來日刪潤成篇，可惜未竟而卒，因此〈孝武本紀〉才會重複了〈封禪書〉的內容，

〔註27〕 《四史評議》，頁 17。

招致世人懷疑與毀謗其書不存。不過，〈凡例〉稱《史記》「原無不足之處」，此處又說〈孝武本紀〉是「太史公未完之書」，說法前後矛盾，況且〈孝武本紀〉重複了〈封禪書〉的內容，與「互見法」牴牾，李景星顯然無法自圓其說。另外，李氏指出，本紀敘述之間摻雜了武帝諡號是後人所爲，不當以此作爲〈武帝本紀〉亡書的根據，因爲〈太史公自序〉中已明言此篇原名〈今上本紀〉，「武帝」二字實爲後人改竄。

〈漢興以來將相名臣年表〉也因爲尚未定稿而沒有序論，李景星認爲不能以「沒有序論」爲由，判定此表闕亡、今本係褚少孫補作：

> 〈漢興以來將相名臣年表〉，太史公未定稿也。無論他表有序，此獨無序，致啓後人之疑；即編置書法，亦多闕略錯誤。如高后元年，按《漢書》本紀及〈刑法志〉，皆言是年除三族及妖言罪，此大事也，表內不書。孝文元年，按《漢書・百官公卿表》，周勃以八月辛未免，此大事也，表內亦不書。凡此，皆所謂闕略也。「高皇帝四年，御史大夫汾陰侯周昌」，此時昌尚未封侯，不應書之。「孝惠三年，初作長安城」，長安城非此時始作也，不當書「初」。凡此，皆所謂錯誤也。其元封以後大事記及將相位，尤爲漏略。蓋史公此表與本紀內〈孝武紀〉同，皆屬未定之稿，有待將來刪潤；因非成書，故無序論，而表內復多疏漏如此。後人見其無序，遂以爲此表原闕，今所傳者系褚少孫所補，獨不思史公〈自序〉明曰「作〈漢興以來將相名臣年表〉」，豈有闕而不具之理？且此表訛誤雖多，義例實密。凡置相命將皆用正書，凡罷免薨卒皆用倒書，其中煞費苦心，非褚氏眼光心理所能及也。特天漢以後至孝成鴻嘉元年，勉爲笑顰，殊顯荒陋，則眞褚氏之所補矣。〔註28〕

李氏指出〈漢興以來將相名臣年表〉之所以啓人疑竇，一是因爲沒有序論，二是因爲表中有許多闕略錯誤，但這是由於此表還在草稿階段的緣故；司馬遷〈自序〉表明此表已作，當然不可能闕而不具。再者，此表雖然沒有序論，又有許多缺略錯誤，但以正書記載將相之任命、以倒書著錄罷免薨卒，如此嚴密的義例不是褚少孫所能達致，唯有天漢以後至成帝鴻嘉元年間的記事，才是褚氏的狗尾續貂。然而，原來完整不代表後來不會散失，有〈自序〉之文並不保證其書不亡佚、後人不補作，李景星以此推斷今本〈漢興以來將相

〔註28〕《四史評議》，頁 27～28。

名臣年表〉是司馬遷之作，就顯得強詞奪理、一廂情願了。

　　（三）〈禮書〉、〈樂書〉、〈日者列傳〉、〈龜策列傳〉：《史記》原文

　　自張晏提出〈禮書〉與〈樂書〉「有錄無書」以來，學者往往從〈禮書〉
多取《荀子‧禮論》與《荀子‧議兵篇》、〈樂書〉多采《禮記‧樂記》的角
度出發，主張司馬遷原作已亡，今本是褚少孫所補，雖然據張晏所言，由褚
先生補缺的四篇之中並無〈禮書〉和〈樂書〉。例如楊慎就說：

> 自「禮由人起」至「儒墨之分」一段，《荀子‧禮論》之文。中間
> 「治辨之極也」至「刑錯而不用」一段，《荀子‧議兵篇》荅陳囂
> 之文。後自「天地者生之本也」至終篇，亦皆〈禮論〉之文。乃斷
> 「至矣哉」之上，加「太史公曰」，此小司馬譏其率略蕪陋，其爲
> 褚少孫補明矣。〔註29〕

楊氏認爲今本〈禮書〉乃褚少孫拼湊《荀子‧禮論》與《荀子‧議兵》而成，
同意司馬貞批評此篇「率略蕪陋」，不是司馬遷原作。李景星於評論〈禮書〉
時嚴正駁斥這種說法：

> 〈禮〉、〈樂〉二書，皆是《史記》原文。或謂二書久闕，此系褚少
> 孫所補；或又謂二書之首數行，系《史記》原文，餘皆褚氏所補，
> 俱非也。夫太史公作〈五帝紀〉等篇，皆采《詩》、《書》傳記以成
> 文，論者以爲一經點竄，便成《史記》筆墨。〈禮〉、〈樂〉二書，
> 亦何獨不然！蓋〈禮〉、〈樂〉二書之采《荀子‧禮論》及〈樂記〉，
> 與〈五帝紀〉等篇之采《詩》、《書》傳記同也。人不疑其采《詩》、
> 《書》傳記，獨疑其采《荀子‧禮論》及〈樂記〉乎？吾知其必不
> 然矣。是篇記禮，爲八書之首，自「太史公曰：『洋洋美德乎』」至
> 「垂之于後云」，爲本書序論，抑揚之間，具有微辭。以下自「禮
> 由人起」至「所以捐社稷也」，及「天地者，生之本」至「以爲下
> 則順，以爲上則明」，是采《荀子‧禮論》。中間「故堅革利兵」至
> 「刑錯而不用」，是采《荀子‧議兵篇》荅陳囂語。一路遞轉而來，
> 陡然截住，將先王制禮之意，說得原原本本，十分透徹。合之序論，
> 而禮之失與禮之原一齊呈露，此史公〈禮書〉之所以可貴也。自「太

〔註29〕楊慎語見凌稚隆輯校，李光縉增補，有井範平補標：《補標史記評林》，頁859
　　　～860。

　　史公曰：『至矣哉』」以下，與〈樂書〉「太史公曰：『夫上古明王』」
　　云云，同是本書贊語，當跳行寫。〔註30〕

他認爲司馬遷述史多從六經、先秦諸子之書取材，以其天才橫溢，雜揉史料，
化用文句，形成獨具司馬氏風格的文字，既然司馬遷能點竄《詩》、《書》而
成〈五帝本紀〉，則摭拾《荀子·禮論》與《荀子·議兵篇》文字而成的〈禮
書〉、從《禮記·樂記》變化而來的〈樂書〉同樣出自司馬遷的神來之筆，
論述三代聖王制禮作儀的本意在於平衡人欲，惋惜禮樂隨著周朝式微而崩
壞，這種裁剪史料的特殊技巧唯有司馬遷做得到，不該懷疑是褚少孫所作。
李景星在評論〈樂書〉時重申：

　　〈樂書〉序論極佳，可分三層讀：自「太史公曰：『余每讀《虞書》』」
　　至「自然之勢也」爲第一層，極言先王作樂之盛；自「治道虧缺」
　　至「二世然之」爲第二層，歷言後代好樂之失；自「高祖過沛詩〈三
　　侯之章〉，令小兒歌之」至「丞相公孫弘曰：『黯誹謗聖制，當族』」
　　爲第三層，備言當時新樂之興。其第三層中載汲黯之語，以示貶，
　　而隨以公孫弘語陡然收轉，似正似反，若合若離，總之痛古樂之亡，
　　不能不致諷于武帝而已。以下引〈樂記〉全文而錯綜之，將議論提
　　敘一處，將事實補敘一處，人皆以顛倒原文爲譏，而不知其用筆妙
　　處正在于此。「太史公曰：『夫上古明王』」以下，總括前引〈樂記〉
　　文章，另作一束，即此書之贊語。觀此而愈知前篇〈禮書〉末幅「太
　　史公曰」以下之四百二十字當跳行另寫無疑矣。篇內「凡音由于人
　　心，天之與人」云云至「故身死國亡」，按此一段不見于〈樂記〉，
　　殆史公自以己意加入，以盡議敘之妙。又衛靈公濮水聞琴及師涓、
　　師曠之事出于《韓子》，殆史公采摭附綴，故以雜引見長也。〔註31〕

認爲〈樂書〉並非褚少孫顛倒剪貼《禮記·樂記》之作，而是司馬遷長於旁
徵博引各類文獻以證成其說的證明，不僅錯綜提取〈樂記〉原文以歸納議論
與事實，並補綴《韓子》之記載，再加入個人議論，使文章內容更豐盛充足。

　　鎔鑄各種史料和文獻，轉化爲自己對過去歷史的瞭解及論述，李景星確
實掌握了司馬遷述作的技巧。若純粹從手法的精粗評定〈禮書〉與〈樂書〉
不是由司馬遷掇索《荀子·議兵》與〈禮論〉、《禮記·樂記》而來，似乎略

〔註30〕《四史評議》，頁28。
〔註31〕《四史評議》，頁29。

嫌武斷，李氏所言有其道理。但他忽略了司馬遷在〈自序〉中已言明作〈禮書〉、〈樂書〉的主旨還包括了記述古往今來的禮樂因革損益：

> 維三代之禮，所損益各殊務，然要以近情性、通王道，故禮因人質為之節文，略協古今之變，作〈禮書〉第一。

> 樂者所以移風易俗也。自〈雅〉、〈頌〉聲興，則已好〈鄭〉、〈衛〉之音。〈鄭〉、〈衛〉之音，所從來久矣。人情之所感，遠俗則懷。比樂書以述來古，作〈樂書〉第二。〔註32〕

然而在今本〈禮書〉及〈樂書〉中卻不見三代以來禮、樂的沿革，與〈自序〉不合。又，根據〈自序〉所言，司馬遷主張〈雅〉、〈頌〉之聲和〈鄭〉、〈衛〉之音是同時流行的，沒有風雅正變的問題。陳桐生指出，司馬遷受《魯詩》，而《魯詩》中並沒有風雅正變的理論：

> 《史記》從未提及風雅正變說，這表明司馬遷寫《史記》還沒有接觸過這個理論。從《齊詩》、《韓詩》斷〈關雎〉為刺詩來看，齊、韓二家同樣沒有風雅正變說。〔註33〕

司馬遷既無風雅正變的概念，就不會認為〈鄭〉、〈衛〉之音是衰世變風。但今本〈樂書序〉說：

> 治道虧缺，而〈鄭〉音興起。〔註34〕

〈樂書〉本文又取《禮記·樂記》說：

> 〈鄭〉、〈衛〉之音，亂世之音也，比於慢矣。桑間、濮上之音，亡國之音也；政散，其民流，誣上行私，而不可止。〔註35〕

以〈鄭〉、〈衛〉為亂世之音，源於〈詩〉有正變的概念，則與〈自序〉的主張相衝突。李師偉泰認為：

> 〈樂書序〉既然與司馬遷在〈自序〉所陳述的重要觀念相抵觸，可知它絕不可能出自司馬遷之手。取自《禮記·樂記》的〈樂記〉本文，自然更不在話下。〔註36〕

〔註32〕《史記會注考證》卷一百三十，頁35。
〔註33〕陳桐生：《儒家經傳文化與《史記》·《魯詩》無正變說》（臺北：洪葉文化事業有限公司，2002年9月初版一刷），頁366。
〔註34〕《史記會注考證》卷二十四，頁4。
〔註35〕《史記會注考證》卷二十四，頁13～14。
〔註36〕李師偉泰：〈司馬遷和《史記》概說〉，收錄於李師偉泰、宋淑萍、從聖心、張素卿、黃沛榮、劉文清、劉德漢選注：《史記選注》，頁24。

據此，則李景星堅持〈樂書〉乃司馬遷剪裁「點竄」《禮記‧樂記》而來，就顯得強詞奪理了。

　　至於〈日者列傳〉與〈龜策列傳〉，李景星則直言「自成其爲史公之文」、是「太史公正文」。李氏評論〈日者列傳〉道：

　　　　〈日者傳〉是一篇架空文字，如莊生之「寓言」，即司馬季主，亦不
　　　　必實有其人，所敍事迹更無論矣。即以有其人而論，亦是當時才人
　　　　借題發揮，不必出自宋、賈。即云出自宋、賈，亦是設爲問答，自
　　　　抒憤悶，如〈離騷〉、〈漁父〉之類。太史公想是愛其文，感其事，
　　　　故加以序贊，成爲此傳。又以司馬季主操日者之業，故名之曰「日
　　　　者列傳」也。其文汪洋恣肆，誕忽深渺，雖多排語，自成奇作。**蓋
　　　　史公胸有錘爐，即偶爾采錄，亦自成其爲史公之文，非他人所能及。**
　　　　贊語淡淡著筆，有天外浮雲之態。「褚先生曰」一段，乃如此傳之論，
　　　　玩其語意，直以日者爲主，非復史公立傳本旨矣。〔註37〕

李氏認爲〈日者列傳〉是司馬遷採取當時才人的文章，以敍事作論斷的一篇「架空文字」，所敍內容不必眞有其人其事，就像《莊子》寓言一般，又如賦體之設爲問答。司馬遷愛奇，又受此文感動，所以收錄這篇文章，並加上序論、贊語而成。因爲傳中主人司馬季主「操日者之業」，於是以「日者」名篇。前已言之，李景星認爲剪裁史料以成一篇美文是史公獨特的能力與技巧，即使〈日者列傳〉是司馬遷蒐羅時人佳作而來，也經過他胸中錘爐鎔鑄陶冶，不是他人可以望其項背。然而李氏並未解釋，若視〈日者列傳〉爲類傳，爲何只記載司馬季主？若如篇末「太史公曰」所言：「古者卜人所以不載者，多不見于篇，及至司馬季主，余志而著之。」〔註38〕爲強調司馬季主的重要性，爲何篇名不作〈司馬季主列傳〉？於此問題，李景星似乎都未考慮。

　　李景星讚揚〈龜策列傳〉正文推究事物發展的始末經過，探求深奧隱妙的事理，既精且博，文字沈靜文雅：

　　　　〈龜策傳〉蓋敍古今卜筮之事，太史公正文原始要終，探賾索隱，
　　　　本自精博嫻雅。觀其言曰：「是以擇賢而用占焉，可謂聖人重事者
　　　　乎！」又曰：「謂夫輕卜筮，無神明者，悖；背人道，信禎祥者，鬼
　　　　神不得其正。」是即孔子所謂「敬鬼神而遠之也」。立言如此，可謂

〔註37〕《四史評議》，頁119。
〔註38〕《史記會注考證》卷一百二十七，頁12。

能見其大。自「褚先生曰」以下，雜引故事，證明龜策之靈驗，其
心境眼孔，已低史公一層，文字亦古致錯落，然在後來文人中可稱
先進，而無史公之疏宕奇氣也。後附卜筮之法，只可備考，并無深
意。〔註39〕

認爲褚少孫附載於「司馬遷原文」後的贊語並不符合司馬遷作文之本旨。然
而，上述優點無法證成〈龜策列傳〉是司馬遷原文，是否「精博嫻雅」也尚
有討論空間。因此，即使李景星認爲傳中所言能在鬼神與人道之間取得平
衡，所見獨大，仍無直接且關鍵的證據證明此文是司馬遷原作。

第四節　小　結

根據〈太史公自序〉，司馬遷已完成《史記》一百三十篇、共五十二萬
六千五百字的寫作工程，並上呈武帝，納入帝王書庫，留存副本在其京師家
中。然而自《漢書・藝文志》著錄《史記》之始，班彪、班固父子已謂其中
「十篇有錄無書」，僅存篇目而無正文；到了魏代，張晏提出十篇亡書篇目，
宋代呂祖謙則主張唯有〈孝武本紀〉亡失，再加上後代學者對「藏之名山，
副在京師」含意有所誤解，遂開啓《史記》是否有缺、所缺爲何的爭論，而
人各爲說，莫衷一是，始終無法達成一致的結論。直到余嘉錫梳理異說，辨
別考證，著成約六萬言的〈太史公書亡篇考〉，才大致總結了千年來的懸案。
李景星不幸早逝，未及參閱余氏的研究成果，因此其《史記評議》中對《史
記》「十篇有錄無書說」的看法有諸多囿於成見的謬誤與想當然爾的臆測之
詞。李書〈凡例〉主張司馬遷《史記》「原無不足之處」，又以爲〈孝武本紀〉
重複〈封禪書〉內容、〈漢興以來將相名臣年表〉無序論是由於司馬遷尚未
定稿；以「司馬遷另一格文字」爲由解釋〈孝景本紀〉、〈律書〉、〈三王世家〉、
〈傅靳蒯成侯列傳〉在體例、格式、文字風格方面異於他篇的情形，堅持〈禮
書〉、〈樂書〉、〈日者列傳〉、〈龜策列傳〉乃司馬遷原文，割裂〈太史公自序〉
與正文間互爲表裡的關係，部分採用〈自序〉卻無法對正文內容偏離〈自序〉
主旨的情形提出合理解釋。立意雖好，卻悖離了事實。

〔註39〕　《四史評議》，頁 120。

第七章　對《史記》內容之考據與修訂

　　《史記》成書以來，歷經無數次官私傳抄、考訂與刊行，時至今日不但不可復見原本，通行本與原本之間恐怕也有頗大的差異。然而不論是司馬遷原著的疏漏，或是在流傳中產生的錯誤，歷代都有許多學者致力於訂正《史記》的工作，清代更可說是考據《史記》的高峰期。張新科、俞樟華說：

> 清人對《史記》研究的最大貢獻，在考據方面。在清代，凡治《史記》者，無論史學家還是文學家，皆不廢考證。他們對《史記》文字的衍、訛、脫、增、誤、異、通、改、混、補，對史事的錯謬、疏漏、矛盾，對輿地之古今異名和職官之沿革變化，以及年月之不倫失實、三家注之錯妄疑缺等等，均詳加稽考，匡謬正疵，探本溯源，其用力之勤，收效之大，可謂前無古人，後也罕有其匹者。〔註1〕

在考據興盛的風氣籠罩下，李景星研究《史記》時也相當注重指正書中的用字錯誤與記載失實，他在《史記評議·凡例》中提出：

> 本書雖以文史為主，而亦不廢考據。或隨所見而及之，或擇其要而載之，雖未敢謂搜剔無遺，然千慮一得，正可為讀史之助。〔註2〕

李景星讀《史記》「每一篇畢，輒書所見，并將平日讀是書時之所條記皆匯歸一處」，而《評議》既以文史為主要目標，李氏大多把對一百三十篇之文史成就的分析置於篇首，其考據所得則主要集中在評論的後半部，並以「篇內」二字為分界，在「篇內」二字以下依次論列其校訂條目。

〔註1〕張新科、俞樟華：〈清代《史記》研究的豐碩成果〉，收錄於張大可、安平秋、俞樟華主編：《史記研究集成》第十三卷《史記研究史及史記研究家》，頁169。
〔註2〕《四史評議》，頁4。

　　根據各篇內容，李景星校訂《史記》的材料與方式也不同，有些較明顯的失誤可於篇內自證，或者與他篇比對，或者引證他書與他說，但有時李景星並未注明引自何人說法。李氏「搜剔」《史記》的成果，主要集中於糾正人名、地名、年月、史實，判斷缺漏增補，並提出如何更清楚表達文意的寫法。

　　綜觀《史記評議》中關於考據的篇幅，往往占全篇評議內容之半，甚至大大超越。以〈周本紀〉為例，李氏評議總共 805 字，其中關於考據部分的就占 498 字，超過六成；又如〈高祖功臣侯者年表〉，李氏評議文史處為 193 字，論及考據處則有 408 字，是評議文史的兩倍之多；再如李氏評議〈衛將軍驃騎列傳〉共 978 字，考據部分之字數有 703 字，超過七成；評論〈南越列傳〉文史成就處只有 96 字，關於記載疏略的批評則用了三倍之多、幾近全篇八成的 332 字。考據內容的篇幅之所以如此龐大，不僅是為適應考據體例的需求而形成，也顯示了李景星對於訂正《史記》的重視。

　　而在比對凌稚隆輯評之《史記評林》及有井範平補標的《補標史記評林》、梁玉繩所撰之《史記志疑》、瀧川資言的《史記會注考證》，與李景星《史記評議》中的考據成果時，發現李景星修訂《史記》的底本應是凌稚隆的《史記評林》，也大量採取梁玉繩考據《史記》的成果。以下將分節說明。

第一節　考據方法

　　李景星校訂《史記》時，根據司馬遷的疏漏情形和各篇內容所包含的歷史斷限，而採用不同的方式，整合各種文獻。有時只需對照前後文，有時與其他篇章互相比對；或根據先秦經、傳、各種史書校訂，或根據《漢書》修正。

（一）篇內自證

　　《史記》一百三十篇中，有些編寫時的錯誤是明顯可見的，只需梳理文意脈絡，就能考核其實。例如〈衛康叔世家〉中，關於衛惠公出奔齊國是發生在即位後第幾年，有兩種前後不一的記載：

> 十九年，宣公卒，太子朔立，是為惠公。左右公子不平朔之立也。
> **惠公四年**，左右公子怨惠公之讒殺前太子伋而代立，乃作亂攻惠公，立太子伋之弟黔牟為君。惠公奔齊。衛君黔牟立八年，齊襄

公率諸侯，奉王命共伐衛，納衛惠公，誅左右公子。衛君黔牟犇
于周。惠公復立。**惠公立三年出亡**，亡八年復入，與前通年凡十
三年矣。〔註3〕

李景星根據篇內的時間、順序，指出衛惠公出奔齊國當在即位第四年時：

「三年出亡。」按：「三年」乃「四年」之誤。〔註4〕

上文言「惠公四年」而有左右公子攻惠公之事，下文言「惠公立三年出亡」，
前後矛盾；《考證》引陳仁錫與許應元的說法，認為惠公自即位起至復入衛
國，共十二年而非十三年：

陳仁錫曰：「三，當作二。」

許應元曰：「《左傳》衛朔立四年，出亡八年復入，通年十二。」〔註5〕

則衛惠公出亡乃在即位四年時，加上在齊國的八年，前後共十二年。必須注
意的是，〈十二諸侯年表〉將「朔奔齊，立黔牟」置於衛惠公朔三年，〔註6〕
《考證》指出〈十二諸侯年表〉此處有誤，應往後移一年：

「朔奔齊」六字，當移後一年，〈表〉誤以惠公四年為黔牟元年，故
朔止三年。〔註7〕

李景星指出〈衛康叔世家〉中的年代記載疏漏，但並未糾正〈十二諸侯年表〉
的錯誤。

（二）比對書內他篇

　　《史記》各篇對勘的方法，主要是藉由本紀、表、世家、傳之間相互印
證，以求得其實。例如周敬王三十八年黃池之會，吳、晉二國爭奪盟主寶座，
最後由吳王夫差取得勝利，但〈吳太伯世家〉中卻記載此次諸侯會盟的結果
是以晉定公為長：

十四年春，吳王北會諸侯於黃池，欲霸中國以全周室。六月戊子，
越王句踐伐吳。乙酉，越五千人與吳戰。丙戌，虜吳太子友。丁亥，
入吳。吳人告敗於王夫差，夫差惡其聞也；或泄其語，吳王怒，斬
七人於幕下。七月辛丑，吳王與晉定公爭長。吳王曰：「於周室我

〔註3〕《史記會注考證》卷三十七，頁10～11。
〔註4〕《四史評議》，頁41。
〔註5〕《史記會注考證》卷三十七，頁11。
〔註6〕《史記會注考證》卷十四，頁54。
〔註7〕《史記會注考證》卷十四，頁55。

爲長。」晉定公曰：「於姬姓我爲伯。」趙鞅怒，將伐吳。乃長晉
定公。〔註8〕

黃池之會是吳國由東南偏遠小國躍居中原諸侯之首的關鍵，吳國霸業在此時
達到顛峰，國勢卻由盛轉衰。這場會盟以吳、晉二國爭霸爲中心，司馬遷在
〈吳太伯世家〉裡敘述得最爲詳細，然而結局卻與〈秦本紀〉、〈晉世家〉、〈趙
世家〉中的記載迥異。在〈秦本紀〉中，先歃者爲吳國：

（秦悼公）九年，晉定公與吳王夫差盟，爭長於黃池，卒先吳。吳
彊陵中國。〔註9〕

〈晉世家〉記載，在這次會盟中，吳王爲諸侯之冠：

（晉定公）三十年，定公與吳王夫差會黃池爭長，趙鞅時從，卒長
吳。〔註10〕

〈趙世家〉中也以「卒長吳」爲黃池之會諸侯爭霸的結局：

晉定公三十年，定公與吳王夫差爭長於黃池，趙簡子從晉定公，卒
長吳。〔註11〕

顯然〈吳太伯世家〉的記載有誤。李景星說：

「乃長晉定公。」按：〈秦紀〉、〈晉〉、〈趙世家〉，皆言「長吳」。
〔註12〕

李氏根據〈秦本紀〉、〈晉世家〉、〈趙世家〉中一致的記載，指出黃池之會的
盟主應爲吳王夫差而非晉定公，司馬遷在〈吳太伯世家〉中的敘述有所疏漏。

在〈十二諸侯年表〉中，曹戴伯的名字是鮮，李景星比對〈管蔡世家〉
的記載，主張應該寫作「蘇」：

「宣王三，曹戴伯鮮元年。」按：戴伯之名，〈世家〉作「蘇」。
〔註13〕

〈管蔡世家〉中記載，戴伯爲幽王弟，名蘇：

幽伯九年，弟蘇殺幽伯代立，是爲戴伯。〔註14〕

〔註8〕《史記會注考證》卷三十一，頁41～42。
〔註9〕《史記會注考證》卷五，頁43。
〔註10〕《史記會注考證》卷三十九，頁90～91。
〔註11〕《史記會注考證》卷四十三，頁27。
〔註12〕《四史評議》，頁36。
〔註13〕《四史評議》，頁19。
〔註14〕《史記會注考證》卷三十五，頁14。

對此，《史記志疑》從聲音相近的角度解釋：

> 附案：戴伯之名，〈世家〉作「蘇」。鮮、蘇聲相近。〔註15〕

較李景星的說法更進一步。而王叔岷《史記斠證》則從字形相近而誤的觀點
解讀曹戴伯的名字：

> 案：《殿本》脫魯字及曹字，鮮作鮮，而《考證》作「鮮」，云：「〈世
> 家〉鮮作蘇。」鮮，俗書作鮮，與鮮亦往往相亂。鮮疑蘇之誤，蘇、
> 蘇古通，〈淮陰侯傳〉有說。〔註16〕

若依《斠證》之說，曹戴伯名「解」，而非「鮮」或「蘇」。李景星比對《史
記》各篇，以〈管蔡世家〉校勘〈十二諸侯年表〉的方法是正確的，但若能
從字音、字形等多方面切入研究，成果會更豐富與確實。

（三）與經、傳、其他史書比對

司馬遷蒐羅各種歷史文獻，走訪遺跡，撰成《史記》一百三十篇，記載
了自黃帝至漢朝太初年間的史事。面對記載不一與諸家異說的情形，司馬遷
往往以儒家經典為依歸。他在〈五帝本紀贊〉中說：

> 學者多稱五帝，尚矣。然《尚書》獨載堯以來；而百家言黃帝，其
> 文不雅馴，薦紳先生難言之。孔子所傳〈宰予問五帝德〉及〈帝繫
> 姓〉，儒者或不傳。余嘗西至空桐，北過涿鹿，東漸於海，南浮江淮
> 矣，至長老皆各往往稱黃帝、堯、舜之處，風教固殊焉，總之不離
> 古文者近是。予觀《春秋》、《國語》，其發明〈五帝德〉、〈帝繫姓〉
> 章矣。顧弟弗深考，其所表見皆不虛。《書》缺有閒矣，其軼乃時時
> 見於他說，非好學深思，心知其意，固難為淺見寡聞道也。余并論
> 次，擇其言尤雅者，故著為本紀書首。〔註17〕

〔註15〕梁玉繩著，賀次君點校：《史記志疑》卷八，頁305。

〔註16〕王叔岷：《史記斠證》（臺北：中央研究院歷史語言研究所，1983年10月），
頁500。
〈淮陰侯列傳〉「臣聞千里饋糧，士有飢色。樵蘇後爨，師不宿飽」條下，王
氏曰：案：樵與劁通，蘇與鮮通，《廣雅·釋詁》：「劁，斷也。鮮，取也。」
〈釋言〉：「劁，刈也。」（王氏《疏證》有說。）「宿飽」猶「預飽」，〈越世
家〉：「有如病不宿誡。」《正義》：「宿猶預也。」《黃氏日鈔》五八引《六韜》
云：「千里饋糧，士有飢色。樵蘇後爨，師不宿餐。」（《孫子·作戰篇》亦云：
「千里饋糧。」）《魏志·王肅傳》，肅上書曰：「前志有之：『千里饋糧，士有
飢色。樵蘇後爨，師不宿飽。』此謂平塗之行軍。」《漢書·信傳》師古注：
「飽字與餽同。」見《史記斠證》，頁2703。

〔註17〕《史記會注考證》卷一，頁65～67。

明確提到採取《尚書》、《論語》、《春秋》、《禮記》等儒家經典，以及第一部國別史《國語》的說法。既然司馬遷以經、傳爲裁量史料的標準，因此當李景星要考核《史記》記載是否失實，也大多從比對時代較早的史書著手。

例如〈殷本紀〉中有「契長而佐禹治水有功」一句，〔註18〕李景星指出：

契無佐禹治水之事，經、傳亦不一載。〔註19〕

李氏並未說明查閱過哪些經、傳，但已提示其考據途徑。又說：

「百姓思盤庚，乃作〈盤庚〉三篇。」按：此與《尚書》不合。「微子數諫不聽，乃與太師、少師謀，遂去。」按：此亦與《尚書》不合。〔註20〕

據〈書序〉所言，〈盤庚〉一篇成於盤庚仍在世時：

盤庚五遷，將治亳殷，民咨胥怨，作〈盤庚〉三篇。〔註21〕

根據〈書序〉文意，〈盤庚〉作於盤庚在世時；因盤庚遷殷，人民有怨言，於是盤庚發表三次談話，說明遷都的必要性，以寬慰民心。但〈殷本紀〉卻說：

帝盤庚崩，弟小辛立，是爲帝小辛。帝小辛立，殷復衰。百姓思盤庚，迺作〈盤庚〉三篇。〔註22〕

〈殷本紀〉中表示，在盤庚崩殂後，百姓因感念其功勞而作〈盤庚〉三篇，顯然與〈書序〉說法不同。屈萬里則主張〈盤庚〉乃殷末人、甚至殷遺民之後代宋人「追述古事之作」：

本篇雖佶屈聱牙，然決非盤庚時作品。以爲作於小辛時者，恐亦未的。蓋盤庚之名，乃其後人所命，而非當時之稱。以甲骨卜辭證之，小辛時當稱盤庚爲兄庚，武丁時當稱爲父庚，祖庚以下則當稱爲祖庚。若盤庚、武丁、文武丁等類似諡號之稱謂，出現尤晚（說詳拙著〈諡法濫觴於殷代論〉，見《書傭論學集》。）。盤庚之號，約始於祖甲之世。本篇既屢稱盤庚，知其非當時或小辛時之作也。且中篇言：「殷降大虐。」爾時尚未遷殷，已以殷爲國號。是必後人以習慣之稱謂，而誤加於古昔者。然文辭古奧，似非西周晚年以後作品。

〔註18〕《史記會注考證》卷三，頁2。
〔註19〕《四史評議》，頁8。
〔註20〕《四史評議》，頁8。
〔註21〕屈萬里：《尚書集釋》（臺北：聯經出版事業股份有限公司，1983年2月初版，2010年10月初版第五刷），頁296。
〔註22〕《史記會注考證》卷三，頁21。

以是言之，本篇蓋殷末人、或西周時宋人追述古事之作也。〔註23〕
據屈說，則〈盤庚〉三篇記載了盤庚的演說，卻非作於盤庚當世，也非作於
小辛時，〈殷本紀〉的說法有誤。至於微子啟勸諫紂王而不獲採納後，有意棄
商奔周一段，〈殷本紀〉記載：

> 紂愈淫亂不止。微子數諫，不聽，乃與大師、少師謀，遂去。比干
> 曰：「爲人臣者，不得不以死爭。」迺強諫紂。紂怒曰：「吾聞聖人
> 心有七竅。」剖比干，觀其心。箕子懼，乃詳狂爲奴，紂又囚之。
> **殷之大師、少師，乃持其祭、樂器奔周。**〔註24〕

這一段說明殷末三仁面對生命與理念有所矛盾時做出不同的抉擇：紂王兄微
子啟決定擇木而棲，紂王叔父比干力諫而亡，箕子佯狂而遭囚禁。在三仁之
外，值得注意的是太師和少師的角色，顯然在微子啟「謀」於太師、少師之
初，二人並未離棄殷商，直到忠言進諫且貴爲王叔的比干遭剖心極刑、箕子
佯狂爲奴仍被紂王囚禁，才投奔周。根據《尚書·微子》的記載，微子啟所
商討的對象，是父師、少師：

> 微子若曰：「父師、少師！殷其弗或亂正四方。我祖厎遂陳于上；我
> 用沈酗于酒，用亂敗厥德于下。殷罔不小大，好草竊姦宄；卿士師
> 師非度，凡有辜罪，乃罔恆獲。小民方興，相爲敵讐。今殷其淪喪，
> 若涉大水，其無津涯。殷遂喪，越至于今。」曰：「父師、少師！我
> 其發出狂？吾家耄、遜于荒？今爾無指告予，顛隮若之何其？」父
> 師若曰：「王子！天毒降災荒殷邦，方興沈酗于酒。乃罔畏畏，咈其
> 耇長、舊有位人。今殷民，乃攘竊神祇之犧牷牲用，以容，將食無
> 災。降監殷民，用乂；讐斂，召敵讐不怠。罪合于一，多瘠罔詔。
> 商今其有災，我興受其敗。商其淪喪，我罔爲臣僕。詔王子出迪，
> 我舊云刻子；王子弗出，我乃顛隮。自靖，人自獻于先王；我不顧
> 行遯。」〔註25〕

微子啟請教的對象是誰，李景星只指出《尚書·微子》與〈殷本紀〉的說法
不同調，沒有進一步探討父師、少師的身分。屈萬里說：

> 父師、少師，皇侃《論語疏》引鄭玄云：「父師者，三公也，時箕子
> 爲之奴。」「少師者，太師之佐，孤卿也，時比干爲之死也。」僞孔

〔註23〕屈萬里：《尚書集釋》，頁81～82。
〔註24〕《史記會注考證》卷三，頁32。
〔註25〕屈萬里：《尚書集釋》，頁105～108。

傳與鄭說同，後人多承用之，予作《釋義》時亦用此說。今按：父師，《史記・殷本紀》、《周本紀》、《宋世家》，均作太師。〈周本紀〉謂太師名疵，少師名彊，以為皆樂官。孫氏《注疏》、段氏《撰異》，皆本今文家說，以為太師疵即《論語》之太師摯，少師彊即《論語》之少師陽。崔述《考信錄》，更詳辨以父師、少師為箕子、比干之非是。吳氏《尚書》故云：「父師，當依《史記》作太師。……《禮記疏》引《書傳略說》云：『大夫士七十而致，大夫為父師，士為少師，教於州里』云云，蓋沿此經已誤之本為說，不足為據。若經本作父師，史公無緣改為樂官之太師也。」茲改從《史記》說。〔註26〕

若「父師」同於「太師」，即箕子，少師為比干，這就產生一個矛盾：箕子或許能從囚禁中逃脫並「持其祭、樂器奔周」，但已遭剖心的比干卻不可能。太師、少師應該另有其人。〈周本紀〉記載：

> 二年，聞紂昏亂暴虐滋甚，殺王子比干，囚箕子。**太師疵、少師彊抱其樂器而犇周**。〔註27〕

可知〈殷本紀〉中，微子啟棄商投周前徵詢意見的對象「太師疵、少師彊」並非比干、箕子；至於〈殷本紀〉中的太師與《尚書・微子》裡的父師是否相通的疑問仍未得到解答，暫且兩存之。

〈周本紀〉中，王子帶挾外援叛變、周襄王出奔鄭國而後復位一段，司馬遷列於周襄王十五年至十七年間：

> **十五年，王降翟師以伐鄭。**王德翟人，將以其女為后。富辰諫曰：「平、桓、莊、惠，皆受鄭勞。王棄親親翟，不可從。」王不聽。**十六年，王絀翟后。**翟人來誅，殺譚伯。富辰曰：「吾數諫不從，如是不出，王以我為懟乎？」乃以其屬死之。初，惠后欲立王子帶，故以黨開翟人。翟人遂入周。襄王出犇鄭，鄭居王于氾。子帶立為王，取襄王所絀翟后，與居溫。**十七年，襄王告急于晉，晉文公納王，而誅叔帶。**襄王乃賜晉文公珪鬯弓矢為伯，以河內地與晉。〔註28〕

李景星對照《春秋》經、傳，指出周襄王伐鄭與出奔後求助晉國都發生在周襄王十六年：

〔註26〕屈萬里：《尚書集釋》，頁 105～106。
〔註27〕《史記會注考證》卷四，頁 21。
〔註28〕《史記會注考證》卷四，頁 71～73。

「十五年，王降翟師以伐鄭。」按：《春秋》事在十六年。「十七年，
襄王告急于晉。」按：《左傳》事在十六年。〔註29〕
歲在乙酉（西元前 636 年），周襄王十六年，魯僖公二十四年，《春秋》中記
載：

夏，狄伐鄭。〔註30〕

《左傳》敘述得較詳細：

夏，狄伐鄭，取櫟。王德狄人，將以其女爲后。富辰諫曰：「不可。
臣聞之曰：『報者倦矣，施者未厭。』狄固貪惏，王又啓之。女德
無極，婦怨無終，狄必爲患。」王又弗聽。初，甘昭公有寵於惠后，
惠后將立之，未及而卒。昭公奔齊，王復之，又通於隗氏。王替隗
氏。頹叔、桃子曰：「我實使狄，狄其怨我。」遂奉太叔以狄師攻
王。王御士將禦之，王曰：「先后其謂我何？寧使諸侯圖之。」王
遂出，及坎欿，國人納之。秋，頹叔、桃子奉太叔以狄師伐周，大
敗周師，獲周公忌父、原柏、毛柏、富辰。王出適鄭，處於氾。太
叔以隗氏居于溫。……冬，王使來告難，曰：「不穀不德，得罪于
母弟之寵子帶，鄙在鄭地氾，敢告叔父。」臧文仲對曰：「天子蒙
塵于外，敢不奔問官守？」王使簡師父告于晉，使左鄢父告于秦。
天子無出，書曰：「天王出居于鄭。」辟母弟之難也。天子凶服、
降名，禮也。〔註31〕

事情的經過，是周襄王借助狄人的力量攻打鄭國，並以狄女爲隗后；隗后與
王子帶有私情而受絀，於是頹叔、桃子聯合狄人攻入王城，立王子帶爲王；
周襄王出奔鄭國，從氾發書求告諸侯，尤其是晉國與秦國，最後在晉文公協
助下復位。根據《春秋》與《左傳》的說法，則自周襄王攻打鄭國到派遣使
者向諸侯國告急，都屬十六年事。再比對〈十二諸侯年表〉，周襄王十六年：

王奔氾。氾，鄭地也。〔註32〕

同一年下，晉文公元年：

誅子圉，魏武子爲魏大夫，趙衰爲原大夫。咎犯曰：「求霸莫如納

〔註29〕《四史評議》，頁 9。
〔註30〕左丘明等撰：《春秋三傳》（臺北：世界書局，1962 年 4 月初版），頁 188。
〔註31〕楊伯峻：《春秋左傳注》（北京：中華書局，2009 年 10 月第三版修訂本），頁
425～426、427～428。
〔註32〕《史記會注考證》卷十四，頁 82。

　　　　王。」〔註33〕

周襄王十七年：

　　　　晉納王。〔註34〕

據此，周襄王遣使求告諸侯在十六年，復入爲王在十七年。李景星以《春秋》與《左傳》考證事實，成效頗著，若能再對照〈十二諸侯年表〉，並稍加敘述，則可使《評議》之考據內容更詳實，從而加強其爲「讀史之助」的價值。

　　考據〈魯世家〉則有賴於比對《詩經》與《尚書》的記載。李景星認爲篇中許多事件與《詩經》、《尚書》的說法有所出入，更有甚者，無法從《詩經》、《尚書》中找到根據，不知出處爲何。李景星說：

　　　　〈魯世家〉所引各事，多有與《詩》、《書》牴牾處，如封周公乃成
　　　　王時事，《詩·魯頌》可證，此乃以爲武王事；「文王日中昃，不暇
　　　　食」，《書·無逸》文也，此乃以爲〈多士〉文；風雷之變，據《書》
　　　　在周公卒前，此列在周公卒後，皆牴牾之顯然者。又如周公入賀成
　　　　王事，成王少時病事，周公奔楚事，周公遺命欲葬成周事，俱于
　　　　《詩》、《書》無考，又不第牴牾已也。蓋《詩》、《書》經聖人刪定，
　　　　所載之事皆屬雅馴，其餘雜說在當時或出傳聞，或散見各書引證，
　　　　太史公好奇，故不免牽引及之，而〈魯世家〉爲尤甚。然訛誤雖多，
　　　　而敘次自佳。〔註35〕

以與《詩經》、《尚書》記載有所抵觸者爲例，〈魯世家〉敘述，武王滅殷後，封周公爲魯公，但周公並未前往封國，而是留在中央輔佐武王：

　　　　及武王即位，旦常輔翼武王，用事居多。武王九年，東伐至盟津，
　　　　周公輔行。十一年，伐紂至牧野，周公佐武王，作〈牧誓〉。破殷入
　　　　商宮，已殺紂，周公把大鉞，召公把小鉞，以夾武王，釁社，告紂
　　　　之罪于天及殷民。釋箕子之囚，封紂子武庚祿父，使管叔、蔡叔傅
　　　　之，以續殷祀。徧封功臣同姓戚者，封周公旦於少昊之虛曲阜，是
　　　　爲魯公。**周公不就封，留佐武王。**〔註36〕

李景星指出，根據《詩·魯頌》，是成王封周公於魯。《魯頌·閟宮》有言：

〔註33〕　《史記會注考證》卷十四，頁82～83。《考證》曰：「趙衰以下二十五字，當
　　　　　屬文公二年。」
〔註34〕　《史記會注考證》卷十四，頁83。
〔註35〕　《四史評議》，頁37。
〔註36〕　《史記會注考證》卷三十三，頁3。

后稷之孫，實維大王，居岐之陽，實始翦商。至于文武，纘大王之
緒。致天之屆，于牧之野。「無貳無虞，上帝臨女。」敦商之旅，克
咸厥功。王曰：「叔父，建爾元子，俾侯于魯。大啓爾宇，爲周室輔。」
乃命魯公，俾侯于東；錫之山川，土田附庸。〔註37〕

若根據〈閟宮〉的說法，是成王封周公之子伯禽於魯，爲魯公，與〈魯世家〉
記載不同。然而，〈魯世家〉中另有一段說：

周公卒，子伯禽固已前受封，是爲魯公。魯公伯禽之初受封之魯，
三年而後報政周公。……伯禽即位之後，有管、蔡等反也，淮夷、
徐戎亦並興反，於是伯禽率師伐之於肸，作〈肸誓〉。〔註38〕

這一段有二個重點，首先，伯禽是在周公卒前受封爲魯公，並前往封地；再
者，伯禽即位後發生管蔡之亂，而管蔡之亂在成王即位後，則伯禽受封與就
封都在成王時代。於〈魯世家〉篇內即可自證司馬遷的敘述有前後矛盾的情
形，引據《詩‧魯頌‧閟宮》則更確鑿。至於敘述周公作〈多士〉與〈毋逸〉
一段，司馬遷將二文鎔於一爐，並未明確標誌各自起迄，又將〈毋逸〉中文
王「自朝至于日中昃，不遑暇食」二句置於引用〈多士〉之後，遂引發李景
星的懷疑。〈魯世家〉中的前後文如下：

周公歸，恐成王壯，治有所淫佚，乃作〈多士〉，作〈毋逸〉。〈毋
逸〉稱爲人父母，爲業至長久，子孫驕奢，忘之以亡其家。爲人
子，可不慎乎？故昔在殷王中宗，嚴恭敬畏，天命自度，治民震
懼，不敢荒寧，故中宗饗國七十五年。其在高宗，久勞于外，爲
與小人。作其即位，乃有亮闇三年不言，言乃讙。不敢荒寧，密
靖殷國，至于小大無怨，故高宗饗國五十五年。其在祖甲，不義
惟王，久爲小人于外，知小人之依，能保施小民，不侮鰥寡，故
祖甲饗國三十三年。〈多士〉稱曰：「自湯至于帝乙，無不率祀明
德，帝無不配天者。在今後嗣王紂，誕淫厥佚，不顧天及民之從
也，其民皆可誅。」周多士，文王日中昃，不暇食，饗國五十年。
作此以誡成王。〔註39〕

對照〈多士〉與〈毋逸〉之文，則此段自「〈毋逸〉稱」至「故祖甲饗國三

〔註37〕屈萬里：《詩經詮釋》，頁609。
〔註38〕《史記會注考證》卷三十三，頁18～19、19～20。
〔註39〕《史記會注考證》卷三十三，頁12～15。

十三年」是化用〈毋逸〉，自「〈多士〉稱曰」至「其民皆可誅」是化用〈多士〉。〈毋逸〉中有一段說：

> 周公曰：「嗚呼！厥亦惟我周太王、王季，克自抑畏。文王卑服，即康功田功。微柔懿恭，懷保小民，惠鮮鰥寡。**自朝至于日中昃，不遑暇食**，用咸和萬民。文王不敢盤于遊田，以庶邦惟正之供。文王受命惟中身，厥饗國五十年。」〔註40〕

這段原是在敘述殷中宗、高宗、祖甲之後，強調文王公而忘私的精神，並藉此說明，統治者唯有以天下為己任，才能饗國長久。司馬遷加以簡化，並安排在〈多士〉引文之後，並非以「文王日中昃，不暇食」為〈多士〉文。在徵引古籍時，翻譯詰屈聱牙的上古經文（尤其是《尚書》）為當代之文，使其與《史記》的敘述融合無跡，本是司馬遷的強項，又在這一段中使用了拼貼技巧，應非誤用〈毋逸〉為〈多士〉的內容。而「風雷之變」發生的時間，〈魯世家〉說在周公死後，並促成魯國得以僭越舉行郊祭，以襃獎周公對周朝的貢獻：

> **周公卒後**，秋未穫，暴風雷雨，禾盡偃，大木盡拔，周國大恐。成王與大夫朝服，以開金縢書，王乃得周公所自以為功、代武王之說。二公及王，乃問史百執事。史百執事曰：「信有，昔周公命我勿敢言。」成王執書以泣，曰：「自今後，其無繆卜乎！昔周公勤勞王家，惟予幼，人弗及知。今天動威以彰周公之德，惟朕小子其迎，我國家禮亦宜之。」王出郊，天乃雨，反風，禾盡起。二公命國人，凡大木所偃，盡起而築之。歲則大孰。於是成王乃命魯得郊，祭文王。魯有天子禮樂者，以襃周公之德也。〔註41〕

李景星指出，《尚書》記載「風雷之變」發生在武王死後。《尚書·周書·金縢》有言：

> **武王既喪**，管叔及其羣弟乃流言於國，曰：「公將不利於孺子。」周公乃告二公曰：「我之弗辟，我無以告我先王。」周公居東二年，則罪人斯得。于後，公乃為詩以貽王，名之曰〈鴟鴞〉。王亦未敢誚公。秋，大熟，未穫，天大雷電以風；禾盡偃，大木斯拔。邦人大恐。王與大夫盡弁，以啟金縢之書；乃得周公所自以為功、代武

〔註40〕 屈萬里：《尚書集釋》，頁 200。
〔註41〕 《史記會注考證》卷三十三，頁 16～18。

王之說。二公及王，乃問諸史與百執事。對曰：「信。噫！公命，我勿敢言。」王執書以泣。曰：「其勿穆卜。昔公勤勞王家，惟予沖人弗及知；今天動威，以彰周公之德；惟朕小子其新逆，我國家禮亦宜之。」王出郊，天乃雨；反風，禾則盡起。二公命邦人，凡大木所偃，盡起而築之。歲則大熟。〔註42〕

兩相對照，可以看出〈魯世家〉的敘述幾乎與〈金縢〉完全一樣，只是時間點有頗大差距。李景星指出司馬遷的疏漏處，但也為司馬遷辯解，認為司馬遷出於好奇之心，於是採取仍然流傳於世的雜說，而不免有所訛誤。

（四）根據《漢書》校訂

前已言之，《史記》記事斷限上自黃帝，下至漢武帝太初年間（西元前104年到101年），而從劉邦建國（西元前206年）到太初年間的記載，因為與班固《漢書》所述歷史的時間部分重疊，被班固大量採取。韓兆琦說：

> 而且班固在處理這段與《史記》重合的史實時，又沒有完全另起爐灶，重新編寫，而是不避嫌疑地直接襲用、或是改編襲用了《史記》中的許多東西。這一來就使得《漢書》與《史記》有了很大的可比性。〔註43〕

又根據朴宰雨的研究與統計：

> 從時期上重複之七十四篇中，排除上述七篇，可知《史記》實際上被《漢書》襲用者有六十七篇。〔註44〕

〔註42〕 屈萬里：《尚書集釋》，頁130～133。

〔註43〕 韓兆琦：《〈史記〉〈漢書〉比較研究・序言》，收錄於朴宰雨：《〈史記〉〈漢書〉比較研究》（北京：中國文學出版社，1994年8月第一版第一次印刷），頁1。

〔註44〕 朴宰雨：《〈史記〉〈漢書〉比較研究》，頁73。
朴氏分析，《史記》一百三十篇中與《漢書》記載之時期重複者共七十四篇，可分為四類：
第一類為西漢自高祖至武帝時期（包括秦漢之際），計有：
本紀六篇：〈項羽本紀〉、〈高祖本紀〉、〈呂太后本紀〉、〈孝文本紀〉、〈孝景本紀〉、〈今上本紀〉。表七篇：〈秦漢之際月表〉、〈漢興以來諸侯王年表〉、〈高祖功臣侯者年表〉、〈惠景間侯者年表〉、〈建元以來侯者年表〉、〈建元以來王子侯者年表〉、〈漢興以來將相名臣年表〉。書一篇：〈平準書〉。世家十三篇：〈陳涉世家〉、〈外戚世家〉、〈楚元王世家〉、〈荊燕世家〉、〈齊悼惠王世家〉、〈蕭相國世家〉、〈曹相國世家〉、〈留侯世家〉、〈陳丞相世家〉、〈絳侯周勃世家〉、〈梁孝王世家〉、〈五宗世家〉、〈三王世家〉。列傳三十二篇：〈張耳陳餘列傳〉、〈魏豹彭越列傳〉、〈黥布列傳〉、〈淮陰侯列傳〉、〈韓信盧綰列傳〉、〈田

也就是說，《史記》一百三十篇中，有半數以上的篇目可與《漢書》比較。李景星校訂《史記》中關於漢代的記載時，也大多比對《漢書》的內容。

　　例如塞侯直不疑之孫的名字，在〈惠景間侯者年表〉與〈萬石張叔列傳〉中的紀錄不同，李景星比對《漢書·景武昭宣元成功臣表》與〈萬石衛直周張傳〉，發現一共有三種說法：

> 「塞」下第六格「侯堅元年」，按：《漢表》亦作「堅」，《漢傳》作
> 「彭祖」，《史傳》則又作「望」，三處各不同。〔註45〕

對此，《史記志疑》在「侯堅」條下附案：

> 疑「彭祖」是堅之字，而「望」與「堅」形近故誤。〈王子表〉周堅
> 侯劉何，《漢表》作「周望」，亦其類也。〔註46〕

王先謙《漢書補注》引用齊召南語，認為「望」與「堅」二字相似，但不確定何者正確：

> 齊召南曰：「《史記》：『不疑子相如，相如子望坐酎金失侯。』」而本
> 書〈功臣表〉作「侯堅坐酎金免」。望、堅兩字相似，未知孰正。但

儋列傳〉、〈樊酈滕灌列傳〉、〈張丞相列傳〉、〈酈生陸賈列傳〉、〈傅靳蒯成列傳〉、〈劉敬叔孫通列傳〉、〈季布欒布列傳〉、〈袁盎晁錯列傳〉、〈張釋之馮唐列傳〉、〈萬石張叔列傳〉、〈田叔列傳〉、〈吳王濞列傳〉、〈魏其武安侯列傳〉、〈韓長孺列傳〉、〈李將軍列傳〉、〈衛將軍驃騎列傳〉、〈平津侯主父列傳〉、〈南越列傳〉、〈東越列傳〉、〈朝鮮列傳〉、〈司馬相如列傳〉、〈淮南衡山列傳〉、〈汲鄭列傳〉、〈酷吏列傳〉、〈大宛列傳〉、〈游俠列傳〉、〈佞幸列傳〉。
第二類爲兼敘先秦與秦時期、西漢高祖至武帝時期，計有：
著重於漢世者，列傳四篇：〈西南夷列傳〉、〈匈奴列傳〉、〈儒林列傳〉、〈貨殖列傳〉。並重漢以前與漢世者，列傳三篇：〈魯仲連鄒陽列傳〉、〈屈原賈生列傳〉、〈扁鵲倉公列傳〉。
第三類爲論述古今典章制度而有會通之旨之篇，計有：
書七篇：〈禮書〉、〈樂書〉、〈律書〉、〈曆書〉、〈天官書〉、〈封禪書〉、〈河渠書〉。
第四類爲述作者世系、經歷及作史之旨，即〈太史公自序〉一篇。
在這七十四篇之中，有七篇的內容並未受到班固《漢書》襲用，亦可分爲三類：
第一類，班固無法或無意襲用者：〈今上本紀〉、〈漢興以來將相名臣年表〉、〈禮書〉、〈樂書〉、〈律書〉。第二類，班固與司馬遷觀點不同而未加襲用者：〈曆書〉；朴氏認爲，班固深信劉歆所定之三統曆，其作〈律曆志〉主要是依據和介紹三統曆，自然不能襲用司馬遷以太初曆爲中心的〈曆書〉。第三類，班固忽視醫學家的歷史意義而刪略〈扁鵲倉公列傳〉，也不立任何醫學家傳記，是其方技觀的限制所致。
見朴宰雨：《《史記》《漢書》比較研究》，頁67～73。
〔註45〕《四史評議》，頁25。
〔註46〕梁玉繩著，賀次君點校：《史記志疑》，頁651。

俱不云名彭祖也。〔註47〕

在更多出土文獻能證明前，直不疑之孫、因酎金失侯者的名字，仍有三種可能。

　　李景星也藉由《漢書》訂正《史記》中錯誤記載的地名。以〈田儋列傳〉為例，司馬遷記載，楚、漢之際，當韓信攻入臨淄，齊相田橫逃到博陽；但李景星根據《漢書·地理志》指出，田橫應該是逃亡到「博」而非「博陽」：

　　　　「相橫走博陽。」按：《漢書》作「橫走博」是也。本書〈夏侯嬰
　　　　傳〉「追齊相田橫至嬴、博」，又〈傅寬傳〉「屬相國參，殘博」。《漢
　　　　志》「博」屬泰山郡，若「博陽」則為汝南之縣，非齊地矣。下亦
　　　　誤。〔註48〕

根據《漢書·地理志》，博在泰山郡，〔註49〕位於臨淄西南方，約在今山東省中部；博陽在汝南郡，〔註50〕又在博的西南方，約在今河南省。再者，夏侯嬰追田橫至「嬴、博」，嬴也在泰山郡；〔註51〕若田橫是在博陽被擊敗，司馬遷於〈夏侯嬰傳〉中應作「追齊相田橫至博陽」，而不是「嬴、博」，畢竟嬴與博陽相距太遠。且田橫在劉邦立為皇帝後逃入海中，博陽已屬內陸，不如博近海方便。

　　由於《漢書》中有大量直接沿用或稍加改編《史記》敘述的地方，因此李景星在比對《史記》與《漢書》後，認為若能參考《漢書》略為改動《史記》某些用字，可使文字更精鍊，加強文氣。例如〈孝文本紀〉中，在抄錄文帝即位當夜所頒下的詔書後，即可依編年體例，於「元年」下按月日次序書寫文帝朝大事，無須再次強調「孝文皇帝」，李景星認為此處可參考《漢書·文帝紀》刪去「孝文皇帝」四字：

　　　　「孝文皇帝元年。」按：此處紀元年，不必再書「孝文皇帝」，《漢
　　　　書》削之為是。〔註52〕

〈孝文本紀〉說：

　　　　孝文皇帝元年，十月庚戌，徙立故琅邪王澤為燕王。辛亥，皇帝即

〔註47〕班固著，王先謙補注：《漢書補注》，頁3607。
〔註48〕《四史評議》，頁86。
〔註49〕班固著，王先謙補注：《漢書補注》，頁2440～2442。
〔註50〕班固著，王先謙補注：《漢書補注》，頁2307、2319。
〔註51〕班固著，王先謙補注：《漢書補注》，頁2440～2441、2447。
〔註52〕《四史評議》，頁15～16。

祚，謁高廟。〔註53〕

《漢書・文帝紀》則說：

> 元年冬十月辛亥，皇帝見于高廟。〔註54〕

李氏認爲，依《漢書・文帝紀》於詔書後直接「紀元年」，文字簡省爲宜。

再如〈酈生陸賈列傳〉中酈食其之孫平因罪失侯與封國處，李景星認爲可據《漢書・酈食其傳》刪除贅字：

> 「病死，國除也。」按：「也」字嫌贅，《漢書》刪之是。〔註55〕

〈酈生陸賈列傳〉說：

> 漢十二年，曲周侯酈商以丞相將兵擊黥布有功，高祖舉列侯功臣，思酈食其。酈食其子疥數將兵，功未當侯，上以其父故，封疥爲高梁侯，後更食武遂。嗣三世。元狩元年中，武遂侯平坐詐詔衡山王取百斤金，**當弃市**。病死，國除也。〔註56〕

《漢書・酈食其傳》則說：

> 漢十二年，曲周侯酈商以丞相將兵擊黥布，有功。高祖舉功臣，思食其。食其子疥數將兵，上以其父故，封疥爲高梁侯。後更食武陽，卒，子遂嗣。三世，**侯平有罪，國除**。〔註57〕

李景星不愧是注重文字，且對文法、史法都「論之特詳」的《史記》研究家，即使是增減一個字、一個語尾助詞，都如此講究。而「有罪，國除」的精簡寫法，相對於「列傳」，更符合「年表」的義例。《漢書・酈食其傳》的文字雖然精簡，但〈酈生陸賈列傳〉強調酈疥是以父蔭封侯，「功未當侯」而侯更顯示劉邦對舊臣的感激與思念，我認爲較《漢書》有餘味；且《漢書・酈食其傳》也沒有說明酈平所犯何罪，竟因此失侯，殊屬可惜。另外要注意的是，王先謙《漢書補注》引李慈銘說，認爲《漢書・酈食其傳》中「陽、卒、子」三字衍：

> 李慈銘曰：「《索隱》：《地理志》『武遂屬河間』，《漢書》作『武陽，子遂』，衍字誤也。余按：《索隱》是也。《漢表》與《史》同，傳不應有異。且『子遂嗣，三世，侯平有罪』亦不辭，此『陽、卒、子』

〔註53〕《史記會注考證》卷十，頁10～11。
〔註54〕班固著，王先謙補注：《漢書補注》，頁163。
〔註55〕《四史評議》，頁89。
〔註56〕《史記會注考證》卷九十七，頁11～12。
〔註57〕班固著，王先謙補注：《漢書補注》，頁3491。

三字衍無疑。」先謙曰:「李說是。」〔註58〕

則據《漢書》考訂《史記》,仍須仔細校對相關各篇的記載,以避免越改越錯,增加古史記載的紊亂。

第二節　判斷缺漏增補及處理方式

　　《史記》宣布於世後,在傳抄與刊刻的過程中不斷有人有意或無意地修改與增損,流傳既久,《史記》原貌越不可得,世人也更難以區別其中的缺漏增補究竟出於司馬遷的手筆,或源於竄入他說。李景星指出《史記》缺漏與明顯由後人增補的地方,並根據對《史記》原書的影響提出不同的處理方式。

　　李景星將〈天官書〉通篇分為十六層,其中第五層敘述北方諸星,卻遺漏了壁宿,他認為這可能是「後人寫刻之漏」,而非司馬遷有所疏忽:

> 自「北宮玄武」至「織女,天女孫也」,敘北方六宿及漢中諸星為第
> 五層,不及壁宿者,或後人寫刻之漏,未必是原本誤也。〔註59〕

對此,梁玉繩《史記志疑》在「營室為清廟,曰離宮、閣道」條下,引用王元啓《史記正譌》根據《晉志》補充的十五個字:

> 案:此下宜列東壁一宿。蓋二十八宿為經星,《史》及《漢志》於他
> 宿備載無遺,獨缺東壁何歟?《正譌》從《晉志》補十五字,云:「東
> 壁二星,主文章,天下圖書之秘府也。」〔註60〕

不獨《史記・天官書》缺少關於壁宿的敘述,《漢書・天文志》也沒有敘及,王先謙《漢書補注》說:

> 又〈志〉缺東壁一宿。《晉志》:「東壁二星,主文章,天下圖書之秘
> 府也。」〈步天歌〉壁宿下云:「壁,兩星下頭是霹靂,霹靂五星橫
> 著行。雲雨次之口四方,壁上天廄十圓黃。鐵鑕五星羽林旁,土公
> 兩星壁下藏。」案,霹靂五星,雲雨四星,天廄十星,鐵鑕五星,
> 土公二星。〈志〉不載,《晉》、《隋》、《宋志》有。〔註61〕

《漢書》大量沿用《史記》記事,若《史記》與《漢書》都無相關記載,顯

〔註58〕班固著,王先謙補注:《漢書補注》,頁3491。

〔註59〕《四史評議》,頁31。

〔註60〕梁玉繩著,賀次君點校:《史記志疑》,頁771。

〔註61〕班固著,王先謙補注:《漢書補注》,頁1812。

見到了班固的時代，《史記》中已經缺少關於壁宿的敘述，而班固也沒有補遺。今日已無法確定是司馬遷著作時就有所遺漏，或是在《史記》公諸於世以後到班固作《漢書》之間發生問題。而從《史記評議》中可以發現，李景星的態度比較偏向相信司馬遷《史記》原本的完整性。

在〈秦始皇本紀〉正文及「太史公曰」之後，司馬遷取賈誼〈過秦論〉下篇作爲贊語；現行的《史記》版本在〈過秦論〉下篇之後補上〈過秦論〉上篇與中篇，還有「襄公立」至「右秦襄公至二世，六百一十歲」一段，以及「孝明皇帝十七年」至「嬰死生之義備矣」一段。李景星認爲，這兩段文字雖然不是〈秦始皇本紀〉的正文，但是可以視爲此紀的補充資料，也有助於「知人論世」：

> 其「襄公立」一段，舊《秦紀》也。「孝明皇帝」一段，班固之論也。
> 是二段者，雖非此紀正文，而附錄已久，不能驟去。且其文高古健
> 勁，一可以（互）證而備考，一可以知人而論世也。〔註62〕

李氏的論點首先著重於這兩段資料的著作年代較早，而且長久以來附錄於此，雖然是後人羼入，卻有保存文獻之功，也必然曾對歷來的《史記》研究產生影響；再者，錄自《秦紀》的一段可與先秦史料互證對校，學者也可從班固答明帝詔一段透視班固的思想、論述其時代背景。

在〈惠景間侯者年表〉中也有後人增補的痕跡。《史記》記事大致以太初爲下限，但在遒侯、容成侯與亞谷侯下都有太初以後的記錄。在遒侯欄，武帝建元至元封格記載：

> 後元年四月甲辰，侯則坐使巫齊少君祠祝詛，大逆無道，國除。
> 〔註63〕

《史記志疑》於此條下表示此爲後人妄增：

> 附案：《史》迄太初，何得書武帝後元時事，此後人妄增。《史》、
> 《漢表》皆不得隆彊嗣侯之年也，文、景無年號，而〈表〉于其
> 中後改元多稱「中元」、「後元」。武帝之後元，實係年號，而此稱
> 「後元年」，何相反若是？徐廣以爲「後二年」，亦與《漢書》不
> 合。《史詮》曰：「此二十五字乃諸生所續者，在太初橫行，今本
> 誤升建元橫行，當削之。」〔註64〕

〔註62〕《四史評議》，頁12。
〔註63〕《史記會注考證》卷十九，頁45～46。
〔註64〕《史記志疑》，頁646。

《史記志疑》的附案從四種不同角度證實「後元年」一段爲後人增補。首先，《史記》記載迄於太初，司馬遷不太可能補足至武帝「後元」年間的史事。次之，根據表的格式，若要標誌武帝後元時事，應作「後元某年」而非「後元年」。再次，《史記》與《漢書》中沒有其他關於遒侯李隆彊嗣子之名與嗣侯之年的記錄，此處卻稱其嗣子名則、於後元年國除，較之《史記》記事義例，似有不合。復次，程一枝《史詮》指出格式問題，若欲記錄太初以後的史事，應置於最下一格，卻置於武帝建元至元封格，又是一誤。在容成侯欄太初已後格記載：

> 十八，**後二年**三月壬辰，侯光坐祠祝詛，國除。〔註65〕

《史記志疑》於此條下表示此爲後人妄續：

> 附案：十七字當削，**後人妄續也**。〔註66〕

所持理由可見前說。亞谷侯欄太初已後格下記載：

> 十五，**征和三年**七月辛巳，侯賀坐太子事，國除。〔註67〕

《史記志疑》在此條下的回應更短：

> 附案：此十八字當刪。〔註68〕

主張直接刪除不屬於司馬遷的文字。《史記志疑》與《史詮》、瀧川資言都認爲該削去後人增補的史料，〔註69〕而李景星強調學者應注意廓清界線，以避免誤信其爲原文，模糊了《史記》記事下限的年代：

> 篇內每一帝時用縱格都其數，極爲顯明；橫格亦界畫清楚。惟太初
> 已後，凡言「後二年」、「征和三年」，皆後人所續補，未免與原文相
> 亂，讀者當分別觀之。〔註70〕

其態度與梁氏、程氏、瀧川氏相比，似乎較爲緩和。

實際上，李景星非常反對褚少孫增補《史記》，往往斥其「鄙陋」、「荒陋」，也強烈主張應刪褚補。在〈建元以來侯者年表〉中，主要記載了七十三名武帝建元以來受封的王侯，但通行本《史記》在原文後有「右太史公本表」六字，並補充記載四十六位侯者的事蹟，欄位格式也與原文不同。對

〔註65〕《史記會注考證》卷十九，頁46。
〔註66〕梁玉繩著，賀次君點校：《史記志疑》，頁647。
〔註67〕《史記會注考證》卷十九，頁48。
〔註68〕梁玉繩著，賀次君點校：《史記志疑》，頁649。
〔註69〕瀧川資言說見《史記會注考證》卷十九，頁46、48。
〔註70〕《四史評議》，頁24。

此，《史記志疑》引用孫侍御的說法，認爲此表已遭改動，而褚少孫所補續的部分又多有缺漏錯誤，應該刪削：

> 附案：六字褚生所改。孫侍御云：「《史表》原文必如〈惠景侯表〉之例，云『右元光至太初若干人』。」又海西、新畤二侯並封於太初之世，史公不當遺之也。至此下當塗至陽平四十六侯，亦皆褚所續，非但侯位多有遺闕，其編錄之誤，不可指計。凡功勳、罪狀、國號、姓名、官職以及戶數、年數，盡與《漢書》不合。例當刪削，故今不討論也。〔註71〕

李景星採取《史記志疑》的意見，主張應該刪除褚補以劃清原文與褚補的界限，往後若遇褚補，也當按例刪去：

> 其後幅「右太史公本表」六字，及「當塗」以下四十六侯，皆褚先生所補，非但侯位多有遺闕，而編錄之誤，不可指計。凡功勳、罪狀、國號、姓名、官職，以及戶數、年數，多與《漢書》不合，例當刪去，以清此表界限。〔註72〕

由此可見李氏對褚補的不滿，完全抹煞褚少孫補缺《史記》的貢獻，也不顧《史記》原有不足的事實。

通行本《史記・曆書》正文後附錄〈曆術甲子篇〉一段，《史記志疑》認爲這是「當時曆家之書」，後人以補《史記》：

> 附案：此乃當時曆家之書，後人因本書之缺，謬附于《史》，增入太初等年號、年數。其所說曆法仍是古四分之術，非鄧平、落下閎所更定之《太初曆》也。起焉逢攝提格太初元年，至祝犁大荒落建始四年。所載歲名與《爾雅》全別，不止與〈天官書〉異者有四也。《史》訖太初，而敍至成帝建始，非妄續之的證耶？其他所算餘分或大餘小餘，并篇末述干支之名，多有差脫，不復詳辨。蓋太初定曆，別有成書，史公作《史》時未經錄入，孟堅作《志》載《三統》而又不載《太初》，其法遂無傳矣。〔註73〕

李景星根據陳仁錫的說法，認爲〈曆術甲子篇〉以下是褚少孫補錄；既然認定爲褚補，李氏認爲理應刪除，對其他屬於後人增補的部分，則採取了折衷

〔註71〕梁玉繩著，賀次君點校：《史記志疑》，頁694。
〔註72〕《四史評議》，頁25。
〔註73〕《史記志疑》，頁766。

的辦法：

> 《歷書》〈甲子篇〉下亦是附載，惟天漢等年號可疑。陳氏仁錫曰：
> 「曆法七十六年爲一蔀，自『焉逢攝提格』至『祝犁大荒落』。此
> 史公自太初已後逆推一蔀七十六年之歷數也。其天漢以後年號，乃
> 褚少孫所加。」據此，則天漢等年號以削去爲是。而「右〈歷書〉，
> 大餘者，日也」以下，亦是後人注釋之文，宜一概削之，不則低一
> 格寫之。〔註74〕

太初以後的年號一出，非司馬遷手筆的可能性大增，對此，李景星採納陳仁
錫而不是《史記志疑》的看法，認爲天漢以後年號出自褚少孫增補，故主張
刪除，以免混淆視聽，而對於「後人注釋之文」，李景星比較包容，認爲可
以採取低一格書寫的方式暫存其說。褚少孫補《史記》之文，具有延續歷史
書寫的使命，意義重大，如同藝術品修復師保存藝術品的光輝，褚補也企圖
挽救逐漸湮滅的歷史於萬一；再者，褚補於《史記》亦「附錄既久，不可驟
去」，同樣能發揮知人論世、與其他記載互證備考的作用，站在保存文獻的
角度，「低一格寫之」不啻是最不影響通行本《史記》的方式，後人注補適
用，褚補也當適用。

第三節　李景星對梁玉繩《史記志疑》的襲用，與李景
星修訂《史記》之底本

　　清代學者考據《史記》的成果豐碩，梁玉繩的《史記志疑》堪稱代表，
不僅全面校勘《史記》，也在三家注的基礎上增加許多注解。李景星《史記評
議》約以全書一半的篇幅條列《史記》各篇的疏漏，經過比對，可以發現李
氏大量襲用梁氏的說法，或稍微改動用字，或調整次序，甚至完全抄錄，也
沒有注明出自梁玉繩或《史記志疑》。而且，由於李、梁考據上的錯誤相當一
致，推測一方面是因爲李景星採用梁玉繩的研究結果，一方面可能是因爲二
人都根據同樣的底本考訂《史記》，從而可以探究李景星據以研讀、考校的《史
記》版本。

（一）對梁玉繩《史記志疑》的襲用

　　李景星考據《史記》記載，非常仔細，但是往往並未用自己的語言闡述，

〔註74〕《四史評議》，頁30～31。

而是抄錄梁玉繩《史記志疑》的文字。在〈十二諸侯年表〉中齊頃公八年欄「晉伐敗我」，李景星指出多一「敗」字：

> 「定王十六，齊頃公八，晉伐敗我。」按：「敗」字衍，此即《左傳》宣十八年陽穀之役也。晉受齊質子而還，未嘗交兵，安得言敗？〔註75〕

對照《史記志疑》「定王十六，齊頃公八，晉伐敗我」條下，梁玉繩的案語被一字不漏地引用：

> 案：「敗」字衍，此即《左傳》宣十八年陽穀之役也，晉受齊質子而還，未嘗交兵，安得言敗。〔註76〕

又如〈秦楚之際月表〉，子嬰即位後的「十月」，李景星認為此時秦國已經滅亡，不當再計年月，此欄與左方兩欄之「十一月」、「十二月」都是衍文，應該空白：

> 「十月。」按：此漢元年十月也，時秦已亡矣，為誰之十月乎？此與下「十一月」、「十二月」皆當衍之。〔註77〕

與《史記志疑》「十月」條下對看，則梁氏之說明顯為李氏採用：

> 案：此漢元年十月也，時秦已亡矣，為誰之十月乎？此與下「十一月、十二月」皆當衍之。〔註78〕

字句完全相同，可知是李景星襲用梁玉繩。

在完全照抄以外，李景星也摘錄梁玉繩《史記志疑》的研究成果。李景星指出〈建元已來王子侯者年表〉中有三大疑點，分別是漢武帝推恩令的詔書文字，司馬遷與班固的記載不同、王子侯之封地往往越封異地、以及諸王子之名有重複的問題。他說：

> 吾讀〈建元已來王子侯者年表〉，而有不能無疑者三焉：開首「制詔御史」云云，此元朔二年詔也。《漢書》曰：「諸侯王請與子弟邑者，朕將親覽，使有列位焉。」此則曰：「制詔御史：『諸侯王或欲推私恩分子弟邑者，令各條上，朕且臨定其號名。』」字句不同如此，豈班、馬作史，于當時詔書亦擅改之也？其可疑者一也。王子侯之封，是分本國之邑以為侯國，乃〈表〉中國名頗有越封異地者，

〔註75〕《四史評議》，頁19。
〔註76〕梁玉繩著，賀次君點校：《史記志疑》，頁349。
〔註77〕《四史評議》，頁21。
〔註78〕梁玉繩著，賀次君點校：《史記志疑》，頁461。

其可疑者二也。諸王子之名，大半相重，并有尊卑迭犯者，不知當日命名何以不稽譜牒？其可疑者三也。〔註79〕

雖云「吾讀」而產生懷疑，這一段文字卻來自《史記志疑》的兩條案語。首先是在「制詔御史：『諸侯王或欲推私恩分子弟邑者，令各條上，朕且臨定其號名。』」條下，梁玉繩說：

此元朔二年詔也。《漢書》詔曰：「諸侯王請與子弟邑者，朕將親覽，使有列位焉。」所載不同，豈班、馬於詔辭亦擅改之耶？王子之封，是分本國之邑以爲侯國，乃〈表〉中國名頗有越封異地者。〈中山靖王傳〉云：「分封子弟，別屬漢郡。」竊意當日眾建之制，必上其分封邑户於朝，天子別以附近之郡地易而封之。且《漢書・地理志》據元始版籍，所書侯國，以成帝元延末爲斷，皆錄見存之侯，其間郡縣之割隸移屬，不知凡幾，故與漢初異。又國先絕者俱不書侯國，國除而其地廢不爲縣者亦不書，故地多無考。〔註80〕

在「王子號」條下，梁玉繩又說：

諸王子之名，大半相重，並有尊卑迭犯者，不知當日命名何以不稽譜牒乎？〔註81〕

比對之下，似乎是李景星根據梁玉繩的說法，擇要而錄之。武帝元朔二年的推恩分封令，《史記・建元已來王子侯者年表序》記載：

制詔御史：「諸侯王或欲推私恩分子弟邑者，令各條上，朕且臨定其號名。」太史公曰：「盛哉！天子之德，一人有慶，天下賴之。」〔註82〕

《漢書・王子侯表序》記載：

大哉，聖祖之建業也！後嗣承序，以廣親親。至于孝武，以諸侯王疊土過制，或替差失軌，而子弟爲匹夫，輕重不相準，於是制詔御史：「諸侯王或欲推私恩分子弟邑者，令各條上，朕且臨定其號名。」自是支庶畢侯矣。《詩》云：「文王孫子，本支百世。」信矣哉！〔註83〕

〔註79〕《四史評議》，頁26。
〔註80〕梁玉繩著，賀次君點校：《史記志疑》，頁695。
〔註81〕梁玉繩著，賀次君點校：《史記志疑》，頁695。
〔註82〕《史記會注考證》卷二十一，頁2。
〔註83〕班固著，王先謙補注：《漢書補注》，頁557。

二者詔書文字相同。但《漢書·武帝紀》卻記載：

> 春正月，詔曰：「梁王、城陽王親慈同生，願以邑分弟，其許之。**諸**
> **侯王請與子弟邑者，朕將親覽，使有列位焉。**」於是藩國始分，而
> 子弟畢侯矣。〔註84〕

合觀《漢書》二篇的記事，以及賈誼〈治安策〉中「眾建諸侯而少其力」的
主張、主父偃「令諸侯得推恩分子弟」的建議，則漢代推行推恩眾建的過程
可更明晰。司馬遷親見此事，班固也能閱覽宮廷檔案，二書記載卻有這麼大
的差異，是一大疑案。至於王子侯國越地異封的情形，梁氏試圖推測當時實
際操作的情形，李景星則無。對於王子名重複的情況，李景星完全抄錄梁玉
繩的懷疑，並未提出更進一步的想法。

　　李景星也會根據己意調動《史記志疑》的文句，但是梁氏原文的痕跡仍
然明顯可見。如〈越王句踐世家〉附〈范蠡傳〉，司馬遷說范蠡離開越國後，
句踐為了表彰與紀念范蠡對越國復國的貢獻，以會稽山為范蠡奉邑，〈越王句
踐世家〉記載：

> （范蠡）乃裝其輕寶珠玉，自與其私徒屬乘舟浮海以行，終不反。
> 於是句踐表會稽山，以為范蠡奉邑。〔註85〕

對此，梁玉繩《史記志疑》指出，若范蠡已離開越國，如何能有奉邑？又，
依據《國語》的記載，並沒有「奉邑」二字：

> 蠡已去越，何奉邑之有？《國語》云：「環會稽三百里以為范蠡地。」
> **不言奉邑也。**《越絕》言：「封蠡之子于苦竹城。」《吳越春秋》言：
> 「封蠡妻子百里之地。」〔註86〕

李景星則說：

> 蠡已去越，何奉邑之有？《國語》云：「環會稽三百里以為范蠡地。」
> 《越絕書》云：「封蠡之子于苦竹城。」《吳越春秋》云：「封蠡妻子
> 百里之地。」俱不言以為蠡奉邑也。〔註87〕

李氏只有調整「不言奉邑」等字的位置，其餘不論引用書目與內文，幾乎和
梁說一模一樣。

〔註84〕班固著，王先謙補注：《漢書補注》，頁244。
〔註85〕《史記會注考證》卷四十一，頁25。
〔註86〕梁玉繩著，賀次君點校：《史記志疑》，頁1033。
〔註87〕《四史評議》，頁44～45。

　　李景星以梁玉繩《史記志疑》的說法改定《史記》而有誤的情形也不少見，例如〈高祖功臣侯表〉梁鄒侯欄侯功格中記載：

　　　　兵初起，以謁者從擊破秦，入漢以將軍擊定諸侯，功比博陽侯，二千八百戶。〔註88〕

《史記志疑》在「二千八百戶」條下說：

　　　　案：《漢表》作「三千八百戶」。〔註89〕

李景星也說：

　　　　「梁鄒」下「二千八百戶」，按：《漢表》作「三千八百戶」。〔註90〕

梁、李所根據的，是《漢書・高惠高后文功臣表》，但是此表在梁鄒侯欄的侯狀戶數格中也作「二千八百戶」：

　　　　兵初起，以謁者從擊破秦，入漢，定三秦，出關，以將軍擊定諸侯，

　　　　比博陽侯，二千八百戶。〔註91〕

《漢書・高惠高后文功臣表》並無錯誤，顯然是梁玉繩先在考訂時犯錯，而李景星逐字照抄，於是「吸收」了梁玉繩的失誤。但是因為抄錄他說而致錯誤的並不只有李景星一人；瀧川資言在侯功格補充，《漢表》戶數為「三千八百戶」，他也沒有注明是引用何人說法：

　　　　《考證》：《漢表》三千八百戶。〔註92〕

由此可見李景星與瀧川資言抄襲前人的痕跡。

　　又如〈陳杞世家〉中，司馬遷將周宣王即位的時間標誌在陳釐公六年：

　　　　釐公六年，周宣王即位。〔註93〕

梁玉繩在此條下的案語為：

　　　　案：「六」當作「五」。〔註94〕

李景星的考據結果也和梁玉繩一樣簡潔：

　　　　按：「六」當作「五」。〔註95〕

瀧川資言引用陳仁錫的說法，據〈十二諸侯年表〉的記載，也認為周宣王即

〔註88〕《史記會注考證》卷十八，頁29～30。
〔註89〕梁玉繩著，賀次君點校：《史記志疑》，頁525。
〔註90〕《四史評議》，頁23。
〔註91〕班固著，王先謙補注：《漢書補注》，頁682。
〔註92〕《史記會注考證》卷十八，頁30。
〔註93〕《史記會注考證》卷三十六，頁3。
〔註94〕梁玉繩著，賀次君點校：《史記志疑》，頁915。
〔註95〕《四史評議》，頁40。

位應該在陳釐公五年。《考證》說：

> 陳仁錫曰：「《史表》在五年。」〔註96〕

參照〈十二諸侯年表〉，宣王即位時，卻當陳釐公四年。〔註97〕王叔岷《史記斠證》認為，「六」是字誤：

> 《考證》：「陳仁錫曰：《史表》在五年。」
>
> 案梁氏《志疑》亦云：「六當作五。」考《史表》，周宣王即位，在釐公四年。四之作六，蓋涉下文「三十六年」而誤。〔註98〕

據〈十二諸侯年表〉與王說，可知周宣王即位在陳釐公四年，而周宣王元年才是陳釐公五年。梁玉繩比對〈陳杞世家〉與〈十二諸侯年表〉時忽略了即位年與元年有別，而李景星將梁說照單全收，也在無意間承襲了梁玉繩的錯誤。

（二）探究李景星修訂《史記》之底本

之所以引發對李景星所使用的《史記》底本的好奇，是在比對《史記評議》與《史記志疑》、《史記會注考證》三書考據成果時，發現李氏指出的《史記》訛誤，在以三家注本為底本的《史記會注考證》中有部分並無錯誤，卻符合以凌稚隆《史記評林》為底本的《史記志疑》。於是再對照《史記評議》、《史記志疑》與《史記評林》，探究李景星所研讀與欲修正的《史記》版本。

指出線索的第一條考據成果，是在〈晉世家〉文公五年，晉、楚交戰，晉文公「退避三舍」仍大敗楚軍，並獻上楚國俘虜與馬匹、步卒給周天子。周襄王命晉文公為伯，並賞賜晉國：

> 天子使王子虎命晉侯為伯，賜大輅、彤弓矢百、玈弓矢千、秬鬯一卣、珪瓚、**虎賁三百人**。晉侯三辭，然后稽首受之。〔註99〕

然而李景星《史記評議》卻提出一個《史記》原文中可能並不存在的錯誤：

> 「虎賁三千人。」按：《左傳》作「三百人」。〔註100〕

梁玉繩《史記志疑》「虎賁三千人」條下也指出此處有誤，應據《左傳》修正：

> 案：《傳》作「三百人」，是。〔註101〕

〔註96〕《史記會注考證》卷三十六，頁3。
〔註97〕《史記會注考證》卷十四，頁14。
〔註98〕王叔岷：《史記斠證》，頁1402。
〔註99〕《史記會注考證》卷三十九，頁57～58。
〔註100〕《四史評議》，頁43。
〔註101〕梁玉繩著，賀次君點校：《史記志疑》，頁988。

《考證》作「虎賁三百人」，《評議》與《志疑》卻作「虎賁三千人」，原因在於梁、李所用的《史記》版本是凌稚隆的《史記評林》。瀧川資言《考證》說：

> 凌本，百誤千。〔註102〕

不僅符合梁玉繩作《史記志疑》以凌稚隆《史記評林》為底本的事實，也初步提供關於李景星使用的《史記》底本的資訊。賀次君點校《史記志疑》，便指出梁玉繩是依據明萬曆四年吳興凌稚隆《史記評林》進行考據：

> 梁玉繩作《志疑》所依據的是明萬曆四年（公元一五七六）吳興凌稚隆《史記評林》，即所稱湖本。這個本子重在評論，於史文却不甚注意，刊刻時校讎不精，錯誤較多，其中許多錯誤並無版本的因襲關係。梁氏少有用其他版本與湖本比較，凡是湖本自誤的，大都歸咎於《史記》本身，一一疑而辨之。我們今將湖本與金陵本（即中華書局二十四史點校本《史記》的底本）的異文附注在他所出的史文各條下面，就可看出他所欲改正的字句，和金陵本正相同。他當時如果依據另外一種較好的本子，就能省却不少篇幅。〔註103〕

賀次君對《評林》與《志疑》的分析，也能用來解釋《評議》依據《評林》的現象。李景星著重於評議司馬遷的文法與史法，他在讀畢一篇後書寫心得，必然也會參考諸家史記研究者的看法，而凌稚隆《評林》可說是將自三家注以來對《史記》的評論蒐羅匯集於一書，李景星從中尋求支持其立論的根據並不難理解。再者，李氏將考據納入《評議》的範圍，而梁玉繩的《志疑》又是《史記》考據方面的實用參考書，當然就加強了他對凌稚隆《評林》的依賴。所以即使湖本中的許多錯誤原來沒有版本的因襲關係，卻因為李景星幾乎全盤接受梁氏的主張，而傳承了自凌稚隆至梁玉繩的錯誤，形成一路有因襲關係的錯誤版本。如果梁玉繩在考據時能依據較好的《史記》版本，一來節省篇幅與心力的消耗，在其他考據工作上取得更好的成就，二來也能減少疏漏處「陳陳相因」的情形；李景星也是如此。

李景星根據《史記志疑》指出《史記》錯處、實際上是糾正凌稚隆《評林》疏漏的例子，還有〈周本紀〉中對於周敬王享國時間的記載。李景星指出：

> 「四十二年，敬王崩。」按：「四十二年」當作「四十四年」，此與

〔註102〕《史記會注考證》卷三十九，頁58。
〔註103〕賀次君：《史記志疑・點校說明》，《史記志疑》，頁3。

〈表〉皆誤。〔註104〕

《史記志疑》分別提出〈周本紀〉與〈十二諸侯年表〉的錯誤，其說較李景星詳細得多：

> 案：《左傳》哀十九年書敬王崩，而《春秋》昭二十二年書景王崩，
> 則敬王在位四十四年明甚，《竹書》及《集解》引皇甫謐說俱合。此
> 作「四十二」，〈表〉作「四十三」，並誤也。但《御覽》八十五卷引
> 《史記》作「四十四」。〔註105〕

不過，《考證》本《史記·周本紀》是作「四十三年，敬王崩」，〔註106〕〈十二諸侯年表〉也作「四十三（年），敬王崩」。〔註107〕瀧川資言在〈周本紀〉引用陳仁錫的說法，指出湖本中敬王享國四十二年的記載有誤：

> 陳仁錫曰：「湖本三作二，誤。」愚按：古鈔、南本、及《御覽》引
> 亦作「三」，與〈年表〉合。〔註108〕

湖本《史記·周本紀》作：「四十二年，敬王崩。」《集解》說徐廣引用皇甫謐的說法，認爲敬王在位應是四十四年：

> 徐廣曰：「皇甫謐曰：『敬王四十四年，元己卯，崩壬戌也。』」〔註109〕

湖本《史記·十二諸侯年表》則是在周敬王「四十三」年書「敬王崩」，並引徐廣曰：「歲在甲子。」〔註110〕又與瀧川《考證》所引同。如果李景星是以《史記評林》爲底本，並接受皇甫謐與《史記志疑》的解釋，就不難理解他認爲敬王應崩於四十四年，並認爲「此與〈表〉皆誤」的理由。比對的結果，其相互關係應該是梁玉繩糾正《史記評林》指敬王崩於四十二年的記載，採取皇甫謐「敬王崩於四十四年」的說法，而李景星接納了自《史記評林》、皇甫謐、到梁玉繩的說法，形成一連串的考據錯誤。

但是凌稚隆《史記評林》從明萬曆四年刊刻以來，流傳甚廣，不僅在國內，國外也有重刻與訂補，例如臺灣大學圖書館在萬曆四年的吳興凌氏刊本的善本書外，還藏有清光緒十年的重刊本，〔註111〕日本也在十九世紀七十

〔註104〕《四史評議》，頁9。
〔註105〕梁玉繩著，賀次君點校：《史記志疑》，頁109～110。
〔註106〕《史記會注考證》卷四，頁77。
〔註107〕《史記會注考證》卷十四，頁159。
〔註108〕《史記會注考證》卷四，頁77。
〔註109〕凌稚隆輯校，李光縉增補，有井範平補標：《補標史記評林》，頁128。
〔註110〕凌稚隆輯校，李光縉增補，有井範平補標：《補標史記評林》，頁536～537。
〔註111〕烏石山房文庫6，萬曆四年（丙子，西元1576年）吳興凌氏刊本，線裝，14

至八十年代出版了六種《史記評林》的點、校、補標本。《日本漢學史》列
出當時的刊刻概況：

> 《史記評林》，渡邊約郎點，鱸亮平刊，1878 年。

> 《史記評林》，奧田遵校，別所平七刊，1879～1880 年。

> 《史記評林》，明凌稚隆編，鈴木義宗點，自刊，1881 年；又一種，
> 藤澤南岳校，大阪，岡島眞七刊。

> 《史記評林》，明凌稚隆編，李光縉補，歸有光點，清方苞增評；石
> 川鴻齋點，鳳文館刊，1883 年。

> 《史記評林》，有井範平補，報告堂刊，1886 年。〔註112〕

根據以上資料，推測都是根據萬曆四年吳興凌氏刊本《史記評林》進行點、
校、補標。最初的吳興凌本、各種國內重刻本、甚至國外的傳本，都有可能
是李景星研究與考據的《史記》底本。礙於版本蒐集不盡，只以萬曆四年吳
興凌氏刊本、有井範平《補標史記評林》，以及瀧川資言《史記會注考證》，
對校李景星《史記評議》勘誤《史記》的說法。

李景星指出，在〈高祖功臣侯表〉中襄平侯的「侯功」敘述有誤：

> 「襄平」下**「功定平侯」**，按：《漢表》作**「功比平定侯」**。〔註113〕

《考證》作「功比定平侯」：

> 兵初起，紀成以將軍從擊破秦，入漢，定三秦，**功比定平侯**。戰好
> 時死事，子通襲成功侯。〔註114〕

《補標史記評林》作「功比平定侯」：

> 兵初起，紀成以將軍從擊破秦，入漢，定三秦，**功比平定侯**。戰好

冊，3 函，30 公分（匡 19.8×14.3 公分），10 行，行 19 字，小字雙行，雙欄，
花口，單魚尾。臺大圖書館另有臺灣中央圖書館於 2005 年據此本翻拍成微捲
的《史記評林》。清光緒十年（甲申，西元 1884 年）重刊本，線裝，30 冊，
5 函，26 公分，10 行，行 21 字，小字雙行；封面題「光緒甲申重刊 史記
評林 佩蘭堂藏板」，內頁題「湘鄉瑞芸氏劉鴻年校於耕雲讀月之室 男傳璠
姪傳琛傳珮同校」。內文與萬曆刊本相同，惟萬曆刊本行 19 字、光緒重刊本
行 21 字，因此頁數與冊數不同。

〔註112〕李慶：《日本漢學史》第一部：起源和確立（1868～1918）（上海：上海人民
出版社，2010 年 12 月第一版第一次印刷），頁 178。

〔註113〕《四史評議》，頁 23。

〔註114〕《史記會注考證》卷十八，頁 87。

時死事，子通襲成功侯。〔註115〕

萬曆四年吳興凌氏刊本《史記評林》正是作「功定平侯」：

> 兵初起，紀成以將軍從擊破秦，入漢，定三秦，**功定平侯**。戰好畤
> 死事，子通襲成功侯。〔註116〕

根據《漢書·高惠高后文功臣表》，襄平侯紀通欄之侯狀戶數，則是作「功比平定侯」：

> 父城以將軍從擊破秦，入漢定三秦，**功比平定侯**，戰好畤，死事，
> 子侯。〔註117〕

王先謙《補注》指出，平定侯即齊受：

> 錢大昭曰：「平定侯，齊受也。受五十四，通當是五十六。尚闕此位
> 次。」先謙曰：「〈史表〉『城』作『成』，與〈高紀〉合。比平定，
> 是成非通。蓋以父功次子位也。」〔註118〕

再比對《史記·惠景間侯者年表》與《漢書·高惠高后文功臣表》，有平定敬侯齊受，〔註119〕無「定平侯」，則正確寫法應是「功比平定侯」無誤，《考證》誤倒為「定平侯」，《補標》已改正，而李景星以吳興凌氏刊本《史記評林》為底本，缺字且誤倒侯名，但根據《漢書·高惠高后文功臣表》糾謬的結果是正確的。

又如周敬王二十九年，晉國內戰到了尾聲，趙簡子大敗范氏與中行氏，拿下邯鄲與柏人。〈十二諸侯年表〉記載：

> （晉定公）二十一。趙鞅拔邯鄲、柏人，有之。〔註120〕

而李景星《史記評議》卻指出：

> 「敬王二十九，晉定公二十一，**趙鞅救邯鄲、柏人，有之**。」按：

〔註115〕凌稚隆輯校，李光縉增補，有井範平補標：《補標史記評林》，頁706。

〔註116〕司馬遷著，裴駰集解，司馬貞索隱，張守節正義，凌稚隆輯評：《史記評林》
一百三十卷（四庫未收書輯刊第壹輯第拾壹、拾貳冊，北京：北京出版社，
2000年第一版），第拾壹冊頁357。

〔註117〕班固著，王先謙補注：《漢書補注》，頁726。

〔註118〕班固著，王先謙補注：《漢書補注》，頁726。

〔註119〕《史記·惠景間侯者年表》平定侯齊受之侯功：「以卒從高祖起留，以家車吏
入漢，以梟騎都尉擊項籍，得樓煩將，功，用齊丞相侯，一云項涓。」見《史
記會注考證》卷十九，頁8。《漢書·高惠高后文功臣表》平定敬侯齊受之侯
狀戶數：「以卒從起留，以家車吏入漢，以驍騎都尉擊項籍，得樓煩將，用齊
丞相侯。」見班固著，王先謙補注：《漢書補注》，頁754～755。

〔註120〕《史記會注考證》卷十四，頁151。

「救」乃「拔」之誤。又「鞅有柏人」在次年，此與〈趙世家〉均
誤列前一年。〔註121〕

李氏的說法來自梁玉繩《史記志疑》。梁氏在「敬王二十九，晉定公二，趙鞅
救邯鄲、柏人有之」條下加注案語：

案：「救」乃「拔」之訛。鞅有柏人在次年，此與〈趙世家〉誤前一
年。〔註122〕

比對李、梁二人的說法，可以看出顯然是李景星抄錄梁玉繩的字句；再與有
井範平的《補標》及吳興凌氏刊本《評林》對照，可以看出梁玉繩與李景星
校刊的《史記》底本是萬曆四年吳興凌氏刊本。《補標》說：

趙鞅拔邯鄲柏人有之。〔註123〕

吳興凌氏刊本《史記評林》說：

趙鞅救邯鄲柏人有之。〔註124〕

吳興凌氏刊本自誤，《補標》是修訂過的本子，以三家注本爲底本的《考證》
無誤，可以推知李景星作《史記評議》的基礎應該就是萬曆四年吳興凌氏刊
本《史記評林》。

雖然筆者認爲李景星就是依據萬曆四年吳興凌氏刊本《史記評林》進行
研究與考據，但在比對諸本後仍然發現一個無法解決的問題，是〈衛康叔世
家〉中衛武公之子的諡號與名字。〈衛康叔世家〉記載：

周平王命武公爲公。五十五年，卒。子莊公揚立。〔註125〕

而〈十二諸侯年表〉在衛武公五十五年後一格爲「衛莊公楊元年」。〔註126〕
李景星指出，《史記》的「表」（應該是指〈十二諸侯年表〉）是作「楊惠公
立」：

「子莊公揚立。」按：〈表〉作「楊惠公立」。〔註127〕

查閱《補標》，〈衛世家〉作「子莊公揚立」，〔註128〕〈十二諸侯年表〉周平

〔註121〕《四史評議》，頁20。

〔註122〕《史記志疑》，頁380。

〔註123〕凌稚隆輯校，李光縉增補，有井範平補標：《補標史記評林》，頁531。

〔註124〕司馬遷著，裴駰集解，司馬貞索隱，張守節正義，凌稚隆輯評：《史記評林》
一百三十卷，四庫未收書輯刊第壹輯第拾壹冊，頁274。

〔註125〕《史記會注考證》卷三十七，頁6。

〔註126〕《史記會注考證》卷十四，頁31。

〔註127〕《四史評議》，頁41。

王十四年爲「衛莊公楊元年」，〔註129〕都記載衛武公後的繼位者爲衛莊公；名字在〈衛康叔世家〉中都作「揚」，在〈十二諸侯年表〉中都作「楊」。檢視吳興凌氏刊本《史記評林》，〈衛康叔世家〉作「子莊公揚立」，〔註130〕〈十二諸侯年表〉作「衛莊公楊元年」。〔註131〕則不論《考證》、《補標》或吳興凌氏刊本《史記評林》，在〈衛康叔世家〉與〈十二諸侯年表〉中，都確定衛武公卒後由其子莊公繼位，問題在他的名字是「楊」或「揚」。《史記志疑》認爲，「楊」與「揚」二字在古時通用：

> 附案：〈表〉作「楊」，《詩譜‧疏》引〈世家〉亦作「楊」，而今本作「揚」，古通。〔註132〕

瀧川資言則引用張文虎的說法，《考證》：

> 張文虎曰：「〈表〉，『揚』作『楊』，與《詩譜‧疏》引合。」〔註133〕

似乎還沒有一個確切的結論。然而，比對諸本，並沒有一個本子主張衛武公的繼承者之諡號爲「楊惠公」，不知李景星所據爲何。因此，雖然眾多例證顯示，李景星所使用的《史記》底本即爲明萬曆四年吳興凌稚隆《史記評林》，不過因爲這一則例子的緣故，目前筆者還是不能百分之百地作出肯定的判斷。

第四節　小　結

　　爲求全面且完整地研究《史記》，李景星在文法、史法之外，也重視考據。或於篇內自證，或比對他篇，或根據經、傳、其他史籍以及《漢書》校訂《史記》記載與用字，修正了人名與地名、年月、史實的謬誤，斟酌用字，判斷缺漏增補並提出處理方式。有眾多例證顯示，李景星的《史記》考據工程是以萬曆四年吳興凌氏刊本《史記評林》爲基礎，其考察心得中有相當大的比例來自梁玉繩《史記志疑》的看法，而梁氏也以凌本爲底本。雖然凌本

〔註128〕凌稚隆輯校，李光縉增補，有井範平補標：《補標史記評林》，頁1229。
〔註129〕凌稚隆輯校，李光縉增補，有井範平補標：《補標史記評林》，頁449。
〔註130〕司馬遷著，裴駰集解，司馬貞索隱，張守節正義，凌稚隆輯評：《史記評林》一百三十卷，四庫未收書輯刊第壹輯第拾壹冊，頁594。
〔註131〕司馬遷著，裴駰集解，司馬貞索隱，張守節正義，凌稚隆輯評：《史記評林》一百三十卷，四庫未收書輯刊第壹輯第拾壹冊，頁246。
〔註132〕梁玉繩著，賀次君點校：《史記志疑》，頁933。
〔註133〕《史記會注考證》卷三十七，頁6。

匯集歷代學者的評論，且廣爲流傳，但疏漏也多，因此李氏與梁氏在不需要校正、也原不存在的錯誤上耗費了心力，是比較可惜的地方。李景星的考據成果大致不出歷代學者的研究範圍，雖然如此，仍可看出李氏鑽研《史記》的企圖心，以及爲探究歷史眞相、欲爲《史記》糾謬，而廣泛蒐集相關史籍與前人研究成果的努力。

第八章 結 論

李景星《史記評議·自序》說：

> 《史記》一書，後代史書之標準，而古來載籍之總滙也。由《史記》
> 以上，爲經、爲傳、爲諸子百家，流傳雖多，要皆于《史記》括之；
> 由《史記》以下，無論官私記載，其體例之常變，文法之正奇，千
> 變萬化，難以悉數，要皆于《史記》啓之。〔註1〕

此言是對《史記》價值的持平之論。從史學傳統來說，司馬遷創立以本紀、
表、書、世家、列傳五體敘述與評論人物、事件的體例，盡可能完整地還原
了歷史的眞貌，篇章中時而直書、時而隱晦的褒貶筆法，更成爲後代史書的
典範。從文獻與學術的角度來看，司馬遷大量引錄與化用儒家經典、諸家學
說、各類史書與文獻資料充實《史記》內涵，等於記錄、保存了司馬遷以前
以及與他同時代的人物之著作，具有學術傳承的意義。學者深知《史記》在
中國文化與學術上承先啓後的地位與重要性，歷代都有潛心鑽研的研究者，
爲後世留下多元而卓越的研究成果，然而知有《史記》而不知其大義旨歸者
亦不乏其人。

《史記評議》集結了李景星逐篇推求《史記》精華的心得條記，是歷時
前後三十年的智慧結晶。李氏自弱冠起，四度受保薦至濟南鄉試，都未獲得
賞識，在仕進之途上受挫，此後謹秉父訓，以教學爲職志，爲國家培養人才。
時代動盪，國勢飄搖，外在環境發生了改滿淸爲民國、軍閥割據、日軍侵略
的變化，李景星又接連失去母親、髮妻、三個兒子；在顛沛流離的生活中，
他始終沒有放棄啓蒙後生與著作傳世的志業。在嶧縣教書時，同事趙家琛「頗

〔註1〕 《四史評議》，頁1。

著文名」卻不自欺，承認對《史記》「佳處皆不能知」，其誠實態度與學習精神使李景星深深感佩，因而興起了整理、匯歸往日研讀心得的想法，成書後亦不惜「典地借貸」以刊行之。其著書目的有三，首先是記錄自己所思所得，其二為探求《史記》全書大義，其三乃是出於教育家為後學指點迷津的熱誠，使其「知所從事」，能更有效率地掌握《史記》精髓，也避免為「妄說」所誤，並學習司馬遷為文的技巧與對人、事的道德批判。根據《史記評議・凡例》可知，李景星關注的焦點主要在分析司馬遷文法與史法的優點、辨證《史記》闕漏增補問題、抉發「太史公曰」的用筆與含意、考據並訂正《史記》記載疏漏之處。

李景星歸納的《史記》文法，即結合文章結構、主旨、藝術手法而形成的文學美感。結構上，藉由分段、分層推進情節，演示王朝、侯國、個人之興衰成敗的原因與過程；劃分經緯，強調人物命運的主從關係，經與緯之間禍福相倚，牽一髮而動全身；點出串連事件的關鍵與主線，收束前事並引起後續發展，使內容前後照應而不脫節。李氏亦逐篇點明主題與司馬遷作傳主旨。藝術手法方面，通過階級法逐步烘托出重點人物的形象與功績，並藉由對此重點人物的描寫，彰顯與典型化某一族群之樣貌與精神；司馬遷善於利用細節表現人物情性，並配合人物性格轉化行文風格，使傳記情調因此有了步調緩急不同、情節衝突張弛有別的特色；點染舊史料，鎔鑄於自著之史文當中，濃淡各得其宜，帶動文氣，使文字更流暢、情節更生動。李氏強調《史記》文法，用意在教導讀者領略《史記》敘事之美、學習司馬遷作文技巧。

李景星對《史記》史法的論析是從紀傳體例出發，目的是呈顯、推崇司馬遷褒貶人物、事件的觀點與標準。從篇名來看，功業與歷史地位相當的人物之中，若司馬遷特別強調人物的最高爵位或封地、以敬稱名篇，可以顯示他對傳主的仰慕與崇拜；反之，則可從稱號見出司馬遷對人物的貶抑。人物合傳或附傳於世家的理由，不論是因為傳主們的才幹、官職、行事作風、事蹟相似而合傳，或者著眼於傳主之間的對應關係以及其互動在歷史上造成的影響，甚至跨越時空藩籬、以類相從，有保全國家社稷之功勞而附傳於世家者，司馬遷對人物類型的歸納與組合都暗示了他對傳主的評價。司馬遷從不同角度論述人物與事件，其說分散在相關各篇中，李景星稱之為「得賓主之體」，則在人物本傳記載其正面形象、在別篇呈現其他樣貌，或反之，作用不只在取得對人物形象的塑造與對人物各面向的完整認識之間的平衡，還包含

了司馬遷對人物性格、作爲的褒貶。可以說，李景星對《史記》史法的認識，都建立在褒貶手法之上，而他期望學者與作史者學習的，也正是司馬遷對人物、事件的價值判斷。

《史記評議》最明顯的特點之一，是李景星相當關注各篇的「太史公曰」一段的內容與作用。他認爲《史記》諸贊的優秀之處，是能補充紀傳正文無暇論及的歷史資料、司馬遷的剪裁手法與撰作用意。取材方面，包括說明蒐集史料時是否親見紀傳主角、或訪談相關人士以取得較爲直接可信的素材、或記錄遊歷見聞、或交代援用何種書面文獻；至於司馬遷衡量、取捨材料的標準是以《六經》爲依歸，並根據較早成書的文獻辨證積非成是的雜說。因此，《史記》贊語的功能，除了總括紀傳正文，發揮摘要與提綱挈領的作用外，還可以作爲外傳或後記，補充佚事軼聞，延伸歷史觸角。此外，李景星瞭解司馬遷肯定個人作爲對其子孫以至於整個後世的影響，也注意到司馬遷寫本紀、世家、列傳時重視追本溯源，從而發掘司馬遷於論贊中勸喻世人積德累善、以仁義爲本的苦心。

關於「《史記》十篇有錄無書」的問題，李景星主張這是班彪、王肅等人的謬論妄說，此輩不懂司馬遷書法而胡亂攻擊，貽誤後人，其實十篇俱在，從未有亡佚的情形。李景星駁斥「《史記》十篇有錄無書說」的立場是堅持〈孝景本紀〉、〈律書〉、〈三王世家〉、〈傳靳蒯成列傳〉爲司馬遷「變格文字」，〈孝武本紀〉、〈漢興以來將相名臣年表〉爲司馬遷「未定之稿」，〈禮書〉、〈樂書〉、〈日者列傳〉、〈龜策列傳〉是「《史記》原文」。然而，其說一則忽略了今存各篇內容不符合〈太史公自序〉所揭示之撰述主旨與綱紀的現象，李氏對此也未加說明；二則在其《史記評議·自序》稱《史記》「原無不足之處」，又說十篇中或有司馬遷「未定之稿」，前後矛盾，無法自圓其說。檢視李景星的看法，也「都無確證」，而是出於對司馬遷的景仰與對《史記》完整性的維護，從而捏造出種種司馬遷的獨特行文風格與述史體例，強自爲說，令人難以信服。

李景星以明萬曆四年吳興凌稚隆《史記評林》爲底本進行考據與修訂，除了梳理上下文意脈絡與比對《史記》各篇，以考核錯誤記載，若有資料不足以排除的疑慮，則從儒家經、傳、其他成書時代較早的史籍及大量採取《史記》記載的《漢書》中找尋可能的解答。對於《史記》恐有闕漏而後人加以增補的部分，李景星大多保持保留其說以知人論世、互證備考的溫和態度，

只是認爲最好低一格書寫以與《史記》原文有所區隔。李景星考據《史記》的成果頗豐，但也有不正確與不夠詳盡之處，更因爲襲用同以凌稚隆《史記評林》爲研究底本的梁玉繩《史記志疑》諸說，某些由於凌稚隆《史記評林》刊刻不精造成的錯誤，隨著《史記志疑》提出疑問而影響《史記評議》的考據，於是這些錯誤形成了版本之間的因襲關係。也由於李景星直接抄錄《史記志疑》研究成果的痕跡太過明顯，暴露了《史記評議》中的論述往往沿用前人說法但是沒有全數注明出處的問題。

李景星《史記評議》企圖對《史記》內涵進行全面探討，在文學美感、褒貶書法、「太史公曰」之用意、考據方面都有見地，也爲後學者指點研讀與學習的途徑。然而其中也有缺點，主要是由於李景星對司馬遷與《史記》過於崇拜，面對爭議時容易產生主觀情感主導判斷的傾向；引用他說又未交代來源，就現代學術規範而言，恐有剽竊之虞；使用校讎不精的版本，一則可能誤解司馬遷的原意，二則耗費心力於不必要的考據問題，反而壓縮了更深入探索《史記》奧秘的空間。

以上，大致歸結本文對李景星及其《史記評議》對司馬遷《史記》內涵之析論的研究成果，期望藉此通透《史記》奧義，也使學者對李景星《史記評議》的價值與不足有更多瞭解，從而充實與擴大《史記》研究學的內容與範圍。李景星曾如此訓育子弟：

> 爲人要學司馬遷秉筆寫史，流芳百世；不要學司馬相如千金賣文，
>
> 爲世人不齒！〔註2〕

此言表達了他對司馬遷的崇敬與仰慕，也隱約暗示他有立言的抱負。筆者不揣淺陋，欲爲李景星的教育熱誠與《史記評議》的研究所得提出評價，必然有理解不夠徹底與探賾未竟之處，將在拙文初步探索的基礎上，持續學習，以待來日更深入的研究。

〔註2〕王有瑞：《四史評議・李景星小傳》，頁9。

參考文獻

一、專　書

1. 王弼、韓康伯：《周易王韓注》（臺北：明文書局，2002 年 8 月初版）。

2. 李鼎祚撰，李一忻點校：《周易集解》（北京：九州出版社，2003 年 2 月第一版第一次印刷）。

3. 朱熹著，廖名春點校：《周易本義》（北京：中華書局，2009 年 11 月第一版，2011 年 6 月北京第四次印刷）。

4. 屈萬里：《尚書集釋》（臺北：聯經出版事業股份有限公司，1983 年 2 月初版，2010 年 10 月初版第九刷）。

5. 屈萬里：《詩經詮釋》（臺北：聯經出版事業股份有限公司，1983 年 2 月初版，2002 年 10 月初版第十四刷）。

6. 上海師範大學古籍整理研究所校點：《國語》（上海：上海古籍出版社，1998 年 3 月第一版第一次印刷）。

7. 楊伯峻編著：《春秋左傳注》（北京：中華書局，2009 年 10 月第三版修訂本）。

8. 公羊高撰，何休解詁，徐彥疏，陸德明音義：《春秋公羊傳注疏》（景印文淵閣四庫全書第 145 冊，臺北：臺灣商務印書館，1983 年）。

9. 王弼注：《老子王弼注》，收錄於《老子四種》（臺北：大安出版社，1999 年 2 月第一版第一刷）。

10. 朱熹：《四書章句集注》（臺北：大安出版社，2007 年 10 月第一版第八刷）。

11. 方詩銘、王修齡校注：《古本竹書紀年輯證》修訂本（上海：上海古籍出版社，2005 年 10 月第一版）。

12. 劉向集錄，范祥雍箋證，范邦瑾協校：《戰國策箋證》（上海：上海古籍

出版社，2006 年 12 月第一版，2011 年 4 月第四次印刷）。

13. 宋衷注，王謨、孫馮翼、陳其榮、秦嘉謨、張澍、雷學淇、茆泮林、王梓材輯：《世本八種》（北京：中華書局，2008 年 8 月第一版，2010 年 6 月北京第二次印刷）。

14. 呂不韋著，陳奇猷校釋：《呂氏春秋新校釋》（上海：上海古籍出版社，2002 年 4 月第一版第一次印刷）。

15. 陸賈：《新語》（臺北：世界書局，1989 年 10 月四版）。

16. 賈誼：《新書》（臺北：世界書局，1989 年 10 月四版）。

17. 董仲舒著，凌曙注：《春秋繁露注》（臺北：世界書局，1989 年 10 月四版）。

18. 司馬遷著，裴駰集解，司馬貞索隱，張守節正義，張照等考證：《史記》（臺北：臺灣商務印書館，1983 年，景印文淵閣四庫全書本）。

19. 司馬遷著，裴駰集解，司馬貞索隱，張守節正義，凌稚隆輯評：《史記評林》一百三十卷（四庫未收書輯刊第壹輯第拾壹、拾貳冊，北京：北京出版社，2000 年第一版）。

20. 凌稚隆輯校，李光縉增補，有井範平補標：《補標史記評林》一百三十卷（臺北：地球出版社，1992 年 3 月第一版）。

21. 張文虎：《校刊史記集解索隱正義札記》五卷（二十四史研究資料彙編，史記考證文獻彙編第 6 冊，成都：巴蜀書社，2010 年，清同治十一年金陵書局刻本）。

22. 司馬遷著，裴駰集解，司馬貞索隱，張守節正義，瀧川龜太郎考證：《史記會注考證》（臺北：大安出版社，2007 年八月二版一刷，通行本，各本皆影印日本昭和九年〔1934〕刊本）。

23. 吳見思評點，吳興祚參訂：《史記論文》（臺北：臺灣中華書局，1970 年 11 月臺二版）。

24. 李晚芳著，陶所池內校訂：《讀史管見》（日本安政三年丙辰秋翻刻，1856 年，浪華書林羣玉堂製本）。

25. 湯諧：《史記半解》（四庫未收書輯刊第壹輯第拾貳冊，北京：北京出版社，2000 年第一版）。

26. 梁玉繩著，賀次君點校：《史記志疑》（北京：中華書局，1981 年 4 月第一版，2006 年 7 月北京第二次印刷）。

27. 牛運震：《讀史糾謬》（續修四庫全書史部史評類第 451 冊，上海：上海古籍出版社，1995 年，據上海圖書館藏清嘉慶二十三年刻空山堂全集本影印原書）。

28. 牛運震：《史記評注》（二十四史研究資料彙編，史記考證文獻彙編第 3 冊，成都：巴蜀書社，2010 年，清嘉慶二十三年刻空山堂全集本）。

29. 杭世駿:《史記考證》(續修四庫全書史部正史類第 263 冊,上海:上海古籍出版社,1995 年,據上海圖書館藏清乾隆五十三年補史亭刻道古堂外集本影印原書)。

30. 姚祖恩:《史記菁華錄》(臺北:聯經出版事業股份有限公司,1977 年 12 月初版,2007 年 10 月初版第十八刷)。

31. 沈欽韓:《史記疏證》六十卷(續修四庫全書史部正史類第 264 冊,上海:上海古籍出版社,1995 年,據北京圖書館藏清抄本影印原書)。

32. 程餘慶撰,高益榮、趙光勇、張新科編撰:《歷代名家評注史記集說》一百三十卷(西安:三秦出版社,2011 年 4 月第一版第一次印刷)。

33. 郭松燾:《史記札記》(臺北:世界書局,1963 年 4 月二版)。

34. 吳汝綸評點:《史記集評》一百三十卷(臺北:臺灣中華書局,1970 年 5 月臺一版)。

35. 揚雄著,李軌注:《法言》十三卷(臺北:臺灣中華書局, 1983 年 12 月臺三版,據江都秦氏本校刊)。

36. 王充著,程榮校:《論衡》三十卷(臺北:臺灣中華書局,1981 年 9 月臺四版,據明刻本校刊)。

37. 班固著,王先謙補注:《漢書補注》(上海:上海古籍出版社,2008 年 12 月第一版第一刷)。

38. 應劭著,王利器校注:《風俗通義校注》(臺北:明文書局,1982 年 4 月初版)。

39. 魏收著,孫人龍等考證:《魏書》一三〇卷附考證(景印文淵閣四庫全書第 261 冊,臺北:臺灣商務印書館,1983 年)。

40. 房玄齡等著,何超音義,孫人龍等考證:《晉書》一三〇卷附考證,音義三卷(景印文淵閣四庫全書第 255 冊,臺北:臺灣商務印書館,1983 年)。

41. 劉知幾著,浦起龍釋:《史通通釋》(臺北:世界書局,2010 年 3 月六版五刷)。

42. 蘇洵著,曾棗莊、金成禮箋註:《嘉祐集箋註》(上海:上海古籍出版社,1993 年 3 月第一版,2001 年 4 月第二次印刷)。

43. 呂祖謙:《大事記十二卷・大事記通釋三卷・大事記解題十二卷》(景印文淵閣四庫全書第 324 冊,臺北:臺灣商務印書館,1983 年,據國立故宮博物院藏本影印)。

44. 金聖歎:《金聖嘆全集》(臺北:長安出版社,1986 年 9 月初版)。

45. 劉大櫆:《海峰文集》(上海:上海古籍出版社,1990 年 12 月第一版第一次印刷)。

46. 章學誠著,章華紱編:《文史通義》,孫德謙著:《太史公書義法》,(臺北:世界書局,2010 年 9 月五版五刷)。

47. 錢大昕撰，陳文和、張連生、曹明升校點：《廿二史攷異》（南京：鳳凰出版社，2008 年 1 月第一版第一次印刷）。

48. 趙翼著，王樹民校證：《廿二史箚記校證》（訂補本）（北京：中華書局，1984 年 1 月第一版，2001 年 11 月北京第二次印刷）。

49. 吳見思：《史記論文》，李景星：《史記評議》，陸永品點校，（上海：上海古籍出版社，2008 年 12 月第一版第一次印刷）。

50. 李景星：《屺瞻草堂經說三種七卷》（收錄於山東文獻集成第三輯第九冊，濟南：山東大學出版社，2009 年 9 月 1 日，據山東省圖書館藏民國十六年山東官印刷局排印本影印）。

51. 李景星著，韓兆琦、俞樟華校點：《四史評議》（長沙：嶽麓書社，1986 年 11 月第一版第一次印轢）。

52. 劉咸炘：《四史知意並附編六種》（臺北：鼎文書局，1976 年 2 月初版）。

53. 王國維：《定本觀堂集林》（臺北：世界書局，1964 年 9 月再版）。

54. 顧頡剛：《史林雜識初編》（北京：中華書局，1963 年 2 月 1 日初版）。

55. 余嘉錫：《余嘉錫論學雜著》（北京：中華書局，1963 年 1 月第一版，2007 年 11 月第二版北京第三次印刷）。

56. 金德建：《司馬遷所見書考》（上海：上海人民出版社，1963 年 2 月第一版第一次印刷）。

57. 李笠著，李繼芬整理：《廣史記訂補》（上海：復旦大學出版社，2001 年 10 月第一版第一次印刷）。

58. 勞榦、屈萬里校註：《史記今註》（臺北：中華叢書委員會，1963 年 4 月）。

59. 池田四郎次郎：《史記補注》（東京都：明德出版社，昭和 50 年〔1975〕10 月 10 日）。

60. 嚴一萍：《史記會注考證斠訂》（臺北：藝文印書館，1976 年 10 月初版）。

61. 王叔岷：《史記斠證》（臺北：中央研究院歷史語言研究所，1983 年 10 月）。

62. 朱東潤：《史記考索》（臺北：臺灣開明書店，1957 年 3 月臺一版，1987 年 1 月臺四版）。

63. 李長之：《司馬遷之人格與風格》（臺北：里仁書局，2008 年 8 月 30 日）。

64. 李師偉泰：《兩漢尚書學及其對當時政治的影響》（文史叢刊之四十三，臺北：臺灣大學文學院，1976 年 6 月初版）。

65. 李師偉泰、宋淑萍、徐聖心、張素卿、黃沛榮、劉文清、劉德漢選注：《史記選讀》（臺北：臺大出版中心，2008 年 9 月初版）。

66. 賴明德：《司馬遷之學術思想》（臺北：洪氏出版社，1982 年 3 月 15 日初版，1983 年 2 月 16 日增訂再版）。

67. 楊燕起、陳可青、賴長揚編：《歷代名家評史記》（北京：北京師範大學出版社，1986 年 3 月第一版第一次印刷）。

68. 周一平：《司馬遷史學批評及其理論》（上海：華東師範大學出版社，1989 年 12 月第一版第一次印刷）。

69. 張大可：《史記論贊輯釋》（西安：陝西人民出版社，1986 年 8 月第一版第一次印刷）。

70. 張大可：《史記全本新注》（西安：三秦出版社，1990 年 6 月第一版第一次印刷）。

71. 張大可：《史記研究》（北京：商務印書館，2011 年 2 月第一版北京第一次印刷）。

72. 張大可、安平秋、俞樟華主編：《史記研究集成》（北京：華文出版社，2005 年 1 月第一版第一次印刷）。

73. 范文芳：《司馬遷的創作意識與寫作技巧》（臺北：文史哲出版社，1987 年 5 月初版）。

74. 程金造：《史記管窺》（西安：陝西人民出版社，1985 年 3 月第一版第一次印刷）。

75. 朴宰雨：《《史記》《漢書》比較研究》（北京：中國文學出版社，1994 年 8 月第一版第一次印刷）。

76. 浦安迪教授講演：《中國敘事學》（北京：北京大學出版社，1996 年 3 月第一版，1998 年 1 月第二次印刷）。

77. 山東省費縣志編纂委員會編：《費縣志》（北京：中國廣播電視出版社，1992 年 12 月第一版第一次印刷）。

78. 張新科、俞樟華：《史記研究史略》（西安：三秦出版社，1990 年 11 月第一版第一次印刷）。

79. 俞樟華：《史記藝術論》（北京：華文出版社，2002 年 1 月第一版第一次印刷）。

80. 張新科：《史記學概論》（北京：商務印書館，2003 年 11 月第一版北京第一次印刷）。

81. 張新科：《史記與中國文學》增訂版（北京：商務印書館，2010 年 8 月第一版北京第一次印刷）。

82. 陳桐生：《中國史官文化與史記》（臺北：文津出版社，1993 年 11 月初版）。

83. 陳桐生：《史記名篇述論稿》（汕頭：汕頭大學出版社，1996 年 1 月第一版，1998 年 8 月第二次印刷）。

84. 陳桐生：《儒家經傳文化與史記》（臺北：洪葉文化事業有限公司，2002 年 9 月初版一刷）。

85. 趙生群：《太史公書研究》（西安：陝西人民出版社，1994 年 6 月第一版第一次印刷）。

86. 趙生群：《史記文獻學叢稿》（南京：江蘇古籍出版社，2000 年 1 月第一版第一次印刷）。

87. 趙生群：《史記編纂學導論》（南京：鳳凰出版社，2006 年 11 月第一版第一次印刷）。

88. 韓兆琦編著：《史記題評》（西安：陝西人民教育出版社，2000 年 9 月第一版）。

89. 韓兆琦：《史記箋證》（南昌：江西人民出版社，2004 年 12 月第一版，2009 年 3 月修訂、第三次印刷）。

90. 林聰舜：《史記的人物世界》（臺北：三民書局，2003 年 7 月初版一刷，2009 年 7 月初版二刷）。

91. 林聰舜：《《史記》的世界——人性與理念的競逐》（臺北：國立編譯館，2009 年 4 月初版）。

92. 楊寬：《戰國史料編年輯證》（臺北：臺灣商務印書館，2002 年 2 月初版一刷）。

93. 楊寬：《戰國史》1997 增訂版（臺北：臺灣商務印書館，1997 年 10 月初版一刷，2009 年 3 月初版十刷）。

94. 中國古典研究會編：《詳注史記鈔》（東京都：笠間書院，昭和 55 年〔1980〕4 月 30 日初版第一刷，平成 15 年〔2003〕3 月 31 日三版第二刷）。

95. 藤田勝久：《司馬遷の旅：「史記」の古跡をたどる》（東京都：中央公論新社，2003 年 11 月）。

96. 藤田勝久著，曹峰、廣瀨薰雄譯：《史記戰國史料研究》（上海：上海古籍出版社，2008 年 1 月第一版第一次印刷）。

97. 黃啓方、洪國樑繪編：《史記地圖滙編》（臺北：學海出版社，2001 年 1 月 1 日）。

98. 張崇文：《史記列傳圖志》（西安，陝西人民教育出版社，2006 年 9 月第一版第一次印刷）。

99. 陳直：《史記新證》（北京：中華書局，2006 年 4 月第一版北京第一次印刷）。

100. 逯耀東：《抑鬱與超越——司馬遷與漢武帝時代》（臺北：東大圖書股份有限公司，2007 年 5 月初版一刷）。

101. 李紀祥：《史記五論》（臺北：文津出版社，2007 年 9 月初版）。

102. 張富春：《〔清〕吳見思《史記論文》研究》（成都：巴蜀書社，2008 年 8 月第一版第一次印刷）。

103. 劉寧：《《史記》敘事學研究》（北京：中國社會科學出版社，2008 年 11 月第一版第一次印刷）。

104. 劉國民：《好學深思心知其意——司馬遷《史記》二十講》（北京：中國社會科學出版社，2009 年 9 月第一版第一次印刷）。

105. 呂世浩：《從《史記》到《漢書》——轉折過程與歷史意義》（臺北：臺大出版中心，2009 年 12 月初版）。

106. 李慶：《日本漢學史》（上海：上海人民出版社，2010 年 12 月第一版第一次印刷）。

107. 孫星衍校刊：《燕丹子》（臺北：中華書局，1965 年，中華書局據平津館本校刊，中華書局聚珍倣宋版影印本）。

108. 范曄：《後漢書》（臺北：新陸書局，1964 年 1 月）。

109. 傅修延：《先秦敘事研究：關于中國敘事傳統的形成》（北京：東方出版社，1999 年 12 月第一版北京第一次印刷）。

二、論　文

（一）學位論文

1. 阮芝生：《司馬遷的史學方法與歷史思想》（臺北：臺灣大學歷史學研究所博士論文，沈剛伯、李宗侗教授指導，1973 年 6 月）。

2. 林珊湘：《史記「太史公曰」之義法研究》（台南：成功大學中國文學研究所碩士論文，張高評教授指導，2003 年 6 月）。

3. 陳麗珍：《清代山東史學初探》（濟南：山東大學史學理論及史學史碩士學位論文，周曉瑜教授指導，2007 年 4 月）。

4. 王敏：《李景星《史記評議》研究》（西安：陝西師範大學中國古代文學碩士學位論文，劉生良教授指導，2009 年 5 月）。

5. 韓鎖明：《《史記評議》論》（西安：陝西師範大學中國古代文學碩士學位論文，魏耕原教授指導，2009 年 5 月）。

6. 林雅琪：《劉咸炘《史記》學研究——以《太史公書知意》爲中心》（臺北：臺灣師範大學國文學系碩士論文，賴明德教授指導，2012 年 1 月）。

（二）期刊論文

1. 王俊：〈論姚苧田《史記菁華錄》的學術價值〉，《渭南師範學院學報》第 22 卷第 6 期（2007 年 11 月），頁 29～32。

2. 李師偉泰：〈《漢書》對《史記》的補正——以賈誼、鼂錯、公孫弘、董仲舒的事蹟爲例〉，《臺大中文學報》第五期（1992 年 6 月），頁 161～187。

3. 李師偉泰：〈《史》、《漢》論贊比較十三則〉，《臺大文史哲學報》第六十

四期（2006 年 5 月），頁 41～72。

4. 李師偉泰：〈《史》、《漢》論贊比較十四則〉，《臺大中文學報》第二十四期（2006 年 6 月），頁 1～48。

5. 韋暉：〈高嶠《史記鈔》論文特色簡論〉，《黑龍江史志》（2009 年 8 月第 16 期，總第 209 期），頁 60～61。

6. 韋暉：〈高嶠《史記鈔》研究〉，《西安社會科學》第 27 卷第 3 期（2009 年 9 月），頁 134～136、141。

7. 阮芝生：〈《史記‧河渠書》析論〉，《臺大歷史系學報》第十五期（1990 年 12 月），頁 65～80。

8. 盧南喬：〈關於《中國歷史綱要》秦漢史部分的意見〉（濟南：山東人民出版社，1955 年第 3 期），頁 27～28，總頁 1586～1587。

9. 盧南喬：〈論司馬遷及其歷史編纂學——紀念司馬遷誕生二千一百周年〉，《文史哲》（濟南：山東人民出版社，1955 年第 11 期），頁 9～19，總頁 2043～2053。

10. 傅莉雯：〈試論劉咸炘《漢書知意》〉，《中國文學研究》第十七期（2003 年 6 月），頁 225～251。

（三）論文集論文

1. 黃世錦：〈李景星《史記評議》評介〉，《第四屆先秦兩漢學術全國研究生論文集》（2004 年 5 月），頁 65～84。

2. 李師偉泰：〈《史》、《漢》論贊比較八則〉，《屈萬里先生百歲誕辰國際學術研討會論文集》（2006 年 12 月），頁 5～52。

3. 李師偉泰：〈《史記‧魏公子列傳》四題〉，收錄於張大可等主編：《史記論叢》第八集（北京：中國文史出版社，2011 年 4 月），頁 617～627。

附錄一 《史記‧蘇秦列傳》之記載是否可信？

　　1973 年，湖南長沙馬王堆三號漢墓出土一批帛書，其中一種記載戰國時代的故事，有與《史記》、《戰國策》類似的內容，也有未見於其他文獻資料的佚文，因此曾被稱爲《帛書戰國策》；經過研究，其中大部分被視爲與蘇秦合縱六國事蹟相關，於是這批帛書被改名爲《戰國縱橫家書》。爲敘述方便，以下簡稱帛書。

　　帛書中的內容雖然被視爲與蘇秦合縱六國事蹟相關，記載卻和《史記》、《戰國策》有很大的出入。根據《史記‧蘇秦列傳》中的記載，蘇秦曾求說於周顯王（西元前 368～前 321）、秦惠文王（前 337～前 311），都未獲重視，在燕文侯二十八年（前 334）以合縱之謀展開其輝煌的政治生涯。而後騁其說於趙肅侯、韓惠宣王、魏襄王、齊宣王、楚威王，形成東方六國合縱以抗秦國的聯盟；蘇秦還報趙肅侯，受封爲武安君。燕易王元年（前 332），蘇秦離開趙國、來到燕國，合縱之約破裂。蘇秦在燕易王十年（前 323）到齊國，齊宣王以爲客卿；燕王噲時（前 320～314）死於齊國。蘇秦死後，其弟蘇代求見燕王噲、蘇厲隨燕質子求見齊宣王。

　　然而，帛書的記載卻大異於《史記》。根據帛書，蘇秦之遊說諸侯最早見於秦惠王後元十三年（前 312 年），爲齊相在湣王十二年（前 289 年），湣王十七年（前 284）蘇秦在齊國被車裂。

　　因此學者們紛紛提出問題，引發對《史記‧蘇秦列傳》內容之可信程度的討論。根據趙生群《史記文獻學叢稿》的整理，學者們爭論的問題主要有

三：首先，蘇秦合縱六國，是否眞有其事？其次，蘇秦與張儀的活動時間是否同時，或誰先誰後？復次，蘇秦、蘇代、蘇厲三兄弟的長幼次第爲何？〔註1〕

　　主張帛書資料較《史記》可信的學者，主要有唐蘭、楊寬、馬雍、牛鴻恩、繆文遠、韓兆琦。唐蘭〈司馬遷所沒有見過的珍貴史料——長沙馬王堆《戰國縱橫家書》〉說：

> （司馬遷）沒有見到關於蘇秦的第一手的史料，因而把公元前三世紀初的蘇秦事蹟，推到前四世紀末；把張儀、蘇秦的時序改爲蘇秦、張儀；五國伐秦錯成了六國合縱，還推早了四十五年（前228年～前333）。時序既差，事蹟中既有弄錯的，又有假造的，他的〈蘇秦傳〉就等於後世的傳奇小說了。

> 戰國末年學縱橫之術的好事者曾擬作蘇秦合縱和張儀連橫十多篇，文筆頗酣暢可喜。這些僞作，充塞於《史記》和《戰國策》中，把眞正的蘇秦事蹟都攪混亂了。

> 《史記・蘇秦傳》說蘇代是蘇秦之弟，事實上蘇代當是兄……蘇代游說諸侯較早，在前四世紀末期，已往來於楚、魏、燕、齊各國，蘇秦的事蹟要晚得多。〔註2〕

楊寬〈馬王堆帛書《戰國策》的史料價值〉說：

> 今本《戰國策》中，既有比較原始的蘇秦資料，也有出於後人僞造虛構的東西，可說眞僞參半。而《史記・蘇秦列傳》所輯錄的，幾乎全是後人杜撰的長篇游說辭。因爲司馬遷誤信這些游說辭爲眞，誤認爲蘇秦是和張儀同時對立的人物，反而把有關蘇秦的原始資料拋棄了，或者把這些資料中的「蘇秦」改成「蘇代或「蘇厲」。因此戰國中期有許多重要歷史事件和蘇秦活動有關的，眞相就模糊不清。〔註3〕

馬雍〈帛書《別本戰國策》各篇的年代和歷史背景〉說：

> 《史記》中有關蘇秦的記載錯誤百出，其材料來源多出僞造，可憑

〔註1〕趙生群：〈《史記》《戰國縱橫家書》相關史料考論〉，《史記文獻學叢稿》，頁165～166。

〔註2〕唐蘭：〈司馬遷所沒有見過的珍貴史料——長沙馬王堆《戰國縱橫家書》〉，馬王堆漢墓帛書整理小組編：《戰國縱橫家書》附錄（北京：文物出版社，1976年第一版）。

〔註3〕楊寬：〈馬王堆帛書《戰國策》的史料價值〉，《文物》1975年第2期。

信者十无一二。

尤其嚴重的錯誤是以爲蘇秦死於燕王噲之時（公元前 320～314），早於昭王之立（公元前 311）。今本《戰國策》中關於蘇秦的記錄較《史記》爲多，但亦眞僞參半，又往往將蘇秦和蘇代兄弟弄得混淆不清。〔註 4〕

牛鴻恩在〈蘇秦事蹟之眞僞考〉說：

蘇秦的時代要晚於張儀二、三十年，他們之間沒有來往，更不可能同時師事鬼谷子。〔註 5〕

繆文遠說：

《史記》誤將蘇秦年代提早，並將蘇秦卒年提至燕王噲死時，遂將此後蘇秦事蹟皆塗改爲「蘇代」或「蘇厲」。

此章所言秦國形勢，與史實全然不合，乃晚出擬托之作而嫁名蘇秦者。據帛書《戰國縱橫家書》，蘇秦活動的時代在齊湣、燕昭時期，不得早至周顯王時。

以秦、楚作爲爭霸之雙方，通戰國無此形勢。顯三十六年時秦尚未稱王，何來「橫則秦帝」之說？據帛書所載，蘇秦活動時間當齊湣王時。齊湣王時齊、楚之交不善，蘇秦在齊甚久而與楚關係甚疏，凡《楚策》所載蘇秦之事，大致均不可信。〔註 6〕

根據帛書記載，以上幾位學者認爲司馬遷《史記‧蘇秦列傳》不符合事實，也懷疑《戰國策‧楚策》的可信度。

而關於蘇氏兄弟的次序，《索隱》說：

（蘇秦）字季子，蓋蘇忿生之後，已姓也。譙周曰：「秦兄弟五人，秦最少。兄代，代弟厲及辟、鵠，竝爲遊說之士。」〔註 7〕

韓兆琦《史記箋證》說：

司馬貞謂蘇秦字「季子」，譙周以爲蘇秦「兄弟五人，秦最少」，皆

〔註 4〕 馬雍：〈帛書《別本戰國策》各篇的年代和歷史背景〉，《文物》1975 年第 4 期。

〔註 5〕 牛鴻恩：〈蘇秦事蹟之眞僞考〉，收錄於司馬遷研究會編：《司馬遷與史記論集》第 3 輯（西安：陝西人民出版社，1996 年）。

〔註 6〕 韓兆琦引繆文遠說，見韓兆琦：《史記箋證》，頁 4018、3962、3995。

〔註 7〕 《史記會注考證》卷六十九，頁 2。

與今之《戰國策》研究者說同。而史公根據《戰國策》中的不可靠
資料將蘇秦定爲「蘇代」、「蘇厲」之兄，蓋誤。〔註8〕

韓兆琦指出，〈蘇秦列傳〉中的資料，今本《戰國策》中幾乎都有，但是這些
材料的真實性早就有學者懷疑，直到帛書出土後，學界幾乎都同意帛書較爲
內容真實可靠，而司馬遷記載有誤；因此韓兆琦在其《史記箋證·蘇秦列傳》
中大量引證唐蘭、楊寬、馬雍、繆文遠、牛鴻恩的看法，也主張史無蘇秦合
縱六國、爲「縱約長」之事。

不過，趙生群有不同的看法。〔註9〕首先，司馬遷作〈蘇秦列傳〉時所依
據的史料有《秦紀》、各國史記、流傳至漢初的戰國權變之論著、《蘇子》與
《張子》，此傳與《戰國策》、帛書相比，蘇秦、張儀的事蹟不但排列有系統、
而且有紀年；又，從〈蘇秦列傳〉的贊語來看：

> 然世言蘇秦多異。異時事有類之者，皆附之蘇秦。夫蘇秦起閭閻，
> 連六國從親，此其智有過人者。吾故列其行事，次其時序，毋令獨
> 蒙惡聲。〔註10〕

可見司馬遷確實也考辨過相關資料的真偽問題，並且力求排除誤列於蘇秦名
下的篇章，以盡可能呈顯蘇秦游說之辭的可能面貌。其次，劉向輯錄《戰國
策》時所依據的材料，有當時尚未全面亡佚的《蘇子》與《張子》、戰國策士
各種縱橫游說的資料、版本眾多的《戰國策》底本、其整理群書時接觸過的
相關文獻，「這些資料中的任何一種，可靠性都絕不在《戰國縱橫家書》之下。」
〔註11〕依據這些資料，司馬遷、劉向應該有把握能對分歧的記述做出正確的
取捨與判斷，因此趙生群認爲，「《史記》中的有關記載和劉向所作的論述，
應屬可信。」

趙生群重新整理帛書各篇章的歸屬，認爲帛書中涉及蘇秦的資料多出於
後人僞託，原因有：（一）戰國時，縱橫游說的風氣極盛，當時的賓客說士往
往採取舊時故事，有所增損並加入己意，以爲游說之資；原本的史料經過輾
轉傳抄，非常容易產生歧異和錯誤，而帛書中關於蘇氏兄弟的資料一概沒有

〔註8〕 韓兆琦：《史記箋證》，頁 3958。
〔註9〕 見趙生群：〈《史記》《戰國縱橫家書》相關史料考論〉，《史記文獻學叢稿》，頁 164～184。
〔註10〕 《史記會注考證》卷六十九，頁 62。
〔註11〕 趙生群：〈《史記》《戰國縱橫家書》相關史料考論〉，《史記文獻學叢稿》，頁 178～179。

署名，很難判斷主名或作者是誰。（二）假託名人之言，往往更容易爲人們所接受，而最有名的戰國縱橫家就是蘇秦與張儀；帛書中一些篇章的主名與《史記》、《戰國策》不同，就可以看出假託的痕跡。

趙生群又說：

> 蘇秦、蘇代、蘇厲三人的事蹟容易相混，還有一個比較特殊的原因。
> 他們兄弟三人活動的時間雖先後不同，但他們活動的範圍和宗旨卻
> 有著驚人的相似之處。〔註12〕

蘇秦先在燕，然後適齊，主要活動範圍在燕、齊兩國；蘇代、蘇厲先奔齊，後歸燕國，主要活動也集中在燕、齊。蘇秦游說的主旨在合縱六國，在燕、齊的相對關係中傾向於爲燕謀齊；蘇代、蘇厲繼承了蘇秦的精神，致力於六國合縱，歸燕後也頗有功於幫助燕國破齊。這些相似之處不僅容易使人產生混淆，後人也更容易托名蘇秦，擬作縱橫家言。

在更多文獻出土之前，蘇秦、蘇代、蘇厲事蹟之眞僞、活動時間先後、長幼次第的問題，仍未有定論。

〔註12〕趙生群：〈《史記》《戰國縱橫家書》相關史料考論〉，《史記文獻學叢稿》，頁182。

附錄二 《史記》三家注版本之補充

　　關於《史記》的版本，根據安平秋〈《史記》版本述要〉、易孟醇〈《史記》版本考索〉、《史記研究集成》第十二卷《史記版本及三家注研究》的研究成果，在此只概述較好的《集解》、《索隱》、《正義》三家注合刻本。

　　《史記》刻本始於北宋，而今天所能見到最早的、品質比較好的三家注合刻本是南宋寧宗慶元二年（1196）建安黃善夫刊本《史記集解索隱正義》一百三十卷，安平秋說這個本子的優點是正文與注的訛誤少，較爲精善。比較可惜的是中國境內現存可見的都是殘本，涵芬樓收有六十九卷，現存於北京圖書館；日本半澤上杉隆憲家藏有目前所知唯一存世的全本。1936 年上海商務印書館曾經影印黃善夫本，是以涵芬樓的六十九卷，加上日本上杉隆憲家藏的補齊。《百衲本二十四史》中的《史記》就是用上海商務印書館影印的本子縮小影印的。

　　明代嘉靖四年到六年（1525～1517），金台汪諒刊刻《史記集解索隱正義》一百三十卷，這個本子因爲由莆田柯維熊校正，多稱爲柯本。是在南宋三家注的基礎上校正、翻刻。

　　同樣在嘉靖四年到六年，震澤王廷喆刊刻《史記集解索隱正義》一百三十卷，也是在南宋三家注的基礎上校正、翻刻，這個本子的訛誤比明代的監本、評林本都少。

　　嘉靖十三年（1534）秦藩朱惟焞刊刻《史記集解索隱正義》一百三十卷，二十九年（1550）其子朱懷埢重修。這個本子和黃善夫本相近，但比黃本、柯本的脫誤多，不過在明刻中也不失爲善本。

　　清代三家注本中，較好的本子是殿本和局本。

　　殿本是乾隆四年（1739）武英殿校刊的《史記集解索隱正義》一百三十卷，是清代官刻《二十四史》之一。這個本子根據明代北監劉應秋本校正刊刻，對北監本正文訛誤校正、注文脫漏的增補有上千條之多，可說是官刻本中的善本。乾隆四年的原刻已經不多見，但是翻刻本很多，例如同治八年廣東菋古堂復刻本、同治十一年成都書局翻刻本、光緒年間同文書局、五洲同文書局、竹簡齋、民國商務印書館影印殿本《二十四史》都是根據原刻。

　　局本是同治五年至九年（1866～1870）金陵書局刊刻、唐仁壽、張文虎校勘的《史記集解索隱正義》一百三十卷，安平秋說這個本子是明、清刻本中首屈一指的善本。其正文不主一本，而是以明毛晉汲古閣《史記集解》一百三十卷爲底本，用錢泰吉、汪遠孫、吳春照所校正的宋刊殘卷，參以王廷喆本、游明本、柯維熊本、凌稚隆的評林本、殿本，考證各本異同，擇善而從。三家注文也不主一本。可以說，正文、注文有許多地方都優於他本。

　　在凌稚隆之前，有明代楊愼、李元陽輯，高士魁校的《史記題評》一百三十卷，嘉靖十六年（1537）由胡有恆、胡瑞敦刊。這個本子是楊愼和他的弟子李元陽、高士魁等講學《史記》時所輯，李元陽又增益而刊刻，所以稱爲李元陽輯訂。也是三家注本，正文全錄不刪，校勘也很精細，錯脫很少。

　　在凌稚隆之後，有陳仁錫《陳太史評閱史記》一百三十卷，在天啓七年（1627）冬天刻成。其特點是史文校勘勝於凌稚隆本，評論只取陳仁錫一家，在各卷之後附有〈史考〉，記版本異文，在全書前還有〈難字直音〉，把史文中不易讀準確的音分部注同音字，便於初學。

　　賀次君在《史記志疑‧點校說明》中表示，梁玉繩想改正的湖本《史記》字句，和金陵本剛好相同；如果他當時依據的是較好的本子，例如說金陵本，就能省下很多篇幅和工夫。同樣地，李景星以湖本校正《史記》，也多花費了很多心力，他應該想辦法多比較當時能看得到的各種版本。不過當時國家動盪不安，李景星爲生活到處奔波，家裡經濟又不好，要收集多種《史記》版本、再擇其精者進行校對工作，恐怕並不容易。